Heinz Fischer (Hg.)
unter Mitarbeit
von Andreas Huber und
Stephan Neuhäuser

100 Jahre Republik

Meilensteine und Wendepunkte in Österreich 1918–2018

Heinz Fischer (Hg.)
unter Mitarbeit
von Andreas Huber und
Stephan Neuhäuser

100 Jahre Republik

Meilensteine und Wendepunkte in Österreich 1918–2018

Czernin Verlag, Wien

In Zusammenarbeit mit dem Beirat für das Gedenk- und Erinnerungsjahr 2018
des Bundeskanzleramtes der Republik Österreich

2018 100 Jahre Republik Österreich

Fischer, Heinz / Huber, Andreas / Neuhäuser, Stephan (Hg.): 100 Jahre Republik.
Meilensteine und Wendepunkte in Österreich 1918–2018 / Heinz Fischer /
Andreas Huber / Stephan Neuhäuser (Hg.)
Wien: Czernin Verlag 2018
ISBN: 978-3-7076-0642-3

Redaktion: Andreas Huber
Lektorat: Nikola Langreiter
Satz und Covergestaltung: Mirjam Riepl
Coverfotos: Massendemonstration vor dem Parlament anlässlich der Ausrufung der Republik Deutschösterreich am 12. November 1918; Weibliche Abgeordnete der Sozialdemokratischen Partei in der ersten Sitzung der Konstituierenden Nationalversammlung am 4. März 1919; Außenminister Leopold Figl präsentiert am Balkon des Schloss Belvedere den unterzeichneten Staatsvertrag, 15. Mai 1955; Unterzeichnung des EU-Vertrages von Bundespräsident Thomas Klestil und Bundeskanzler Franz Vranitzky am 22. November 1994
Druck: Christian Theiss GmbH, A-9431 St. Stefan
ISBN Print: 978-3-7076-0642-3

Inhalt

Heinz Fischer

Vorwort

Die Frage, wie ein Land mit seiner Geschichte oder mit einzelnen Phasen und Ereignissen seiner Geschichte umgeht, sagt sehr viel über die Befindlichkeit dieses Landes aus. Wann, wenn nicht zum 100. Geburtstag eines Landes, sollte man sich intensiv mit dessen Geschichte auseinandersetzen? Die Geschichte kann sehr dramatisch sein und Emotionen auslösen. Sie kann aber auch Sicherheit und Zuversicht geben. Und in der Praxis trifft man oft beides zugleich an.

In der Regel kann alles, was mehr als 100 Jahre beziehungsweise mehr als drei oder vier Generationen zurückliegt, relativ leidenschaftslos diskutiert werden – es »brennt« nicht mehr auf der Seele, es weckt nicht mehr allzu starke Gefühle und es gibt auch kaum noch direkte oder indirekte Verbindungen (etwa Zeitzeugen) zu den damals handelnden, leidenden oder betroffenen Personen. Je kürzer die Distanz zu historischen Ereignissen ist, umso intensiver sind vielfach noch die Emotionen, umso unterschiedlicher die persönlichen Sichtweisen und Beurteilungen. Das lässt sich auch an unserer eigenen Geschichte studieren, selbst wenn wir seit 1945 auf eine außergewöhnlich lange Zeit einer ruhigen und im Wesentlichen kontinuierlichen Entwicklung zurückblicken.

*

Der Übergang von der Monarchie zur Republik, nach einem verlorenen Krieg vor 100 Jahren, war ein dramatischer Einschnitt in der Geschichte unseres Landes. Nicht nur deshalb, weil der Krieg eine entsetzlich große Zahl von Toten und Verletzten zur Folge hatte und die Kriegsteilnehmer mit aufwühlenden Erlebnissen heimkehrten, sondern auch deshalb, weil der Übergang von der Monarchie zur Republik von einem abrupten Abstieg – um nicht zu sagen: Absturz – begleitet war. Aus einer großen jahrhundertealten Monarchie (und führenden Macht Europas mit mehr als 50 Millionen Einwohnern) war eine amputierte, kaum lebensfähige, von den Siegermächten selbstherrlich und herablassend behandelte Republik mit weniger als sieben Millionen Einwohnern geworden. Diese Republik war ihrer wichtigsten wirtschaftlichen Existenzgrundlagen beraubt und auf diese Situation nicht vorbereitet. Zudem untersagten die Siegermächte ihr jenen Zusammenschluss mit dem Deutschen Reich, den sie (unter den damals gegebenen Umständen) als stärkste Zukunftshoffnung anstrebte.

»Der Staat, den keiner wollte«, wurde die junge Republik später von Hellmut Andics genannt;[1] ein Diktum, das allerdings nicht unwidersprochen hingenommen werden kann. Denn es gab auch begeisterte Republikaner – nicht nur weil viele von der Monarchie enttäuscht waren und das Kaiserhaus für den verlorenen Weltkrieg verantwortlich machten, sondern auch weil sie trotz des Chaos der Gegenwart auf eine helle Zukunft, auf die Entwicklung und Festigung der Demokratie, auf eine »neue Gesellschaft« und sogar auf einen »neuen Menschen« hofften.

Zwar gab es zum Zeitpunkt des Überganges von der großen Monarchie zur kleinen Republik in der Bevölkerung unterschiedliche Ideologien, unterschiedliche Ziele, unterschiedliche Interessen, unterschiedliche Einstellungen zur Staatsform, zur Regierungsform und bei wichtigen Verfassungsfragen (und manche dieser Differenzen haben bis heute Spuren hinterlassen). Aber die schreckliche Notlage zu Kriegsende, der Hunger, der Druck von außen – nicht zuletzt auch die von sehr vielen als Bedrohung empfundene Radikalität der Bolschewistischen Revolution in Russland – veranlassten die Akteure der Jahre 1918/19 zu einem »Burgfrieden«, zu Kompromissen und zu gemeinsamen Anstrengungen. Das gelang aber im Wesentlichen nur für knapp zwei Jahre, also bis zum Ende der ersten Großen Koalition der Sozialdemokraten mit den Christlichsozialen im Sommer 1920. Und die höchst effiziente Arbeit der Konzentrations- beziehungsweise der Koalitionsregierung in der Frühzeit der Republik ist heute weitgehend in Vergessenheit geraten.

Der erste Jahrestag der Republikgründung am 12. November 1919 wurde noch gemeinsam begangen. Die Konstituierende Nationalversammlung hatte nämlich am 25. April 1919 beschlossen, den 12. November zum »Staatsfeiertag« zu erklären. Aber ein wachsender Teil der Bevölkerung empfand die Republik Österreich, wie sie sich zu Beginn der 1920er Jahre darstellte, nicht als die erhoffte und vertrauenerweckende Heimat, sondern entfremdete sich der jungen Republik immer mehr, wobei es auch viele gab, die weiterhin Hoffnungen in diese junge Republik und ihre engagierte Sozialpolitik setzten. Die Gesellschaft begann sich zu spalten.

Die Kluft zwischen den Lagern wurde aber auch durch den von den Siegern des Weltkriegs diktierten Friedensvertrag von Saint Germain-en-Laye und angesichts der existenzzerstörenden Inflation größer. Die politischen und sozialen Spannungen nahmen weiter zu und erreichten mit den Freisprüchen im »Schattendorfprozess«, dem anschließenden kollektiven Wutausbruch führungsloser Massen, der zum Brand des Justizpalastes führte und in weiterer Folge durch das panikartige Agieren bewaffneter Polizeikräfte, das mehr als 80 Tote zur Folge hatte, einen ersten Höhepunkt an feindseliger Stimmung zwischen links und rechts im neunten Jahr seit der Gründung der Republik.

Dementsprechend »gespalten« gestaltete sich auch der zehnte Jahrestag der Republikgründung am 12. November 1928. Die Sozialdemokratie feierte die Republik enthusiastisch mit einem kämpferischen Aufmarsch auf der Ringstraße und mit der Enthüllung eines Republikdenkmales (zwischen Parlament und Justizpalast), das allein den sozialdemokratischen Republikgründern Victor Adler, Ferdinand Hanusch und Jakob Reumann gewidmet war. Der christlichsoziale Nationalratspräsident Wilhelm Miklas hielt zwar im Parlament eine würdige Ansprache, aber seine Partei verhielt sich insgesamt sehr zurückhaltend zum Zehn-Jahres-Jubiläum der Republikgründung.

Dann folgten bekanntlich die Ausschaltung des Nationalrates im März 1933, der kurze Bürgerkrieg im Februar 1934 und die Errichtung der Kanzlerdiktatur mit 1. Mai 1934. In dieser Phase unserer Geschichte wurde auch der 12. November als

Staatsfeiertag wieder abgeschafft. Allein schon aus diesem Grund, aber vor allem auch weil die »Republik Österreich« im März 1938 durch den sogenannten »Anschluss« an Hitlerdeutschland zu existieren aufgehört hatte, konnte der 20. Jahrestag der Republikgründung im November 1938 nicht mehr gefeiert werden. Hingegen erlangte die Nacht vom 9. auf den 10. November 1938 sowohl in Wien als auch in anderen »deutschen Städten« durch die brutalen Novemberpogrome gegenüber der jüdischen Bevölkerung traurige Berühmtheit.

Obwohl der Zweite Weltkrieg und die Diktatur Hitlers im Jahr 1945 zu Ende gingen und Österreich »in den Grenzen von 1938« wiederhergestellt wurde, konnte auch am 12. November 1948 der 30. Jahrestag der Republikgründung nicht als »Staatsfeiertag« gefeiert werden. Denn der alte Staatsfeiertag war 1934 abgeschafft worden, aber ein neuer Staatsfeiertag zu diesem Zeitpunkt noch nicht gefunden, geschweige denn beschlossen worden. Zwar veranstaltete die Sozialistische Partei Österreichs rund um den 12. November 1948 in Wien einen Parteitag, in dessen Programm auch eine Republikfeier im Großen Musikvereinssaal eingebaut war, bei der Bundespräsident Karl Renner eine leidenschaftliche Gedenkrede hielt, in der er die Gründung der Republik vor 30 Jahren würdigte. In dieser Zeit wurde aber auch diskutiert, ob man nicht – um den Vorbehalten gegenüber dem 12. November entgegenzukommen – einfach den Gründungstag der Zweiten Republik, also den 27. April 1945, zum neuen Staatsfeiertag machen sollte. Dieses Datum war ja auch mit dem Ende der NS-Diktatur und dem Ende des Zweiten Weltkrieges verbunden, aber ein weiteres Faktum, nämlich der Beginn der Besetzung Österreichs durch Soldaten der vier Alliierten Mächte im Frühjahr 1945, war ein Wermutstropfen, der im Verlaufe der Zeit immer mehr Gewicht bekam.

Es ist etwa interessant, zu beobachten, dass sich Bundekanzler Leopold Figl in seiner ersten Regierungserklärung im Nationalrat am 21. Dezember 1945 direkt an die in einer Loge des Sitzungssaales anwesenden Hochkommissare der vier Alliierten Mächte wandte und sich bei ihnen überschwänglich für die Befreiung Österreichs bedankte, worauf alle Mitglieder des Nationalrates sich von den Sitzen erhoben und den Hochkommissaren stehende Ovationen darbrachten. Eine solche Szene wäre einige Jahre später, nach einschlägigen Erfahrungen mit den Lasten und Problemen durch Besatzungssoldaten (vor allem in der sowjetischen Zone), nicht mehr denkbar gewesen.

Umso größer war daher der Jubel, als im Frühjahr 1955 die zehnjährigen Verhandlungen über den Abschluss des österreichischen Staatsvertrages positiv beendet werden konnten und am 15. Mai 1955 der österreichische Staatsvertrag unterzeichnet wurde. Wie ansteckend und befreiend dieser Jubel war, habe ich noch in guter persönlicher Erinnerung, weil ich an diesem Sonntag als Gymnasiast mit meinem Fahrrad von Hietzing zum Belvedere gefahren bin und vor dem Belvedere inmitten einer großen Menschenmenge der berühmten Szene auf dem Balkon mit Figl und den Außenministern der vier Signatarstaaten heftigen Beifall gespendet habe.

Tatsächlich hat Leopold Figl die berühmten Worte »Österreich ist frei« zweimal ausgesprochen: Zunächst in der schon erwähnten Regierungserklärung am 21. Dezember 1945 als Bundeskanzler, und ein zweites Mal nach der Unterzeichnung des österreichischen Staatsvertrages am 15. Mai 1955 als Außenminister – und beide Male hatte er recht, wenngleich es sehr unterschiedliche Unfreiheiten waren, aus denen das Land befreit wurde. Denn von 1938 bis 1945 gab es in Österreich eine unmenschliche totalitäre Diktatur und fast sechs Jahre Krieg, und von 1945 bis 1955 gab es in Österreich Demokratie und keinen Krieg und eine mit dem Zweiten Alliierten Kontrollabkommen immer unabhängiger werdende österreichische Regierung.

Zwei Daten im Jahr 1955 hatten besondere Relevanz: Der soeben erwähnte 15. Mai, an dem der österreichische Staatsvertrag im Belvedere unterzeichnet wurde, und der 25. Oktober 1955, an dem der letzte ausländische Besatzungssoldat nach den Bestimmungen des Staatsvertrages das Gebiet der Republik Österreich verlassen musste. Somit war der 26. Oktober 1955 der erste Tag seit dem »Anschluss« Österreichs an Hitlerdeutschland, an dem ein freies, selbstständiges und demokratisches Österreich frei von Soldaten fremder Mächte war und außerdem das Verfassungsgesetz über die österreichische Neutralität beschlossen wurde.

Zu diesem Zeitpunkt begann die Diskussion über einen österreichischen Staats- oder Nationalfeiertag intensiver zu werden. Vier historische Daten kamen diesbezüglich in die engere Wahl:

- Die Rückkehr zum 12. November, also dem Tag der Gründung der Republik im Jahr 1918.
- Der 27. April (1945) als der Tag der Befreiung von der Naziherrschaft und Tag der Gründung der Zweiten Republik.
- Der 15. Mai (1955) als Tag, an dem der Österreichische Staatsvertrag unterzeichnet wurde.
- Der 26. Oktober (1955) als der erste Tag der Freiheit von ausländischen Besatzungssoldaten und Tag der Beschlussfassung über das Bundesverfassungsgesetz betreffend die immerwährende Neutralität Österreichs.

Jede dieser vier Varianten hatte ihre Vorteile und ihre Nachteile.

Es war der damalige Unterrichtsminister Heinrich Drimmel, der im Herbst 1955, zu einem Zeitpunkt, als die letzten ausländischen Besatzungstruppen noch in Österreich waren, in einem Erlass anordnete, den 25. Oktober (und nicht den 26. Oktober!) an Österreichs Schulen durch das feierliche Hissen der österreichischen Fahne so zu begehen, dass die Bedeutung dieses Tages »von der Jugend tief und unverlierbar erfasst wird«. Daraus entwickelte sich zunächst ein »Tag der Fahne«, und schon im nächsten Jahr (1956) beschloss der Ministerrat – neuerlich auf Antrag von Unterrichtsminister Drimmel –, alljährlich den 26. (!) Oktober in ganz Österreich als »Tag der Österreichischen Fahne« feierlich zu begehen.

Der Wechsel vom 25. zum 26. Oktober sollte die Bedeutung der Neutralitätserklärung besonders unterstreichen. Dementsprechend hieß es in der Begründung des Antrages an den Ministerrat noch vorsichtig, dass der Tag der Fahne, »ohne einen neuen Staatsfeiertag schaffen zu wollen«, die Bedeutung des Wiedererstehens Österreichs als selbstständiger, neutraler Staat sowie den Tag der

Beschlussfassung über das Bundesverfassungsgesetz über die Neutralität Österreichs im Nationalrat würdigen soll.[2] Dieser Zustand blieb mehrere Jahre aufrecht, aber der Umstand, dass Österreich zwar einen Tag der Fahne hatte, aber – zum Unterschied von den allermeisten anderen Staaten – keinen vollwertigen Staats- oder Nationalfeiertag, wurde immer deutlicher hinterfragt. Dazu kam, dass in den frühen 60er Jahren die Diskussion darüber, ob es überhaupt eine österreichische Nation gibt, oder ob die ÖsterreicherInnen nicht vielmehr – wie das noch 1918 gesehen wurde – Teil der deutschen Nation sind, sich wieder stärker bemerkbar machte (siehe z. B. die Theorien des damaligen Hochschulprofessors Taras Borodajkewycz).

Mitte der 1960er Jahre kam es daher auf mehreren Ebenen und in verschiedensten Formen zu einer breiten Diskussion über das Wesen und das optimale Datum eines österreichischen Nationalfeiertags, und obwohl keines der in Frage kommenden Daten – wie schon erwähnt – völlig frei von Einwendungen blieb, setzte sich schließlich der 26. Oktober durch. Tatsächlich beschloss der österreichische Nationalrat am 25. Oktober 1965 – also im letzten vollständigen Jahr der ersten, von 1945 bis April 1966 dauernden Phase der Großen Koalition – *einstimmig*, den 26. Oktober zum Nationalfeiertag zu erklären.[3]

Offenbar hatten aber schon in dieser Zeit in der FPÖ intern unterschiedliche Meinungen zu einem österreichischen Nationalfeiertag geherrscht, denn als knapp zwei Jahre später, am 28. Juni 1967, der österreichische Nationalfeiertag durch ein Bundesgesetz zum *gesetzlichen*, arbeitsfreien Feiertag erklärt wurde, stimmten die FPÖ-Abgeordneten dagegen und bezeichneten die österreichische Nation als »Retortengeburt« (Abgeordneter Gustav Zeillinger) oder als »erfundene und konstruierte Nation« (Abgeordneter Otto Scrinzi), wobei Klubobmann Friedrich Peter die damalige Position der FPÖ folgendermaßen zusammenfasste: Die FPÖ bekennt sich zu einem Staatsfeiertag, sie kann sich aber »nicht zu einem sogenannten österreichischen Nationalfeiertag bekennen, der neue Gräben zwischen den Bevölkerungsteilen dieses Landes aufreißt. Die freiheitliche Fraktion kann sich darüber hinaus nicht zu einem österreichischen Nationalfeiertag bekennen, der nichts anderes als eine Abkehr von der historischen Wahrheit darstellt. Aus diesem Grunde sagt die freiheitliche Fraktion zum österreichischen Nationalfeiertag nein.«[4]

In der Zwischenzeit hat sich die Idee eines österreichischen Nationalfeiertages aber voll durchgesetzt. Und dennoch steht im Jahr 2018 nicht der 26. Oktober (also der 63. Jahrestag der Beschlussfassung des Neutralitätsgesetzes) im Mittelpunkt der Aufmerksamkeit, sondern der 100. Jahrestag der Gründung unserer Republik und der 80. Jahrestag des sogenannten »Anschlusses« an Hitlerdeutschland.

Zu feiern ist, dass diese anfangs so leidgeprüfte und zwischenzeitlich sogar untergegangene und von der Landkarte ausradierte Republik im April 1945 wiedererstanden ist, wieder aufgerichtet werden konnte und sodann ihren eigenen Weg durch die Geschichte gefunden hat und heute, im Jahr ihres 100. Geburtstages, als gefestigte Demokratie mit vielen positiven Eigenschaften ein angesehenes Mitglied der EU und der internationalen Völkerfamilie ist.

Auf dem nunmehr 73-jährigen Weg durch die Zweite Republik sind zweifelllos der Abschluss des Staatsvertrages im Jahre 1955 und der Beitritt zur EU mit 1. Jänner 1995 die markantesten Daten, denen in diesem Buch ebenfalls Beiträge gewidmet sind. Und es werden auch anderen wichtigen Entwicklungen der Ersten und Zweiten Republik, wie zum Beispiel der Kelsen-Verfassung, der Ungarnkrise (1956), der ersten ÖVP-Alleinregierung in der Zweiten Republik von Josef Klaus (1966–1970), der Regierung Kreisky (1970–1983), der Krise rund um das geplante Kraftwerk in Hainburg (1984), dem Fall des Eisernen Vorhangs (1989), dem EU-Beitritt Österreichs (1995), dem besonderen Thema der sogenannten Wiedergutmachung, der Minderheitenproblematik in Österreich und dem ersten Jahrzehnt im 21. Jahrhundert Beiträge gewidmet. Aber die Jubiläumsjahre, mit denen wir uns heuer besonders befassen, sind eben die sogenannten »8er Jahre«, und daher nach 1848, 1918 und 1938 auch das Jahr 1948 (Beschlussfassung der internationalen Menschenrechtsdeklaration) 1968, das Jahr des brutal niedergeschlagenen Prager Frühlings, der für die weitere historische Entwicklung in Europa große Bedeutung hatte.

*

Wenn wir heuer den 100. Geburtstag der Republik feiern, muss hinzugefügt werden, dass Österreich natürlich nicht erst im Jahr 1918 seinen Anfang nahm, sondern auf eine sehr lange Geschichte zurückblickt. Wer der Meinung ist, dass man aus der Geschichte lernen kann und dass die Vergangenheit auf die Gegenwart Einfluss hat, der muss sich bewusst sein, dass auch die Vergangenheit von der Vorvergangenheit mit geprägt und beeinflusst wird.

Insofern ist es logisch, anlässlich des 100. Geburtstages unserer Republik auch das Revolutionsjahr 1848 ins Auge zu fassen, die Staatsgrundgesetze von Dezember 1867 nicht unbeachtet zu lassen und die Kontinuität des Parlamentarismus und des Parteiensystems bis in die zweite Hälfte des 19. Jahrhunderts zurückzuverfolgen. Auch die Vorgeschichte des 1907 durchgesetzten, allgemeinen Wahlrechts für Männer oder des im Jahr 1918 beschlossenen Frauenwahlrechts reicht bis weit in das 19. Jahrhundert zurück.

Bei den 23 Autorinnen und Autoren der Beiträge in diesem Buch handelt es sich um eine sorgfältig ausgewählte Mischung zwischen verschiedenen Generationen, zwischen jungen, vielversprechenden Wissenschaftlern und erfahrenen Persönlichkeiten, zwischen Männern und Frauen, zwischen verschiedenen wissenschaftlichen Auffassungen und Lehrmeinungen, wobei auch mehrere Mitglieder des von der Bundesregierung eingesetzten Beirates zur Vorbereitung des Gedenk- und Erinnerungsjahres 2018 Beiträge für dieses Buch geliefert haben.

Dieses Vorwort schafft die Gelegenheit, mich bei allen Autorinnen und Autoren dieses Buches sehr herzlich zu bedanken, ganz besonders auch bei Andreas Huber und Stephan Neuhäuser, die einen Großteil der mit der Herausgabe des Buches verbundenen Arbeit geleistet haben. Gleichzeitig wünsche ich dieser

Publikation eine gute Aufnahme in der Öffentlichkeit und darf der Hoffnung Ausdruck verleihen, dass die Bemühungen zu einer würdigen und sinnvollen Gestaltung des Gedenk- und Erinnerungsjahres 2018 Früchte tragen, die sich auf die Zukunft unseres Landes positiv auswirken.

Wien, Februar 2018 *Heinz Fischer*

Anmerkungen

1 Hellmut Andics, Der Staat, den keiner wollte. Österreich 1918–1938, Wien 1962.

2 Gustav Spann, Zur Geschichte des österreichischen Nationalfeiertages, in: Bundesministerium für Unterricht, Kunst und Sport. Abteilung Politische Bildung (Hg.), 26. Oktober. Zur Geschichte des österreichischen Nationalfeiertages, Wien o. J., 27–34.

3 Siehe Stenographisches Protokoll der 89. Sitzung des Nationalrates der Republik Österreich, X. Gesetzgebungsperiode, 25. 10. 1965.

4 Ebd., 62. Sitzung, XI. Gesetzgebungsperiode, 28. 6. 1967, 4882.

John W. Boyer

Die Gründung der Republik (1918)

Der Zusammenbruch der Monarchie

Die österreichische Revolution im Herbst 1918 nahm ihren Ausgang in den Räumen des Niederösterreichischen Landhauses in der Wiener Herrengasse, wo sich sieben Jahrzehnte zuvor die Revolutionäre von 1848 versammelt hatten. Am 21. Oktober 1918 trat dort die Provisorische Nationalversammlung zusammen, um über eine Regierung zu beraten, die dem Regime Kaiser Karls nachfolgen sollte. Diese Provisorische Nationalversammlung bestand aus 210 Abgeordneten. Sie kamen aus Wien, den in den Alpen gelegenen Kronländern sowie aus den deutschsprachigen Gebieten in Böhmen, Mähren und Schlesien und waren bereits 1911 in den Reichsrat der alten Monarchie gewählt worden. Die Provisorische Nationalversammlung vereinigte legislative und exekutive Gewalt, überließ aber die eigentliche Verwaltungstätigkeit einem »Vollzugsausschuss« (dieser wurde am 30. Oktober in »Staatsrat« umbenannt). Der Staatsrat hatte einen rotierenden Vorsitz, der von den drei dominierenden politischen Parteien – also abwechselnd von der Sozialdemokratischen, der Christlichsozialen und der Großdeutschen Partei – besetzt wurde. Im Zuge der folgenden zehn Tage bis zum 31. Oktober sollte der Staatsrat nach und nach sämtliche bisherige Aufgaben und Zuständigkeiten des Kaisers übernehmen. Der Staatsrat ernannte Karl Renner zum Leiter der Staatskanzlei und Julius Sylvester zum Staatsnotar; gemeinsam mit den drei Vorsitzenden bildeten sie das Staatsdirektorium. Am 30. Oktober 1918 ernannte der Staatsrat außerdem die Staatssekretäre, die zusammen de facto als Ministerrat agierten. Einer der wichtigsten Posten im Staatsrat war der des Staatssekretärs des Äußeren, der mit Victor Adler besetzt wurde (dem sehr bald Otto Bauer folgen sollte), Heinrich Mataja übernahm das Innen- und Otto Steinwender das Finanzressort.

Die führenden Köpfe der Sozialdemokraten, Christlichsozialen und Großdeutschen lehnten die Auffassung Kaiser Karls ab, dass sie aufgrund des kaiserlichen »Völkermanifests« vom 16. Oktober als Abgeordnete des Reichsrats tätig wären. Vielmehr bestanden sie darauf, genauso wie Tschechen, Südslawen oder Polen, bereits als legitime Regierung mit Exekutivgewalt an der Umsetzung einer neuen politischen Ordnung zu arbeiten.[1]

In wenigen Tagen etablierte sich der Sozialdemokrat Karl Renner faktisch als Regierungschef. Der Grund dafür war die Vorsitzführung Renners während der ersten gemeinsamen Sitzung der Staatssekretäre am 31. Oktober – eine Position, die er nicht mehr abgab.[2] Renner wies sein Büro an, dem Staatsrat regelmäßige Politikberatung sowie detaillierte administrative Handlungsanweisungen zukommen zu lassen; umgehend wurde er als »Staatskanzler« bezeichnet.[3]

Der endgültige Untergang der Monarchie kann mit dem Morgen des 11. November 1918 festgesetzt werden, als Kaiser Karl das von Renner, Ignaz Seipel und Josef Redlich formulierte Memorandum unterzeichnete, in dem er auf »jeden Anteil an den Staatsgeschäften« verzichtete, was einer Abdankung gleichkam. Am nächsten Tag wurde von der Provisorischen Nationalversammlung das von Karl Renner entworfene Gesetz über die Staats- und Regierungsform von Deutschösterreich angenommen. Dieses definierte den neuen Staat als demokratische Republik innerhalb (als »Bestandteil«) der Deutschen Republik (die bereits am 9. November proklamiert worden war). Die Modalitäten des Anschlusses an das republikanische Deutschland sollten wohl im Verhandlungsweg vereinbart werden.[4] Die allgemeine Zustimmung zur Errichtung einer Republik war Anfang November 1918 überwältigend und machte jegliche Diskussion über ein allfälliges Beibehalten der monarchischen Staatsform hinfällig. Sogar die Wiener Christlichsozialen, von denen der Großteil von der monarchischen Staatsform zutiefst überzeugt war, mussten die Republik akzeptieren. Der deutschnationale Abgeordnete der Provisorischen Nationalversammlung Robert Freissler erinnerte sich retrospektiv daran, dass sich »jeder […]

Hofzug mit Exkaiser Karl und seiner Familie auf dem Weg in die Schweiz, Station Eckartsau bei Kopfstetten, 24. März 1919

klar darüber [war], dass die einzige Möglichkeit, den Staat und seine Einrichtungen vor Zertrümmerung zu bewahren, in dem augenblicklichen Bekenntnis zur Republik lag«.[5]

Die Ereignisse des Herbstes 1918, die in hohem Tempo über die Parteiführer hereinbrachen, ließen diese mitunter ratlos zurück, statteten sie aber mit Macht und umfangreicher Verantwortung aus. Mit dem Untergang des habsburgischen Regimes endete auch der autoritäre Regierungsstil, und endlich konnten die Massenparteien die Kontrolle übernehmen. Zum allerersten Mal in seiner Geschichte sollte das österreichische Volk von Volksvertreterinnen und -vertretern regiert werden, die aus demokratischen und gleichberechtigten Parlamentswahlen hervorgingen. Die von allen großen politischen Parteien getragene nationale Revolution hatte allerdings für die Sozialdemokraten einen beunruhigenden Aspekt, wie ein englischer Zeitzeuge berichtete:

Sie »mussten die Republik, die ihnen wie eine überreife Birne in den Mund gefallen war, gegen innere und äußere

Feinde verteidigen [...]; sie waren nicht stark genug, die Republik alleine ohne Koalitionen mit den nicht sozialistischen Parteien zu regieren, die ihre erbittertsten Feinde waren. Das bedeutete den kapitalistischen Staat in dem Moment anzuerkennen, in dem viele glaubten, dass er – ohne diese Koalition – gestürzt werden könnte; sie abzulehnen, hätte bedeutet, Reaktionen zu riskieren.«[6]

Das aufgegebene Wien

Die Entscheidung, einen neuen deutsch-österreichischen, republikanischen Staat zu gründen, wurde nach einem viereinhalb Jahre dauernden blutigen Krieg getroffen, der den Staat nachhaltig geschwächt und Millionen Tote und Verletzte gefordert hatte. Trotzdem hofften noch Ende September 1918 zahlreiche Politiker aus den deutschsprachigen Teilen des Kaiserreichs auf den Erhalt der Monarchie, insbesondere in ihren alten Grenzen und damit auch in geopolitischer Hinsicht. Im Oktober 1918 fanden alle diese Hoffnungen ihr schmerzliches Ende. Schwer wog in diesem Zusammenhang die Antwort des amerikanischen Außenministers Robert Lansing auf das österreichisch-ungarische Friedensangebot vom 7. Oktober 1918: Lansings Note stellte das Existenzrecht der Monarchie durch die explizite Anerkennung der Tschechoslowakei als kriegsführende Macht und Bündnispartner der Alliierten unmissverständlich in Frage.[7]

Zeitgenössische Polizeiberichte aus den letzten Oktoberwochen 1918 betonen die Kriegsmüdigkeit und Verbitterung der Bevölkerung, den weit verbreiteten Wunsch nach Frieden sowie die grassierende Hungersnot. Die Lebensmittelknappheit trug besonders zur Sorge und Verzweiflung in weiten Kreisen der Bevölkerung bei.[8] Die Unterernährung wurde durch den Ausbruch einer aggressiven Influenza-Epidemie zusätzlich verschärft. Ihren Höhepunkt erreichte diese »Spanische Grippe« nur wenige Wochen vor der Revolution und führte, auch weil es an Medikamenten und ärztlichem Personal mangelte, zu Hunderten Toten.[9] Abgesehen von lokalen Polizeikräften war jegliche

Massendemonstration vor dem Parlament anlässlich der Ausrufung der Republik Deutschösterreich am 12. November 1918

staatliche Autorität verschwunden, niemand fühlte sich für ein geregeltes Vorgehen gegen die Auswüchse der Krise verantwortlich, Verordnungen wurden bedeutungslos – die Beamtenschaft war zutiefst verunsichert und praktisch handlungsunfähig. Der für Ernährungsfragen zuständige Spitzenbeamte Hans Loewenfeld-Russ schrieb am 20. Oktober 1918 an seine Eltern:

»Man hat die Empfindung, im luftleeren Raum zu amtieren, den Boden unter den Füßen zu verlieren. Jede Arbeit scheint einem überflüssig, weil durch den Gang der Ereignisse überholt. Österreich scheint durch eine russische Elendszeit durch zu müssen, es wird ihm nicht erspart bleiben, wenn auch später der Staat in anderer Form wieder aufstehen wird. Diejenigen aber, die diese schreckliche Zeit jetzt mitmachen müssen, und wir stehen erst am Beginn, fiebern jede Stunde, die der Tag bringt […]. Ich habe nur die Sehnsucht: fort, wenn es ginge.«[10]

Im kriegsmüden und verängstigten Wien fanden sich außerdem Massen an zurückströmenden Soldaten ein, die sich an allen Ecken der Stadt versammelten und politisierten. Zahlreiche Flüchtlinge und frühere Kriegsgefangene belasteten die Stadt zusätzlich. Die Polizei berichtete, dass kaiserliche Insignien und Orden auf den Uniformen der Soldaten in der Zivilbevölkerung unverhohlene Aggressivität auslösten. Zur gleichen Zeit desertierte der Großteil der regulären Truppe der Wiener Garnison, die unter dem Kommando General Johann von Mossigs stand, und überließ der Polizei die Kontrolle über die brodelnde Stadt.[11] Vermutlich verhinderten das Wetter – während der ersten Novembertage regnete es – und die allgemeine physische Ermattung der Bevölkerung während der Frühphase der Revolution eine Eskalation der Gewalt auf der Straße.[12] Wien war herrenlos geworden, die Bewohner versteckten sich hinter ihren verschlossenen Wohnungstüren, während Grüppchen von Agitatoren jeden schikanierten und beschimpften, der mit der Staatsgewalt in Verbindung gebracht werden konnte; aufgebrachte und verängstigte ehemalige Soldaten, die mit den Kommunisten sympathisierten, schlossen sich den Roten Garden an und zogen durch die Straßen. Die ganze Stadt war, wie sich Loewenfeld-Russ ausdrückte, ein »schrecklicher Wirrwarr«.[13]

»

An das deutsche Volk in Österreich! Die deutsche Nationalversammlung hat gestern das provisorische Grundgesetz des neuen deutschösterreichischen Staates beschlossen. Auf der Grundlage dieses Gesetzes hat sie den Staatsrat gewählt, der nunmehr die Regierungs- und Vollzugsgewalt in Deutschösterreich übernimmt. Der Staatsrat wird unverzüglich die erste deutschösterreichische Regierung ernennen, die die Friedensverhandlungen führen, die Verwaltung der deutschen Gebiete Österreichs und die Befehlsgewalt über die deutschen Truppen übernehmen wird. Damit ist dem einmütigen Willen des deutschen Volkes entsprechend der deutschösterreichische Staat zu lebendiger Wirklichkeit geworden, und dieser Staat wird fortan von freigewählten Vertrauensmännern des deutschen Volkes selbst regiert werden. Die Übernahme der Regierungsgewalt durch die neue Regierung des deutschösterreichischen Volksstaates kann sich nur in Ruhe und Ordnung vollziehen. Die Behörden des bisherigen österreichischen

Die zentrale Bedeutung Renners

Die Konstituierung des Staatsrates und die Proklamierung der Republik boten die Grundlage für die Errichtung einer funktionierenden Regierung als auch für die Wahl zur Konstituierenden Nationalversammlung am 16. Februar 1919, die am 1. Oktober 1920 die endgültige Verfassung der Republik annahm. Karl Renners Führungsqualitäten waren von entscheidender Bedeutung für die ersten beiden Jahre der jungen Republik: Renner moderierte zwischen Zentralregierung und den Ländern, die zu extremem Föderalismus tendierten. Er entwickelte die Vision einer alle Klassen inkludierenden demokratischen Republik des Bürgertums, der Bauernschaft und der Arbeiter. Seine Verhandlungstaktik war aber innerhalb der eigenen Partei nicht immer unumstritten und wurde insbesondere von der Parteilinken kritisiert, die Renner bereits während des Weltkrieges misstraut hatte und in ihm einen Repräsentanten des *Ancien Régime* sah. Renner lud bereits im November 1918 den jungen, an der Universität Wien tätigen Juristen Hans Kelsen in seinen Mitarbeiterstab ein, um Unterstützung in Verfassungsangelegenheiten zu bekommen. Renner beauftragte Kelsen im Mai 1919 offiziell mit der Ausarbeitung eines Entwurfs für eine neue Verfassung. Und es war wiederum Renner, der die definitive Fassung des Staatsvertrags von Saint-Germain-en-Laye mit

Staates leisten der Übernahme der Verwaltung durch die neue Volksregierung keinen Widerstand. Es besteht daher kein Grund, diese Behörden zu bedrohen. Gewalttätigkeiten können die Übernahme und Ausübung der Regierung durch die Vertrauensmänner des deutschen Volkes nicht fördern, nur erschweren. Ebenso ist es unzulässig, gegen Angehörige anderer Nationen Gewalt zu üben; die Regierung Deutschösterreichs wird nationalen Minderheiten im deutschen Gebiete ihren vollen Schutz gewähren. Sie erwartet, dass die nationalen Regierungen der anderen Nationen gleichen Schutz auch den deutschen Minderheiten in slawischen Gebieten gewähren werden. Der Staatsrat fordert das deutsche Volk in Österreich auf, Ruhe und Selbstzucht zu bewahren und alles zu vermeiden, was die Übernahme der Regierungsgewalt durch das deutsche Volk und die Herbeiführung des von der deutschen Volksregierung selbst im Einvernehmen mit dem Deutschen Reiche zu schließenden Friedens erschweren könnte.

Wien, 31. Oktober 1918

Im Namen des deutschösterreichischen Staatsrates:

Dinghofer Hauser Seitz

«

Verlautbarung von Franz Dinghofer, Johann Nepomuk Hauser und Karl Seitz am 31. Oktober 1918

den Alliierten koordinierte, verhandelte und den Vertrag für die Republik Österreich signierte. Mit der Unterzeichnung des Friedensvertrags wurde der Kriegszustand am 10. September 1919 offiziell beendet und der Anschluss an Deutschland endgültig untersagt. Nicht zuletzt führte Renner den neuen Staat knapp zwei Jahre lang durch massive ökonomische, fiskalpolitische und kulturelle Verwerfungen, konfrontiert mit einer Unzahl von unlösbar scheinenden politischen Herausforderungen. Letztere oszillierten zwischen der Bewältigung des Alltags (Währungsverfall, Inflation, Arbeitslosigkeit, Energieversorgung, Lebensmittel- und Kleiderknappheit usw.) und der hohen Politik (heftige Meinungsverschiedenheiten hinsichtlich der Bedeutung kollektiver und individueller Rechte im Friedensvertrag sowie in der österreichischen Verfassungsdebatte).

Die Revolution in Österreichs Geschichte

Welche Bedeutung hatte die Revolution? War sie von besonderen Wesensmerkmalen geprägt? Vor der Beantwortung dieser Fragen soll zunächst auf einige Besonderheiten hingewiesen werden: Erstens begann die Gründung der Republik als politisch-nationaler Verteidigungsakt, was die Bereitschaft der Wiener Sozialdemokratie zur Zusammenarbeit in einer politischen Koalition erklärt, der unter anderem auch deutschnationale Fraktionen aus Böhmen und Mähren sowie Repräsentanten der Christlichsozialen Partei aus den deutschsprachigen Kronländern angehörten. Allerdings war diese nationale Revolution von starken sozialen und kulturellen Spannungen geprägt, die anfangs auf die ehrgeizigen Ambitionen der Sozialdemokratie zurückzuführen waren, die sich für einen radikalen institutionell-legistischen Systemwechsel einsetzte, der insbesondere die Rechte der urbanen Arbeiterschaft stärken sollte. Ferdinand Hanuschs Sozialstaatsprogramm und die darauf beruhenden Gesetze sind ein Kind dieser Zeit, genauso wie die Etablierung der Sozialisierungskommission oder das Gesetz zur Einrichtung von Betriebsräten vom 15. Mai 1919.[14]

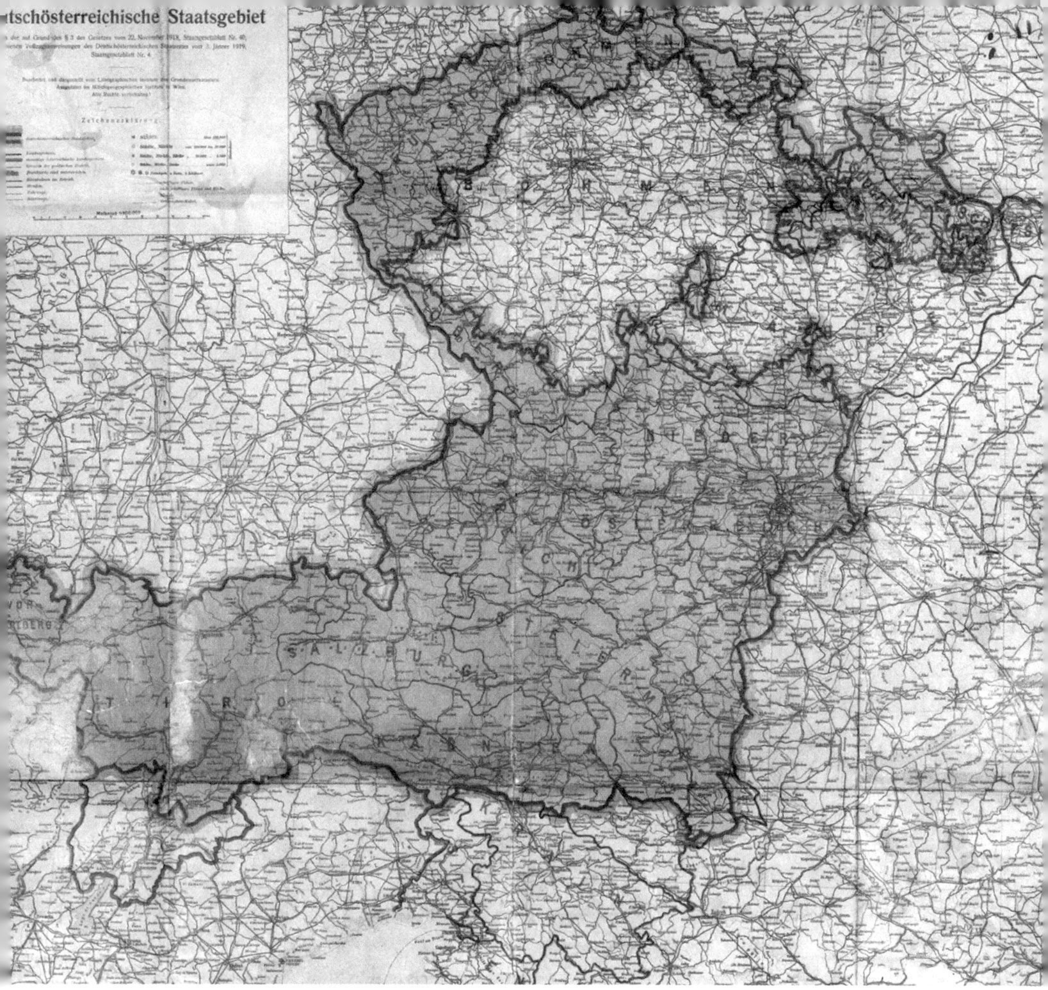

Karte von Deutschösterreich entsprechend den Vollzugsanweisungen des Deutschösterreichischen Staatsrates vom 3. Jänner 1919

Allerdings stießen diese ambitionierten Vorhaben gegen Jahresende 1919 auf einen wachsenden, massiven Widerstand, der einerseits von verängstigten und verbitterten bürgerlichen Kreisen in Wien und anderen österreichischen Städten und – besonders heftig – von der ländlichen Bevölkerung getragen wurde. Bereits im Verlauf des Jahres 1919 hatte Ignaz Seipel gemeinsam mit der Wiener Fraktion der Christlichsozialen Partei eine entschlossene Kampagne gegen die von Renner geführte »große Koalition« begonnen. Seipels allmählicher Aufstieg zum unnachgiebigen Führer der Christlichsozialen Partei nahm 1919 seinen Anfang und läutete ein Jahrzehnt der Konflikte zwischen der politischen

Linken und Rechten ein. Die nationale Revolution war zwar vorüber, aber die Auffassungsunterschiede über die (unfertige) Revolution von 1918 bis 1920 blieben und führten regelmäßig zu hitzigen öffentlichen Debatten und emotionalen Konflikten, die direkt in den Bürgerkrieg von 1934 mündeten.

Zweitens fußte die Gründung der Republik auf der vagen und unsicheren Hoffnung, dass der neue Staat auch die deutschsprachigen Gebiete Böhmens, Mährens und Schlesiens umfassen würde – als »Deutschböhmen« beziehungsweise »Sudetenland«. Folgerichtig verabschiedete die Provisorische Nationalversammlung am 22. November 1918, also zehn Tage nach Ausrufung der Republik, ein Gesetz, das diese Gebiete zu einem Teil des neuen Staates erklärte.[15] Allerdings war der Großteil der von Deutschösterreich beanspruchten Gebiete in Böhmen, Mähren und Schlesien von tschechischen Truppen besetzt, sodass dort die Wahlen zur Konstituierenden Nationalversammlung am 16. Februar 1919 nicht durchgeführt werden konnten. Deshalb blieben von 255 Parlamentssitzen 85 frei, die – entsprechend den Wahlergebnissen von 1911 – größtenteils dem deutschnationalen Lager zuzurechnen gewesen wären. Mit Unterstützung der Entente gelang es den Tschechen, gewissermaßen einem Teil der revolutionären Wiener Dreierkoalition die soziale Basis zu entziehen, indem das Kernland des alten Deutschen Nationalverbands in der Tschechoslowakei verblieb. Das führte dazu, dass der jungen Republik die Option einer starken, nicht klerikalen bürgerlichen Kraft, die um die Jahrhundertwende einen Teil des Erbes des alten Liberalismus angetreten hatte, entzogen wurde. Im Dezember 1918 bezeichnete Josef Redlich die »deutsch-böhmische Frage« treffend als »sedes mali« der modernen österreichischen Geschichte, ein Problem, das erst mit den Wahlen von 1919 gelöst werden konnte.[16] Auf indirekte Weise hatten die Westalliierten also das bipolare politische System Österreichs erschaffen, das auf den beiden großen ideologischen Milieu-Parteien des späten 19. Jahrhunderts beruhte – der Christlichsozialen und der Sozialdemokratischen Partei –, die die österreichische Politik bis in die 1980er und 1990er Jahre prägen sollten.[17] Zwar war diese Bipolarität im Oktober 1918 noch nicht zwingend vorgezeichnet, aber der alte triadische Charakter der österreichisch-deutschen Politik, der sich seit den frühen 1880ern herausgebildet hatte, war jedenfalls vorüber.

Drittens führten die letzten Monate des Krieges zu einem dramatischen Verfall des Ansehens der Herrscherdynastie, sodass der Antimonarchismus ein bestimmender politisch-kultureller Faktor auf Seiten der österreichischen und insbesondere der Wiener Linken bis weit in das 20. Jahrhundert hinein blieb. Die Entscheidung der Konstituierenden Nationalversammlung vom 3. April 1919, das sogenannte Habsburgergesetz anzunehmen, aufgrund dessen der ehemalige Kaiser Karl und dessen Familie des Landes verwiesen und das habsburgische Vermögen enteignet wurde, zeigt das ausgeprägte Unbehagen der Sozialdemokratie mit der unvollständigen Abdankung des Kaisers und der fehlenden Einigung über dessen Vermögensverhältnisse. Außerdem verdächtigten die Sozialdemokraten die Habsburger, das Ende der Monarchie nicht akzeptiert zu haben (nicht ganz zu Unrecht, wie der ehemalige Kaiser Karl bei seiner Ausreise in die Schweiz bewies, als er den Thronverzicht vom 11. November 1918 im sogenannten Feldkircher Manifest vom 23./24. März 1919 widerrief).[18] Das Habsburgergesetz ist aber auch Ergebnis des massiven Verfalls des Ansehens der Dynastie in der öffentlichen Meinung während der letzten Kriegsjahre. Betrachtet man die große Anzahl von Gerüchten und Witzen, die ab Winter 1917 beziehungsweise Frühling 1918 über den jungen Kaiser, seine Frau Zita, die Regierung und über die immer wahrscheinlicher werdende Niederlage der Mittelmächte zirkulierten, war Respekt für das kaiserliche Regime rar. Die Situation verschlimmerte sich bis Juli 1918 derart, dass sich der Innenminister zu einer vertraulichen Anweisung an die Statthalter in den Kronländern gezwungen sah, Personen auszuforschen, die »abscheuliche Gerüchte« über den Kaiser verbreiteten.[19] Der deutsche Botschafter Graf Wedel berichtete am 26. Oktober 1918 nach Berlin, dass er mit führenden österreichischen Politikern gesprochen habe, die Karl als »zur Regierung nicht geeignet« und die Erzherzöge als »Drohnen«, die den Staat belasteten, bezeichnet hätten.[20]

Noch im Juni 1914 beruhte das politische System des habsburgischen Staates auf dem moralischen Kompass, dem »Gottesgnadentum« und der Reputation des Herrschers, der die strukturelle Einheit des Staates und dessen streng hierarchischen Aufbau garantierte, der sozialen Status, Rang und Ansehen bestimmte. Knapp fünf Jahre später, im April 1919, schienen die Österreicher im Gegensatz geradezu versessen darauf, die Gespenster der Vergangenheit, nämlich von Kaiser Karl und dessen Vorfahren, zu vertreiben.[21] Diese Besessenheit spiegelte sich in den unermüdlichen Bemühungen der Sozialdemokratie, die Habsburger aus der österreichischen *res publica* auszuschließen, um das Rätsel der Revolution vom 12. November zu lösen: War das neue Österreich Rechtsnachfolger der alten Monarchie oder, wie es vor allem Hans Kelsen hartnäckig vertrat, doch ein völlig neuer Staat, der mit der imperialen Vergangenheit formalrechtlich nichts zu tun hatte?[22]

Der Erste Weltkrieg markiert einen tiefen Einschnitt in der österreichischen Geschichte; am Ende des Krieges standen eine Revolution und eine Republik, die sich auch ohne Blutvergießen und Gewalt durchsetzten. Der stille Krieg, den die kaiserliche Regierung und insbesondere die österreichische Armee gegen die eigene Bevölkerung geführt hatte, machte den Zusammenbruch des Regimes unvermeidbar. Abgesehen von den auseinanderstrebenden Ethnien der Monarchie und der Einflussnahme fremder Mächte, sind die dramatischen Ereignisse im Oktober und November 1918 nicht zu verstehen, ohne die weitreichende soziale und psychologische Implosion innerhalb der österreichischen Zivilbevölkerung zu berücksichtigen. Letztere wurde durch die völlige Inkompetenz des dynastischen Staates selbst herbeigeführt. Es waren nicht die Völker des Vielvölkerstaates, die das Kaiserreich zerstörten. Vielmehr hatte der dynastische Staat seine eigene Glaubwürdigkeit verspielt und damit den verschiedenen Nationen von sich aus den Weg in die Unabhängigkeit geebnet. In Anbetracht des sozialen Chaos Ende Oktober 1918 sind die Bemühungen Karl Renners, gemeinsam mit seinen Kollegen quasi über Nacht eine neue republikanische Regierung aus dem Boden zu stampfen, als umso bewundernswerter einzuschätzen.

Es galt, nicht nur die Monarchie durch eine Republik zu ersetzen, sondern vielmehr auch eine ganze Reihe neuer staatlicher Institutionen zu schaffen, die nun unter der Kontrolle der beiden Massenparteien standen. Zugleich mussten diese Politiker die legitime öffentliche Ordnung auf der Basis des neutralen Rechtsstaates wiederherstellen, dessen Grundlagen bereits in der Monarchie gelegt worden waren. Dieses Dilemma – nämlich der Konkurrenzkampf um die Weiterentwicklung des staatlichen Gemeinwohls, der erbittert und mit extremer ideologischer Parteilichkeit geführt wurde – sollte die neue Republik noch jahrzehntelang prägen.

Übersetzt aus dem Englischen von Stephan Neuhäuser

Weiterführende Literatur

Otto Bauer, Die österreichische Revolution, Wien 1923.

John W. Boyer, Silent War and Bitter Peace: The Revolution of 1918 in Austria, in: *Austrian History Yearbook* 34 (2001), 1–56.

Wilhelm Brauneder, Deutsch-Österreich 1918. Die Republik entsteht, Wien 2000.

Rudolf Neck (Hg.), 1918. Österreich im Jahre 1918. Berichte und Dokumente, Wien 1968.

Reinhard Owerdieck, Parteien und Verfassungsfrage in Österreich. Die Entstehung des Verfassungsprovisoriums der Ersten Republik 1918–1920, München 1987.

Birgitta Bader-Zaar

Demokratisierung und Frauenwahlrecht (1918/19)

Die Ausrufung der demokratischen Republik (damals noch) Deutschösterreich am 12. November 1918 bedeutete für die Bevölkerung dieses Gebiets nicht nur eine neue Staatsform, sondern auch die Verwirklichung der Gleichberechtigung im Wahlrecht. Bei den Wahlen am 16. Februar 1919 konnten erstmals Männer und Frauen gleichwertig ein nationales Parlament – die Konstituierende Nationalversammlung – bestimmen. Ihre politischen Überzeugungen fanden zudem durch das System der Proportionalwahl eine gerechtere Vertretung. Die hier erfolgte Demokratisierung politischer Mitbestimmung bedeutete einen entscheidenden Bruch mit der Habsburgermonarchie.

Das Wahlrecht am Ende der Habsburgermonarchie

In der Habsburgermonarchie hatte es für die österreichischen Länder ein verwirrendes Gemisch an Bestimmungen darüber gegeben, wer an Wahlen teilnehmen konnte, ob Frauen ausgeschlossen waren oder nicht und wie stark einzelne Stimmen und Minderheiten durch Abgeordnetenzahlen repräsentiert waren. Das 1907 eingeführte allgemeine und gleiche Männerwahlrecht galt nur auf parlamentarischer Ebene – für das Abgeordnetenhaus des Reichsrats. Es war an den zumindest einjährigen dauerhaften Aufenthalt in einer Gemeinde geknüpft. Diese vorgeschriebene Sesshaftigkeit bedeutete also den Ausschluss mancher Männer, zum Beispiel der Saisonarbeiter und Hausierer. Auf Gemeindeebene galt bis zum Ende der Monarchie überall noch ein ungleiches, auf Grundbesitz, Steuern oder Bildung beruhendes sogenanntes Zensuswahlrecht, das auch die Grundlage für die Wahl der Landtage bildete. In Letzteren wurde die ungleiche Vertretung durch die Zuordnung der Wähler zu den Kurien der Großgrundbesitzer, der Handels- und Gewerbekammern, der Städte und Märkte, der Landgemeinden und der allgemeinen Kurie verstärkt.

Frauen waren in dieses Wahlsystem mitunter, allerdings regional auf ganz unterschiedliche Weise, integriert, manchmal jedoch nicht. Mit Ausnahme der meisten Landeshauptstädte verfügten sie, unter den gleichen Steuerbedingungen wie Männer, häufig über das Wahlrecht für die Gemeinderäte, mussten sich aber meist durch einen männlichen Bevollmächtigten bei der Stimmabgabe vertreten lassen – Ehefrauen etwa durch ihren Ehemann. Bei Landtagswahlen hatten Großgrundbesitzerinnen ein Stimmrecht, oft blieben Frauen jedoch aus den Kurien der Städte und der Landgemeinden ausgeschlossen. In der allgemeinen Wählerkurie durften sie, sofern sie einen geringen Steuersatz bezahlten, nur in Vorarlberg wählen. Das Reichsratswahlrecht besaßen bis 1907 nur Großgrundbesitzerinnen, danach war es hier allen Frauen verwehrt.

Für die Jahre vor dem Ersten Weltkrieg sind zwar bereits einzelne Bemühungen erkennbar, zumindest das Wahlrecht für Männer zu modernisieren und vor allem eine gerechtere Vertretung der Minderheiten zu garantieren. Diese Bestrebungen blieben aber Stückwerk.

Die radikale Reform des Wahlrechts 1918

Schon das Gesetz über die Staats- und Regierungsform Deutschösterreichs vom 12. November 1918 bedeutete einen radikalen Umbruch im Hinblick auf das Wahlrecht. In Artikel 9 hieß es: »Die konstituierende Nationalversammlung wird im Jänner 1919 gewählt. Die Wahlordnung wird noch von der Provisorischen Nationalversammlung beschlossen, sie beruht auf der Verhältniswahl und auf dem allgemeinen, gleichen, direkten und geheimen Stimmrecht aller Staatsbürger ohne Unterschied des Geschlechts.«[23] Damit kam es gegenüber der Zeit der Habsburgermonarchie zu zwei grundlegenden Neuerungen: Es wurde die Proportionalwahl statt der Mehrheitswahl festgelegt und ein demokratisches Wahlrecht eingeführt, das nun Männern wie Frauen zustand. Zudem sollte jede Stimme gleich gezählt werden. Eine indirekte Stimmabgabe über Wahlmänner gab es nicht mehr, und die geheime Stimmabgabe war garantiert. Artikel 10 schrieb außerdem die gleichen Grundsätze für die Wahlen auf den anderen Ebenen – das heißt, für die Landes-, Kreis-, Bezirks- und Gemeindewahlen – vor, sodass sowohl Männern als auch Frauen hier erstmals ein allgemeines und gleiches Wahlrecht zugestanden wurde. Der Ausarbeitung der Wahlordnung für die Konstituierende Nationalversammlung nahm sich zuerst die am 30. Oktober 1918 gebildete Regierung – der Staatsrat – an. Danach wurde die Gesetzesvorlage von der Provisorischen Nationalversammlung, die aus Abgeordneten der in der Zeit der Habsburgermonarchie deutschsprachigen Wahlbezirke zusammengesetzt war, diskutiert und beschlossen.

Die von den Sozialdemokraten lange geforderte Proportionalwahl wurde nun als Garantie einer gerechten Vertretung aller politischen Strömungen in der Bevölkerung weithin akzeptiert. Die Provisorische Nationalversammlung sollte sich in ihrer Wahlordnung für die Konstituierende Nationalversammlung vom 18. Dezember 1918 für gebundene beziehungsweise starre Listen aussprechen, ohne die Möglichkeit für Wähler und Wählerinnen, die Kandidaten und Kandidatinnen nach Belieben zu reihen. Es sollten also bei der Wahl nicht mehr individuelle Kandidaten, wie in der Habsburgermonarchie, im Mittelpunkt stehen, sondern Parteien. Zwar konnten Wählerinnen und Wähler statt für eine Liste auch für einzelne Kandidaten und Kandidatinnen stimmen, eine solche Persönlichkeitswahl hatte aber keinerlei Auswirkung auf die Mandatszuteilung. Eine Reststimmenverwertung beim Ermittlungsverfahren der Mandate gab es noch nicht: Sie sollte erst 1920 eingeführt werden. Für den Einzug in das Parlament war kein Grundmandat notwendig. Eine Koppelung von Listen, das

Wahlwerbung der Christlichsozialen Partei anlässlich der Wahl zur Konstituierenden Nationalversammlung am 16. Februar 1919

heißt die gemeinsame Kandidatur in einzelnen Wahlkreisen, die gerade für kleinere Parteien einen Vorteil bot, war erlaubt – diese Möglichkeit wurde 1920 jedoch wieder abgeschafft.

Eine weitere bedeutende Neuerung gegenüber der Habsburgermonarchie war die Senkung des Wahlalters – unabhängig von der geltenden Großjährigkeit von 24 Jahren – auf 20 Jahre, vor allem, um jenen jungen Männern, die Kriegsdienst geleistet hatten, das Wahlrecht einzuräumen. Das passive Wahlrecht galt ab 29 Jahren; in der Bundesverfassung von 1920 wurde die Wählbarkeit dann auf 24 Jahre herabgesetzt. Die vormals einjährige Aufenthaltspflicht in der Wohn- und damit Stimmgemeinde wurde abgeschafft. Außerdem durften nun auch aktive Soldaten wählen, und Personen, die Armenunterstützung erhielten, waren nicht länger vom Wahlrecht ausgeschlossen.

Zur Sicherung des geheimen Stimmrechts erließ der Gesetzgeber genaue Bestimmungen über die Wahlzellen. Vor dem Ausbruch des Ersten Weltkrieges hatte es nur vereinzelt abgeschirmte Wahlkabinen gegeben, der Stimmzettel war nach Hause zugestellt und bereits vor der Wahl mit dem Namen des Wunschkandidaten versehen und dann am Wahlort abgegeben worden. Nun konnten Wähler und Wählerinnen einen eigenen, bereits ausgefüllten Stimmzettel mitbringen oder sie erhielten einen im Wahllokal. In der Wahlzelle sollte der Stimmzettel in das im Wahllokal ausgehändigte Wahlkuvert gelegt werden. Tatsächlich scheint die Neuerung der Wahlzelle aber noch ungewohnt gewesen zu sein und wurde etwa in Wien laut Zeitungsberichten bei der Wahl im Februar 1919 nicht immer genutzt. Stattdessen wurde die Kuvertierung des Stimmzettels einfach im Wahllokal erledigt.

Debatten über das Frauenwahlrecht

Nicht ganz so glatt wie andere Bestimmungen konnte das Frauenwahlrecht durchgesetzt werden. An und für sich war die Forderung nicht mehr allzu umstritten, den Abgeordneten galt die Maßnahme wohl als unvermeidlich. Jedoch bereitete der Gedanke an die Zulassung einer großen Wählerinnengruppe, von der man nicht wusste, wie sie stimmen würde, den Parteien

Unbehagen. Aufgrund der vielen gefallenen Soldaten machte diese Gruppe zudem die Mehrheit der WählerInnen aus. Das Frauenwahlrecht wurde als »Sprung ins Ungewisse« aufgefasst.[24] In der Habsburgermonarchie hatten auf dem Territorium der späteren Republik nur die Sozialdemokraten die Forderung nach dem allgemeinen Frauenwahlrecht in ihr Parteiprogramm aufgenommen – seit 1892. Während des Ersten Weltkrieges sollte dann die Februarrevolution 1917 in Russland eine Aufbruchsstimmung auslösen, die durch die Proteste von Frauen gegen die Kriegsnot im Frühjahr 1917 noch verstärkt wurde. Die seit dem Ende der 1880er Jahre aktive Bewegung für das Frauenwahlrecht intensivierte ihre Kampagne, nun vorerst für das Gemeindewahlrecht, und auf katholischer Seite geriet die ursprünglich ablehnende Haltung zur politischen Partizipation von Frauen ins Wanken. Der einflussreiche christlichsoziale Parteipolitiker Ignaz Seipel konnte sich allerdings noch Ende 1917 nur vorstellen, dass Frauen ausschließlich ihre eigene Vertretung im Parlament im Rahmen einer eigenen Kurie wählen sollten.

» Ich war in der Früh schon aufgeregt, hab mir alles vorbereitet, Stimmzettel und Foto, damit ich mich hab ausweisen können. Ich hab nicht weit gehabt, nur über die Straße. Mein Chef hat mir damals schon gesagt, wie ich mich verhalten soll und was ich wählen soll. Er war selber Sozialdemokrat. «

Angela Weinberger über die Wahl zur Konstituierenden Nationalversammlung am 16. Februar 1919

Nach der Ausrufung der Republik fanden sich die Christlichsozialen aber mit dem Grundsatz der vollen politischen Gleichberechtigung ab. Auch die Deutschnationalen lenkten größtenteils ein, wenn sie auch »im Namen der gesunden Vernunft und der heiligen, unverletzlichen Natur gegen die Hereinzerrung des weiblichen Elements in den Schmutz der Politik« protestierten – so Karl Hermann Wolf.[25] Wie sich der sozialdemokratische Staatskanzler Karl Renner rückblickend erinnerte, war es seine Strategie, »von der Sache wenig Aufhebens« zu machen und sie »als Selbstverständlichkeit, als einfaches Ergebnis unserer grundsätzlichen Auffassung« hinzustellen, womit auch der Widerstand in den eigenen Reihen überwunden werden sollte. Einige Parteigenossen hätten immer noch »ernste Bedenken [gehabt], daß die Frauen zu sehr unter dem Einfluß überlieferter Denkweise und insbesondere des Klerus stünden und der Erfolg der Revolution durch ihre Teilnahme am politischen Leben in Frage gestellt werden könnte«.[26] Ein Rückzug der Sozialdemokraten von ihrem Parteiprogramm kurz vor den Wahlen hätte sie aber als unglaubwürdig erscheinen lassen. Zudem drängten die weiblichen Parteimitglieder auf dessen Realisierung.

» Das erste Mal wählen bin ich in Schwarzach (Eisenbahnergemeinde in Salzburg) gegangen, wie ich in Posten war als ›Mädchen für alles‹ in einer Weinhandlung. Und da haben der Herr und sein Schwager gesagt, ich muß ›das‹ wählen – da hat's noch geheißen die ›Großdeutsche Partei‹ – und haben mir den Stimmzettel in die Hand gedrückt. Und ich, was hab ich schon verstanden von dieser ganzen Angelegenheit. Und wie ich dann in Richtung Wahllokal gehe, kommt der Mühlböck daher (ein sozialdemokratischer Funktionär) – das weiß ich noch gut – und sagt auch: ›Fräulein Fini‹ hat er gesagt, ›was ist, waren's schon wählen?‹ – ›Nein, jetzt geh ich!‹ – ›Haben's schon einen Stimmzettel?‹ Ich zeig' ihm meinen, er nimmt ihn mir – ich seh den Mühlböck noch heute vor mir – weg, zerreißt ihn und schmeißt ihn auf den Boden. ›Nichts da‹, hat er gesagt, ›den wählen's.‹ «

Ehemalige Hausgehilfin aus Hallein, Jahrgang 1905

Allerdings versuchten die Christlichsozialen und Deutschnationalen, Bestimmungen der Wahlordnung zu ihren Gunsten zu manipulieren. Sie waren über die politischen Auswirkungen des Frauenwahlrechts beunruhigt und befürchteten einen – durch Frauenstimmen herbeigeführten – Wahlsieg ihrer Gegner. Besondere Sorge bereitete ihnen, wie erwähnt, dass Frauen kriegsbedingt mehr als die Hälfte der Wahlberechtigten ausmachten. Der Deutschnationale Rudolf Heine bangte: »Diese Ungleichheit könnte aber einmal zur Folge haben, dass die Frauen mit eigenen Frauenlisten in den Wahlkampf eintreten, und dann könnte der Fall eintreten, dass die Frauen die Männer ganz und gar aus dem Parlament hinauswerfen, weil sie tatsächlich die Mehrheit haben.«[27] Daher schlug er vor, die Zahl der Wahlberechtigten statistisch zu erheben, damit die Altersgrenze des Wahlrechts für Frauen so festgelegt werden könne, dass Frauen und Männer in gleicher Zahl wahlberechtigt würden. Diese Idee ging letztlich auf die englische Wahlreform Anfang 1918 zurück, nach der – nebst anderen Einschränkungen – Frauen erst ab dem 30. Lebensjahr wählen durften. Ein anderer Vorschlag zur »Entschärfung« des Frauenwahlrechts lautete, das aktive Wahlrecht erst ab 24 Jahren zu erteilen, wobei aber Soldaten, die eine Tapferkeitsauszeichnung erhalten hatten, ab dem 20. Lebensjahr wählen sollten. Keiner dieser Anträge fand im Staatsrat eine Mehrheit.

Besonders hartnäckig verfochten Christlichsoziale und Deutschnationale aber die Einführung der Wahlpflicht, mit der Begründung, dass sonst nur radikale und kaum konservative Frauen wählen würden. Sie sei ein »Erziehungsmittel für jene Wähler [...], die bisher nicht im politischen Leben gestanden« seien.[28] Die Sozialdemokraten befürchteten hingegen den verfälschenden Einfluss des Wahlergebnisses durch politisch Uninteressierte. In der *Arbeiter-Zeitung* wurde den Christlichsozialen vorgeworfen, dass sie »diese neuen Wählermassen durch den Einfluß der Kirche, des Beichtstuhls und aller Ausrüstungen, über die der Klerikalismus gebietet, in ihre Netze [...] ziehen« wollten. Die Wahlpflicht würde schließlich zur »Weiberherrschaft« führen.[29] Im Staatsrat beendete Staatskanzler Renner diese Debatte, indem er darauf hinwies, dass die Sozialdemokratie im Rahmen der Parteienkoalition bereits viele Ziele habe zurückstellen müssen. Es drohe ein Arbeiteraufstand, sollten die anderen Parteien noch mehr Zugeständnisse fordern: »Wir haben auch insofern eine schwere Aufgabe, als wir eine in äußerster Not befindliche Bevölkerungsklasse vor dem Angriff zurückhalten müssen, und das muß uns auch für den Fall ermöglicht werden, daß das Proletariat bei den Wahlen in der Minorität bleibt und darüber enttäuscht ist. Wenn in diesem Zeitpunkte die Arbeiter noch dazu das Gefühl hätten, nur deshalb unterlegen zu sein, weil die Bürgerlichen auf Grund der Wahlpflicht das ganze Heer der Indifferenten haben aufmarschieren lassen, so wären die Folgen unabsehbar.«[30] Damit konnte er die Zurückziehung des Antrages auf Wahlpflicht erreichen. Die Wahlpflicht wurde schließlich der Landesgesetzgebung überlassen und nur in den Bundesländern Tirol und Vorarlberg eingeführt.

Gemeinsam war den Sozialdemokraten und den Deutschnationalen aber der Wunsch, über das angeblich spezifische Wahlverhalten von Frauen informiert zu sein. Zu diesem Zweck sollten verschiedenfarbige Stimmzettel oder Kuverts beziehungsweise unterschiedliche Wahlurnen genutzt werden. Dies wurde aber von den Christlichsozialen als »Durchbrechung des Wahlgeheimnisses« abgelehnt und 1919 nicht durchgeführt.[31] Ab 1920 wurde die geschlechtlich getrennte Stimmenzählung durch verschiedenfarbige Kuverts dann doch zwingend vorgeschrieben, sodass für die Erste Republik statistisches Material über das Abstimmungsverhalten von Männern und Frauen vorliegt. Allerdings wählten Frauen nicht, wie von einigen erwartet, als Block. Je nach Region stimmten sie mehrheitlich entweder für die Christlichsozialen oder die Sozialdemokraten, wobei sie insgesamt in Österreich eher dazu tendierten, konservativ zu wählen.

Schließlich ist zu erwähnen, dass in der Parteienkoalition Konsens über den Ausschluss von Prostituierten bei Wahlen bestand – dies wurde als »notwendig und selbstverständlich« erachtet.[32] Ansonsten verloren Frauen wie Männer aufgrund von Entmündigung und Verurteilung wegen bestimmter Verbrechen und Vergehen, zu denen etwa eine mehrmalige Arreststrafe wegen Trunkenheit gehörte, ihre politischen Rechte. Auch Männer, denen die Erziehungsberechtigung ihrer Kinder entzogen worden war, durften – für längstens drei Jahre – nicht an Wahlen teilnehmen.

In der Provisorischen Nationalversammlung meinte der Berichterstatter der Gesetzesvorlage, der deutschnationale Abgeordnete Rudolf Heine, dass es zum Frauenwahlrecht nicht mehr viel zu sagen gebe, nachdem sich die Nationalversammlung ja bereits prinzipiell damit einverstanden erklärt habe. Weiters wies er auf die Leistungen der Frauen im Krieg hin: »Die dauernde Mitwirkung der Frauen an aller materieller und geistiger Arbeit der Nation ist durch den Krieg eine historische Tatsache geworden und wir müssen daher selbstverständlich dieser Tatsache auch in der Gesetzgebung durch die Heranziehung der Frauen im öffentlichen Leben Rechnung tragen.«[33]

Wie erläutert, war jedoch die Kriegshilfe von Frauen nicht der primäre Grund für das gleiche Stimmrecht ohne Unterschied des Geschlechts, sondern die veränderten politischen Machtverhältnisse führten zur Demokratisierung. Die Wahlordnung zur Konstituierenden Nationalversammlung wurde schließlich am 18. Dezember 1918 angenommen. Das gleiche, unmittelbare, geheime und persönliche Wahlrecht »der männlichen und weiblichen Bundesbürger« sowie das Prinzip der Verhältniswahl sollten auch in der neuen Bundesverfassung der Republik Österreich 1920 verankert werden.

Die liberal orientierte Frauenbewegung wurde von der raschen Verwirklichung des Frauenwahlrechts und der Aufhebung des Verbots der Mitgliedschaft von Frauen in politischen Vereinen (am 30. Oktober 1918) überrascht und kommentierte die Demokratisierung eher nachdenklich. Die Präsidentin des *Bundes Österreichischer Frauenvereine* Marianne Hainisch betonte die widrigen Umstände, die eine besondere Freude nicht zuließen: »Wir haben Deutschösterreich unter schweren Opfern erstehen sehen und sehen nun unsere geliebte Scholle von innen und außen bedroht, denn der Waffenstillstand hat den Krieg beendet, aber unsere Lage nicht verbessert, wir bangen nach wie vor um unsere Lieben, aus ihrer Gefangenschaft dringt kein Laut zu uns, die Rechtsunsicherheit hat zugenommen, und die Not ist drückender denn je. In dieser furchtbaren Lage ist uns Frauen die Befreiung von der Hörigkeit geworden. Wie hätten wir aufgejubelt und die Gleichberechtigung mit dem Mann begrüßt, wenn wir sie zu anderer Zeit erlangt hätten.«[34] Die Sozialdemokratinnen erlebten die Revolution hingegen als Befreiung: »[N]un plötzlich ohne Kampf, ohne Anstrengung, ohne daß ernstlich Widerstand geleistet wurde«,[35] so Adelheid Popp, wurden die »Frauen von der Schmach der politischen Rechtlosigkeit befreit«.[36]

»

In der Kirche ist man immer wählen gegangen. Da ist ein Vorhang, da geht man durch und bekommt einen Brief. Den Brief schmeißt man hinein in eine Schachtel. Ich hab immer schwarz gewählt. Das war halt so. Das haben wir schon immer gemacht, denn wir sind ja Bauern. Da gehört das so.

«

Josefa Schön über die Wahl zur Konstituierenden Nationalversammlung am 16. Februar 1919

Aus: »Zum ersten Mal wählen gehen«, in: Parlamentsdirektion, Parlamentarisch-Wissenschaftlicher Dienst (Hg.), »... doch wehe, sobald sie zu stimmen begehren ...«. 80 Jahre Frauenwahlrecht in Österreich, Wien 1999, 61.

Die Wahlen für die Konstituierende Nationalversammlung am 16. Februar 1919

Sowohl der Bund Österreichischer Frauenvereine als auch die Sozialdemokratinnen sahen es nun als ihre wichtigste Aufgabe an, Frauen über ihre politischen Rechte aufzuklären und ihnen ein Grundwissen über Politik zu vermitteln. Auch sie empfanden also eine gewisse Besorgnis über die unbekannte Wählerin. Ernestine von Fürth, die vormalige Vorsitzende des Wiener Frauenstimmrechtskomitees, meinte etwa: »Eine ungeheure Last der Verantwortung wird mit der Zuerkennung des Wahlrechtes jetzt auf die Schulter der Frauen gelegt, eine Verantwortung, die uns klarblickende, politisch gereifte Bürgerinnen unseres Staates fast die Befriedigung über den langersehnten Erfolg unserer Mühe trüben könnte.«[37]

Die Wahlwerbung für die ersten Wahlen in der neuen Republik war, sofern sie Frauen überhaupt dezidiert ansprach, auf die Entbehrungen der Mütter und Ehefrauen während des Krieges und damit auf ihre familiale Rolle ausgerichtet. Seitens der Christlichsozialen wurde vor tiefgreifenden gesellschaftlichen Umbrüchen durch eine Reform des Eherechts gewarnt. Die kleinen liberalen Splitterparteien hingegen, vor allem die Bürgerlich-demokratische Partei, waren zum Sammelbecken der liberal orientierten Frauenbewegung geworden und inkludierten deren spezifische Forderungen. Die fehlende Fokussierung auf Frauenfragen seitens der großen Parteien sollte sich in den folgenden Jahren fortsetzen: In Parteiprogrammen wurden Frauen nur in Verbindung mit den Schlagworten »Familie« und »Kultur« berücksichtigt, mit Ausnahme des sozialdemokratischen Linzer Programms von 1926, das einen eigenen Punkt »Frauenfrage« enthielt.

Der Wahlsonntag selbst lief ruhig ab. Mit fast 54 Prozent der dreieinhalb Millionen Wahlberechtigten stellten Frauen die Mehrheit. Ihre Wahlbeteiligung war mit 82,1 Prozent recht hoch. Bei den männlichen Wahlberechtigten betrug sie rund 87 Prozent.

Stimmenabgabe in Wien zur Wahl der Konstituierenden Nationalversammlung am 16. Februar 1919

Die ersten Parlamentarierinnen

Der Staatsrat hatte bereits Anfang Dezember 1918 angewiesen, dass die Arbeiterschaft durch Kooptation eine entsprechende Vertretung in Gemeinderäten finden sollte. Mit der Aufnahme von zwölf Frauen in den Wiener Gemeinderat am 3. Dezember wurden somit bereits vor der Wahl vom Februar 1919 die ersten Politikerinnen in Österreich tätig. Von den 115 für die Konstituierende

Weibliche Abgeordnete der Sozialdemokratischen Partei in der ersten Sitzung der Konstituierenden Nationalversammlung am 4. März 1919

Nationalversammlung kandidierenden Frauen, die allerdings meist von ihren Parteien auf schlechtere Listenplätze gesetzt worden waren, zogen schließlich sieben Sozialdemokratinnen – Anna Boschek, Emmy Freundlich, Adelheid Popp, Gabriele Proft, Amalie Seidel, Therese Schlesinger und Maria Tusch – sowie die Christlichsoziale Hildegard Burjan in das Parlament ein. Der Anteil von Frauen unter den Nationalratsabgeordneten sollte in der Ersten Republik 6,7 Prozent nie übersteigen.

Die erste Frau, die im Parlament als Abgeordnete eine Rede hielt, war Adelheid Popp am 8. April 1919 im Rahmen der Debatte über den Antrag zur Abschaffung des Adels und seiner Privilegien. Insgesamt bemühten sich die wenigen weiblichen Abgeordneten frauen- und sozialpolitische Ziele im Nationalrat zu vertreten, so den gleichen Zugang zu Bildungs- und Berufsmöglichkeiten, gleichen Lohn für gleiche Leistung, Arbeitszeitregelungen für Hausgehilfinnen, die Inklusion aller lohnabhängigen Frauen in ein umfassendes Sozialversicherungssystem, Schwangerschaftsurlaub, Kinderbetreuungseinrichtungen, die

Abschaffung der strafrechtlichen Verfolgung der Abtreibung und die Gleichstellung im Familienrecht.

Von entscheidender Macht blieben Frauen in der Ersten Republik allerdings in allen politischen Lagern ausgeschlossen. Der Versuch von Teilen der liberalen Frauenbewegung, mit einer Ende 1929 gegründeten Frauenpartei den Einfluss der Frauen im öffentlichen Leben zu stärken und im zunehmend bürgerkriegsähnlichen politischen Leben Frieden zu stiften, scheiterte, zumal mit ihrer Integration in das autoritäre Regime des Ständestaates 1933/34 jegliche demokratische politische Partizipation endete.

Weiterführende Literatur

Birgitta Bader-Zaar/Christa Hämmerle, Times of Trouble. Transformationen von Geschlechterordnungen in Nachkriegszeiten des 20. Jahrhunderts – Erster Weltkrieg: Fallbeispiel Österreich, Vortragsmanuskript, Wien 2005, <http://www.univie.ac.at/Geschichte/salon21/wp-content/bader-zaar_haemmerle_timestrouble.pdf>.

Gabriella Hauch, Vom Frauenstandpunkt aus. Frauen im Parlament 1919–1933, Wien 1995.

Gabriella Hauch, Frauen bewegen Politik. Österreich 1848–1938, Innsbruck–Wien 2009.

Karl Ucakar, Demokratie und Wahlrecht in Österreich. Zur Entwicklung von politischer Partizipation und staatlicher Legitimationspolitik, Wien 1985.

Birgitta Zaar, Frauen und Politik in Österreich, 1890–1934 – Ziele und Visionen, in: David F. Good/Margarete Grandner/Mary Jo Maynes (Hg.), Frauen in Österreich. Beiträge zu ihrer Situation im 19. und 20. Jahrhundert, Wien–Köln–Weimar 1994, 48–76.

Thomas Olechowski

Das Bundes-Verfassungsgesetz (1920)

Die Entstehung der österreichischen Bundesverfassung

Am 12. November 1918 rief Franz Dinghofer auf der Parlamentsrampe die Republik aus[38] – juristisch war (Deutsch-)Österreich jedoch am 30. Oktober 1918 entstanden. Denn schon mit dem an diesem Tag gefassten Beschluss der Provisorischen Nationalversammlung war Deutschösterreich als souveräne, parlamentarisch-demokratische Republik eingerichtet worden. Die Provisorische Nationalversammlung erklärte, so lange die oberste Gewalt des Staates Deutschösterreich sein zu wollen, bis eine Konstituierende Nationalversammlung diese Aufgabe übernehmen würde. Diese Konstituierende Nationalversammlung sollte aus allgemeinen, demokratischen Wahlen hervorgehen[39] und die definitive Verfassung für den jungen Staat beschließen.

Auch in den Ländern wurde man aktiv – es entstanden überall Provisorische Landesversammlungen, von denen die meisten sofort ihren Beitritt zu Deutschösterreich erklärten. Das Verhältnis des Zentralstaates zu den Ländern war dabei aber unklar und strittig. Und schließlich ist zu berücksichtigen, dass die Provisorische Nationalversammlung am 12. November 1918, in einem Atemzug mit der Ausrufung der Republik, sich zum Bestandteil der jungen »Deutschen Republik« erklärt hatte. Drei Ebenen der Staatsentstehung – Reich, Bund und Länder – sind also zu berücksichtigen.

Schon in den ersten Novembertagen beschloss der sozialdemokratische Staatskanzler Karl Renner, den Wiener Universitätsprofessor Hans Kelsen als Berater in die Staatskanzlei zu holen. Dieser erstellte zunächst ein Gutachten, in dem er zum Schluss kam, dass es unmöglich sei, Österreich als Bundesstaat

Hans Kelsen (um 1930)

einzurichten, wenn es zugleich Teil des Deutschen Reiches werde. Denn müsse der Staat Kompetenzen sowohl nach oben wie nach unten abgeben, so bliebe für ihn selbst »so gut wie nichts übrig«.[40] Erst als die Siegermächte des Ersten Weltkrieges im Vertrag von Saint-Germain den »Anschluss« Österreichs an das Deutsche Reich untersagten, war die Entscheidung für den Bundesstaat gefallen. Noch während Renner als Leiter der österreichischen

Delegation bei den Friedensverhandlungen in Saint-Germain-en-Laye weilte (Mai bis September 1919), erstellte Kelsen mehrere Entwürfe für eine definitive Verfassung, das »Bundes-Verfassungsgesetz«.[41] Diese Entwürfe gingen zwar alle von den gleichen Grundprinzipien – parlamentarische Demokratie, Bundesstaat, Rechtsstaat, Republik – aus, unterschieden sich aber in einigen wichtigen Detailfragen, insbesondere was das Verhältnis der Länder zum Bund und die Frage der Grundrechte betraf.

» Kurz nach Erledigung der provisorischen Verfassungsreform vom 14. März 1919 erhielt ich in meiner damaligen Eigenschaft als wissenschaftlicher Mitarbeiter des Staatskanzlers von diesem im Mai 1919 den Auftrag, den Entwurf einer Bundesstaatsverfassung auszuarbeiten, nachdem ich schon vorher gewisse vorbereitende Arbeiten ausgeführt hatte. Der Entwurf wurde von mir mit Unterstützung des Verfassungsdepartements der Staatskanzlei im Lauf des Sommers 1919 fertiggestellt und bis Ende Herbst durch mehrere andere Entwürfe ergänzt, die sich als Varianten des Grundentwurfs darstellen und den verschiedenen politischen Möglichkeiten Rechnung tragen sollten. Richtschnur war mir dabei, alles Brauchbare aus der bisherigen Verfassung beizubehalten, die Kontinuität der verfassungsrechtlichen Institutionen möglichst zu wahren, das bundesstaatliche Prinzip in das schon Bestehende und Bewährte gleichsam einzubauen und mich dabei – soweit dies mit Rücksicht auf die Verschiedenheit der historisch-politischen Voraussetzung tunlich war – an die schweizerische, aber mehr noch an die neue deutsche Reichsverfassung anzulehnen.[46] «

Hans Kelsen, 1923

Im Oktober 1919 wurde der Christlichsoziale Michael Mayr zum Staatssekretär ernannt und mit dem Auftrag betraut, die Verfassungsreform vorzubereiten. Zu diesem Zweck wählte er einen der Kelsen-Entwürfe aus, überarbeitete ihn und brachte ihn zu einer Länderkonferenz im Februar 1920 nach Salzburg, wo er sich bemühte, die Länder, aber auch die Parteien von diesem Entwurf zu überzeugen. Wenngleich es sich nur um relativ wenige strittige Punkte handelte, wollte eine Einigung nicht gelingen. In der Frage des bundesstaatlichen Aufbaues drängten die Christlichsozialen auf einen möglichst föderalen Entwurf, während die Sozialdemokraten die Zentralgewalt stärken wollten (was mit der jeweiligen Machtstellung der beiden großen Parteien in den Bundes- und Landesparlamenten zusammenhing). Und auch die Neuaufzeichnung der Grundrechte gab zu vielen ideologisch motivierten Debatten Anstoß, wollten doch die Sozialdemokraten unter anderem der römisch-katholischen Kirche lediglich den Status eines privaten Vereins zuerkennen und die Ehescheidung auch für Katholiken ermöglichen (bislang war diese, auch nach staatlichem Recht, nur Nicht-Katholiken möglich), während die Christlichsozialen die Stellung der Kirche unberührt lassen wollten.

Die Konstituierende Nationalversammlung, die ja eigens gewählt worden war, um die Verfassung zu beschließen, widmete sich erst sehr spät dieser Aufgabe. Der Obmann des Verfassungsausschusses, der Sozialdemokrat Otto Bauer, und sein Stellvertreter, der Christlichsoziale Ignaz Seipel, erklärten Anfang Juli 1920, die Verfassung über den Sommer fertigstellen zu wollen. Doch auch ihr Vorhaben wäre gescheitert, hätten sich nicht die beiden großen Parteien am 18. September darauf geeinigt, sämtliche strittig gebliebenen Punkte wenigstens vorläufig auszuklammern und lediglich jene Teile der Verfassung in Kraft zu setzen, über die bereits Übereinkunft herrschte. Bei den strittigen Punkten wurde im Wesentlichen der Rechtszustand der Monarchie beibehalten. Dies betraf vor allem die Grundrechte, die Kompetenzverteilung zwischen Bund und Ländern sowie den Aufbau der staatlichen Verwaltung in den Ländern. Unter diesen Voraussetzungen konnte der Verfassungsausschuss, abermals unter Mitwirkung Kelsens, seine Arbeit bis zum 25. September abschließen. Am 1. Oktober 1920 beschloss das Plenum der Konstituierenden Nationalversammlung das »Gesetz, womit die Republik Österreich als Bundesstaat eingerichtet wird (Bundes-Verfassungsgesetz)«. Es trat am 10. November in Kraft.

Der Inhalt des Bundes-Verfassungsgesetzes 1920 in Grundzügen

Mit dem Bundes-Verfassungsgesetz 1920 wurde Österreich in einen Bundesstaat umgewandelt, doch war das föderalistische Element – trotz der formalen Betonung der Staatlichkeit der Länder – anfangs nur schwach ausgeprägt. Wichtigstes Organ war der Nationalrat, der aus allgemeinen, gleichen und direkten Wahlen hervorging. Wahlberechtigt waren alle Männer und

Frauen, die das 20. Lebensjahr vollendet hatten. Der Nationalrat übte die Bundesgesetzgebung gemeinsam mit dem von den Landtagen beschickten Bundesrat aus, doch hatte der Bundesrat nur geringes politisches Gewicht, weil von ihm erhobene Einsprüche gegen Nationalratsbeschlüsse vom Nationalrat mit einem »Beharrungsbeschluss« überwunden werden konnten. Auch gaben im österreichischen Bundesrat die Länder ihre Stimmen (im Gegensatz etwa zu Deutschland) nicht geschlossen, sondern nach Parteien ab, weshalb hier zumeist ähnliche politische Kräfteverhältnisse bestanden wie im Nationalrat. Die Abgeordneten des Nationalrates und die Mitglieder des Bundesrates bildeten gemeinsam die Bundesversammlung, welche den Bundespräsidenten wählte. Dieser übte nahezu ausschließlich repräsentative Funktionen aus. Die Bundesregierung, bestehend aus Bundeskanzler, Vizekanzler, Bundesministern und Staatssekretären, wurde vom Nationalrat gewählt.

Erste Sitzung der Konstituierenden Nationalversammlung der Republik Deutschösterreich am 4. März 1919

Das Bundes-Verfassungsgesetz enthielt detaillierte Vorgaben für die Landesverfassungen und maß ihnen nur wenige Gesetzgebungs- und Verwaltungsaufgaben zu. Die Justiz blieb gänzlich dem Bund vorbehalten. Dass eines der Länder, nämlich Niederösterreich mit seiner Hauptstadt Wien, mehr als die Hälfte der österreichischen Bevölkerung umfasste, schwächte die bundesstaatliche Struktur Österreichs zusätzlich. Das Bundes-Verfassungsgesetz sah daher eine weitgehende Autonomie für

die beiden Landesteile Niederösterreich-Land und Wien sowie die Möglichkeit einer gänzlichen Trennung vor – wie sie mit 1. Jänner 1922 erfolgte. Schon kurz zuvor, am 25. Jänner 1921, war das (von Ungarn infolge der Friedensverträge an Österreich abgetretene) Burgenland als selbstständiges und gleichberechtigtes Land eingerichtet worden, sodass der Bund nunmehr neun Länder umfasste.

Große und internationale Beachtung erfuhren die Bestimmungen über die Verwaltungs- und Verfassungsgerichtsbarkeit, die zwar – wie viele andere Bestimmungen des Bundes-Verfassungsgesetzes – auf entsprechenden Rechtsschutzeinrichtungen der Monarchie aufbauten, aber wesentlich über sie hinausgingen. Schon seit 1876 prüfte der Verwaltungsgerichtshof individuelle Verwaltungsakte (Bescheide) auf ihre Gesetzmäßigkeit, was nahezu unverändert im B-VG beibehalten wurde. Neu war allerdings, dass es der Verwaltung nicht nur verboten war, gegen Gesetze zu verstoßen, sondern auch, dass sie nicht an Gesetzen vorbei, sozusagen in einem »rechtsfreien Raum«, agieren konnte. Jedes Verwaltungshandeln musste sich explizit auf einen gesetzlichen Auftrag stützen können. Noch bedeutender war der Verfassungsgerichtshof, der ein ganzes Bündel sehr verschiedenartiger Kompetenzen zum Schutz der Verfassung unter seinem Dach vereinte. So war es ihm insbesondere möglich, Gesetze auf ihre Verfassungsmäßigkeit zu prüfen und widrigenfalls aufzuheben. Verwaltungsgerichtshof und Verfassungsgerichtshof kontrollierten sowohl den Bund als auch die Länder und bildeten damit eine wichtige Klammer für den jungen Bundesstaat.

Wie berichtet, hatten sich die beiden großen Parteien nicht auf einen neuen Grundrechtskatalog einigen können. Pressefreiheit, Glaubens- und Gewissensfreiheit, Freiheit der Wissenschaft und ihrer Lehre sowie viele andere Grundrechte blieben daher im Bundes-Verfassungsgesetz ungeregelt; vielmehr wurde das Staatsgrundgesetz über die allgemeinen Rechte der Staatsbürger vom 21. Dezember 1867, in dem diese Rechte enthalten waren, zu einem Bestandteil der Bundesverfassung erklärt. Weitere Bestandteile der Bundesverfassung wurden das Gesetz über die Landesverweisung und die Übernahme des Vermögens des Hauses Habsburg-Lothringen vom 3. April 1919 sowie das am selben Tag ergangene Adelsaufhebungsgesetz. Und auch jene Bestimmungen des Vertrages von Saint-Germain, die religiöse und sprachliche Minderheiten schützten, wurden in den Verfassungsrang erhoben. Ausdrücklich wurde im B-VG bestimmt, dass die Grundrechte selbst in Kriegs- oder Krisenzeiten nicht außer Kraft gesetzt werden konnten, wie dies bisher wiederholt (insbesondere während des Ersten Weltkrieges) der Fall gewesen war.

Das Bundes-Verfassungsgesetz konnte – im Vergleich zu Verfassungen anderer Staaten – relativ leicht abgeändert werden: Im Wesentlichen war für eine Teiländerung nur die Zustimmung von zwei Drittel der Nationalratsabgeordneten nötig; lediglich im Falle einer Gesamtänderung bedurfte es zusätzlich einer Volksabstimmung.

Die Fortentwicklung der Bundesverfassung seit 1920

Während der Zeit der sogenannten Ersten Republik (1918–1933) ergingen zwei große Novellen zum Bundes-Verfassungsgesetz. Die erste Verfassungsnovelle erfolgte 1925 und regelte vor allem das Verhältnis zwischen Bund und Ländern neu. Jetzt erst traten jene Bestimmungen in Kraft, die besagten, in welchen Materien der Bund, in welchen die Länder für die Gesetzgebung und/oder Verwaltung zuständig sein sollten. Dabei wählte man die

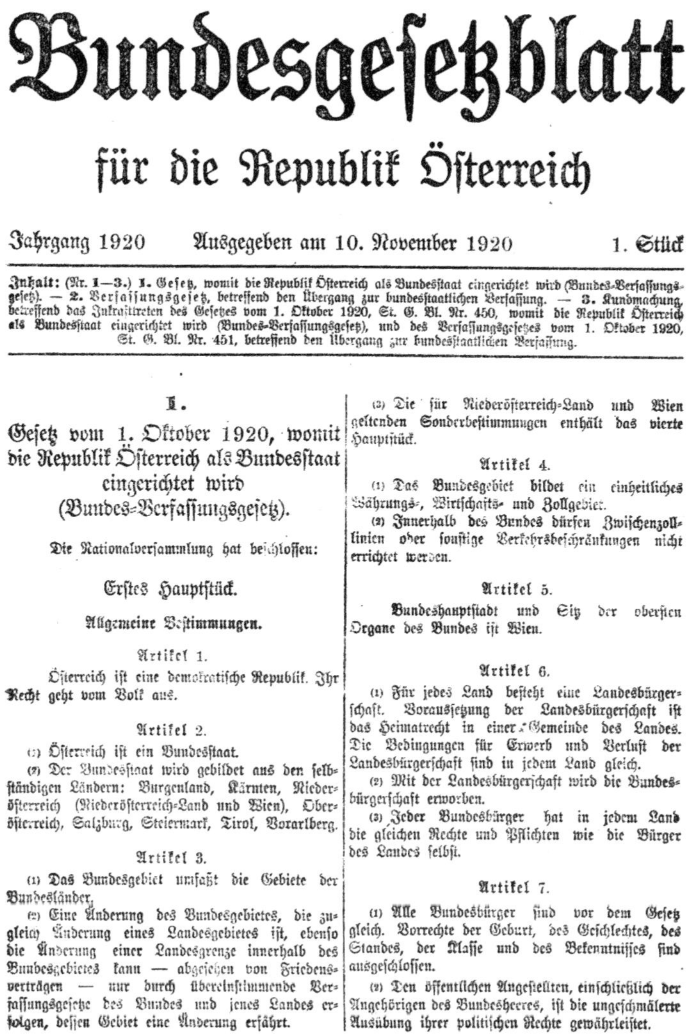

Bundesgesetzblatt

für die Republik Österreich

Jahrgang 1920 Ausgegeben am 10. November 1920 1. Stück

Inhalt: (Nr. 1—3.) 1. Gesetz, womit die Republik Österreich als Bundesstaat eingerichtet wird (Bundes-Verfassungsgesetz). — 2. Verfassungsgesetz, betreffend den Übergang zur bundesstaatlichen Verfassung. — 3. Kundmachung, betreffend das Inkrafttreten des Gesetzes vom 1. Oktober 1920, St. G. Bl. Nr. 450, womit die Republik Österreich als Bundesstaat eingerichtet wird (Bundes-Verfassungsgesetz), und des Verfassungsgesetzes vom 1. Oktober 1920, St. G. Bl. Nr. 451, betreffend den Übergang zur bundesstaatlichen Verfassung.

1.

Gesetz vom 1. Oktober 1920, womit die Republik Österreich als Bundesstaat eingerichtet wird (Bundes-Verfassungsgesetz).

Die Nationalversammlung hat beschlossen:

Erstes Hauptstück.

Allgemeine Bestimmungen.

Artikel 1.

Österreich ist eine demokratische Republik. Ihr Recht geht vom Volk aus.

Artikel 2.

(1) Österreich ist ein Bundesstaat.

(2) Der Bundesstaat wird gebildet aus den selbständigen Ländern: Burgenland, Kärnten, Niederösterreich (Niederösterreich-Land und Wien), Oberösterreich, Salzburg, Steiermark, Tirol, Vorarlberg.

(3) Die für Niederösterreich-Land und Wien geltenden Sonderbestimmungen enthält das vierte Hauptstück.

Artikel 3.

(1) Das Bundesgebiet umfaßt die Gebiete der Bundesländer.

(2) Eine Änderung des Bundesgebietes, die zugleich Änderung eines Landesgebietes ist, ebenso die Änderung einer Landesgrenze innerhalb des Bundesgebietes kann — abgesehen von Friedensverträgen — nur durch übereinstimmende Verfassungsgesetze des Bundes und jenes Landes erfolgen, dessen Gebiet eine Änderung erfährt.

Artikel 4.

(1) Das Bundesgebiet bildet ein einheitliches Währungs-, Wirtschafts- und Zollgebiet.

(2) Innerhalb des Bundes dürfen Zwischenzolllinien oder sonstige Verkehrsbeschränkungen nicht errichtet werden.

Artikel 5.

Bundeshauptstadt und Sitz der obersten Organe des Bundes ist Wien.

Artikel 6.

(1) Für jedes Land besteht eine Landesbürgerschaft. Voraussetzung der Landesbürgerschaft ist das Heimatrecht in einer Gemeinde des Landes. Die Bedingungen für Erwerb und Verlust der Landesbürgerschaft sind in jedem Land gleich.

(2) Mit der Landesbürgerschaft wird die Bundesbürgerschaft erworben.

(3) Jeder Bundesbürger hat in jedem Land die gleichen Rechte und Pflichten wie die Bürger des Landes selbst.

Artikel 7.

(1) Alle Bundesbürger sind vor dem Gesetz gleich. Vorrechte der Geburt, des Geschlechtes, des Standes, der Klasse und des Bekenntnisses sind ausgeschlossen.

(2) Den öffentlichen Angestellten, einschließlich der Angehörigen des Bundesheeres, ist die ungeschmälerte Ausübung ihrer politischen Rechte gewährleistet.

Bundes-Verfassungsgesetz
1920

Vorgangsweise, dass die Kompetenzen des Bundes in einem (sehr langen) Katalog aufgezählt wurden und abschließend festgehalten wurde, dass alle übrigen Materien in den Wirkungsbereich der Länder fallen. Das Schwergewicht der Gesetzgebung lag eindeutig beim Bund. Dagegen konnten die Länder einen wichtigen Erfolg für sich verbuchen, indem der Bund nur wenige eigene Verwaltungsorgane in den Ländern besaß (eine wichtige Ausnahme stellte etwa die Bundespolizei dar); in den meisten Angelegenheiten wurden Landesorgane (Landeshauptleute, Bezirkshauptleute) für den Bund tätig (als sogenannte mittelbare Bundesverwaltung). Dies gab insbesondere den Landeshauptleuten geradezu eine Schlüsselstellung im politischen Machtgefüge.

Während die Verfassungsnovelle 1925 als Ausbau der bis dahin noch unvollständigen Verfassung angesehen werden kann, brachte die Verfassungsnovelle von 1929 einen radikalen Bruch mit dem bisherigen System. Sie ist im Zusammenhang mit den schweren innenpolitischen Krisen der Ersten Republik (Justizpalastbrand 1927)[42] und den Bestrebungen gewisser außerparlamentarischer Kräfte, vor allem der Heimwehren, zu sehen, die demokratische Verfassung überhaupt zu beseitigen und ein faschistisches System zu errichten. Dem wollten Christlichsoziale und Sozialdemokraten zuvorkommen, indem sie die bisherige radikal parlamentarische Demokratie in eine gemischt parlamentarisch-präsidentielle Demokratie umwandelten. Zu diesem Zweck wurden die Rechte des Bundespräsidenten – insbesondere auf Kosten des Nationalrates – bedeutend ausgeweitet. Vor allem sollte er künftig berechtigt sein, die Mitglieder der Bundesregierung zu ernennen und abzuberufen. Allerdings blieb dem Nationalrat das Recht erhalten, durch einen Mehrheitsbeschluss den Bundespräsidenten zu zwingen, die Bundesregierung oder einzelne Mitglieder wieder abzusetzen, womit der politische Zusammenhalt von Bundesregierung und Nationalrat gewahrt wurde. Der Bundespräsident erhielt auch das Recht, in Kriegs- und Krisenzeiten Verordnungen zu erlassen, die gesetzesgleiche Wirkungen hatten (sogenannte Notverordnungen). Dieses Recht war jedoch so kompliziert ausgestaltet, dass es bis heute niemals zur Anwendung kam. Schließlich sollte der Bundespräsident direkt vom Volk gewählt werden. Die Umsetzung dieses letzten Punktes wurde in der Folge jedoch immer wieder hinausgezögert – die erste Volkswahl eines Bundespräsidenten fand erst 1951 statt.

In den 22 Jahren dazwischen hatte Österreich den Niedergang der Demokratie und zwei verschiedene diktatorische Systeme erlebt. Der Verfassungsgerichtshof hatte diese Entwicklung nicht aufhalten können, vielmehr war er im Juni 1933 ausgeschaltet worden, nachdem der Nationalrat bereits im März 1933 lahmgelegt worden war. Mit 1. Juli 1934 wurde das Bundes-Verfassungsgesetz auch formell außer Kraft gesetzt. Auf die nachfolgende Entwicklung ist hier nicht einzugehen.[43]

Am 27. April 1945 erklärten die drei »antifaschistischen Parteien« (SPÖ, ÖVP, KPÖ) die Unabhängigkeit Österreichs und setzten eine provisorische Staatsregierung ein, deren Hauptaufgabe es war, die Rückkehr Österreichs zu demokratischen Verhältnissen zu ermöglichen.[44] Bereits in einer ihrer ersten Sitzungen beschloss die provisorische Staatsregierung, keine neue Verfassung zu erlassen, sondern zur Verfassungssituation, wie sie bis März 1933 bestanden hatte, zurückzukehren. Lediglich für die Übergangszeit bis zum erstmaligen Zusammentreten des neu gewählten Nationalrates im Dezember 1945 sollten provisorische Bestimmungen gelten. Mit diesem Beschluss ersparten sich die großen Parteien eine zeit- und kräfteraubende Verfassungsdiskussion und ermöglichten eine umso raschere Errichtung demokratischer Strukturen, was insbesondere angesichts der kommunistischen Bestrebungen in vielen europäischen Ländern, Volksdemokratien nach sowjetischem Vorbild zu etablieren, von großer Bedeutung war.

Das Bundes-Verfassungsgesetz ist daher – nach mehr als elfjähriger Unterbrechung – wieder in Wirksamkeit getreten und bis heute aufrecht. Es ist damit eine der ältesten Verfassungen der Welt, wurde freilich im Laufe der Zweiten Republik wiederholt novelliert. Besonders bedeutende Novellen waren etwa die Gemeindereform 1962, mehrere Wahlrechtsreformen (1971, 1992, 2007 u. a.), die Einführung der Volksanwaltschaft 1977 oder die Reform der Verwaltungsgerichtsbarkeit 2012. Die schon erwähnte leichte Abänderbarkeit einerseits und das tiefe Misstrauen zwischen SPÖ und ÖVP andererseits ermunterte beide Parteien immer wieder, bloße Detailregelungen im Verfassungsrang zu beschließen, womit das Verfassungsrecht zunehmend umfangreicher und unübersichtlicher wurde.

Diese Entwicklung spielte sich nicht nur innerhalb des Bundes-Verfassungsgesetzes ab: Immer öfter wurden spezielle Bundesverfassungsgesetze oder Verfassungsbestimmungen in einfachen Bundesgesetzen beschlossen: so etwa das Neutralitätsgesetz 1955 oder der erste Paragraf des Zivildienstgesetzes 1975. Der Gesamtbestand der Verfassung wurde damit immer weiter zersplittert, zuletzt auf mehr als 1.300 verschiedene Teile! Erst in jüngster Zeit, 2008, wurden viele dieser Bestimmungen in das Bundes-Verfassungsgesetz integriert oder als überflüssig aufgehoben.

Eine immer stärkere Bedeutung kommt allerdings auch völkerrechtlichen Verträgen zu, die zur Gänze oder zum Teil Verfassungskraft haben, wie etwa der schon erwähnte Vertrag von Saint-Germain. 1958 trat Österreich der Europäischen Menschenrechtskonvention bei, der 1964 ausdrücklich Verfassungsrang zuerkannt wurde. Sie ergänzte und erweiterte den Bestand an Grundrechten in Österreich beträchtlich.

Zu einer Gesamtänderung der Bundesverfassung kam es bisher lediglich einmal, und zwar im Zuge des österreichischen EU-Beitrittes 1995. Aufgrund seiner weitreichenden Auswirkungen auf das demokratische, das bundesstaatliche und das rechtsstaatliche Grundprinzip, auf denen das Bundes-Verfassungsgesetz beruht, wurde das sogenannte Beitritts-Bundesverfassungsgesetz 1994 einer Volksabstimmung unterzogen. Diese fand am 12. Juni 1994 statt; 66,6 Prozent der Abstimmenden befürworteten den Beitritt Österreichs zur Europäischen Union.[45]

Weiterführende Literatur

Klaus Berchtold, Verfassungsgeschichte der Republik Österreich, Bd. 1: 1918–1933. Fünfzehn Jahre Verfassungskampf [einziger Band], Wien–New York 1998.

Felix Ermacora (Hg.), Die Entstehung der Bundesverfassung 1920, 4 Bde., Wien 1986–1990.

Christian Neschwara, Zur Entwicklung des Verfassungsrechts nach 1918, in: Herbert Schambeck (Hg.), Parlamentarismus und öffentliches Recht in Österreich, Berlin 1993, 83–219.

Thomas Olechowski, Der Beitrag Hans Kelsens zur österreichischen Bundes-Verfassung, in: Robert Walter/Werner Ogris/Thomas Olechowski (Hg.), Hans Kelsen: Leben – Werk – Wirksamkeit, Wien 2009, 211–230.

Robert Walter/Rudolf Thienel, Parlament und Bundesverfassung. Der Beitrag des Parlaments zur Entstehung und Entwicklung des Bundes-Verfassungsgesetzes, Wien 1990.

Gerhard Botz

»Schattendorf« und Justizpalastbrand 1927. Fragile politische Stabilität und Eruptionen der Gewalt

Die »Österreichische Revolution« (1918–1920) hatte die Gründung der Republik und eine partielle Transformation der Gesellschaft durch demokratie- und sozialpolitische Reformen gebracht. Sie war – verglichen mit den meisten Nachbarstaaten – mit verhältnismäßig wenig Gewalt in Form von Arbeiterunruhen, linksradikalen Putschversuchen und Hungerrevolten einhergegangen. Dabei hatte die Sozialdemokratische Arbeiterpartei (SDAP), in der sich eine reformistische Praxis mit radikaler, »austromarxistischer« Gesellschaftstheorie vereinte, die entscheidende Rolle gespielt. Nach dem Abebben der revolutionären Dynamik, nach Friedensvertrag und Verfassungskonsens verlor die SDAP jedoch ihre parlamentarische Mehrheit und zog sich in die Opposition und das »Rote Wien« zurück. Damit begann eine fast 13 Jahre dauernde Periode unterschiedlicher, stets von der Christlichsozialen Partei (CSP) geführter bürgerlicher Koalitionsregierungen, immer mit der Großdeutschen Volkspartei (GDP) als nachgeordnetem Partner.

In den westlichen und südlichen Bundesländern waren schon bei Kriegsende Heimwehren (HW) entstanden und hatten angefangen, sich verstärkt zu bewaffnen und »antimarxistisch« zu formieren. Auch die SDAP, die in dem nun weitgehend »bürgerlich« gewordenen Staat keinen Garanten mehr für die Erhaltung ihrer sozialpolitischen Errungenschaften, von Demokratie und republikanischer Staatsform sah, gründete zu deren Verteidigung den Republikanischen Schutzbund (ReSch). Damit war der Keim für die paramilitärische Organisierung und für die gewaltsame Austragung politischer Konflikte zweifach gelegt.

Inflation, Finanzsanierung und steigende Arbeitslosigkeit führten bereits 1923 und 1925 zu einer bedenklichen Zuspitzung der innenpolitischen Lage und zu mehr als 20 gewaltsamen Zusammenstößen. Dabei standen einander nicht mehr nur Rechtsextreme (radikale Monarchisten und die Frontkämpfervereinigung) und Sozialdemokraten gegenüber, sondern auch die aufkommenden Nationalsozialisten mischten mit. Bei den ersten vier »großen« bewaffneten Zusammenstößen gab es auf der »linken« Seite vier Tote, abgesehen von einer Anzahl von (Schwer-)Verletzten. Die »Rechten« kamen ohne Getötete und mit weniger Verletzten davon. Sie waren oft mit Schusswaffen ausgerüstet, setzten ihre Waffen auch rücksichtslos ein und agierten offensiv gegen ihre politischen Gegner, wie es ihnen das Vorbild der Faschisten in Italien und Hitlers NSDAP in München zeigte. Die politische Rechte hatte vor 1927 überhaupt nur einen einzigen Toten zu beklagen, als nämlich bei einem Gewaltereignis ganz anderer Art in Wien ein »christlicher« Turner von einem politisierten Prater-Mob gelyncht wurde.

In dieser, die Sozialdemokraten stärker belastenden, »Opferbilanz« kam auch die Asymmetrie der Verschuldensfrage zum Ausdruck. Das prägte sich, verstärkt von der sozialdemokratischen Agitation, breiten Schichten der Arbeiterschaft ein. Dagegen begann auch die zu ihren rechten, faschistischen Rändern offene »antimarxistische« Seite, sich ihrerseits als »Opfer« des »roten Terrors« und der »linken Gewalt« zu präsentieren und von »berechtigter Notwehr« zu sprechen. Der Antagonismus zwischen den bürgerlichen Parteien und den »Austromarxisten« spitzte sich ideologisch weiter zu. Im November 1926 gab sich die SDAP das »Linzer Programm«, das die verhängnisvolle und missverständliche Drohung enthielt, einer Gefährdung der demokratischen Republik mit »Mitteln der Diktatur« begegnen zu wollen. Schon wenige Wochen darauf folgte die CSP mit einem neuen Programm, das neben dem Gesellschaftsmodell des politischen Katholizismus auch explizit »berufsständische« und antisemitische Punkte enthielt.

Der Schattendorfer Zusammenstoß

Nur vor dem Hintergrund dieser allgemeinen politischen Rechtsverschiebung und der bereits in Erscheinung getretenen Straßengewalt sind Entstehung und Folgen des Zusammenstoßes zu verstehen, der sich am 30. Jänner 1927 in dem kleinen burgenländischen Grenz- und Eisenbahnort Schattendorf ereignete. Das Burgenland war erst 1921 von Ungarn an Österreich abgetreten worden und innenpolitisch zunächst relativ ruhig geblieben. Aber 1926 begannen Bestrebungen der »Frontkämpfer«, die nur zum Teil noch Weltkriegsveteranen waren, auch hier, in einem mehrheitlich »roten« Ort, Fuß zu fassen. Es ging ihnen dabei auch um die Sicherung einer strategischen Bahnverbindung ins ihnen politisch nahestehende Horthy-Ungarn. Damit kam es zu einem Wechselspiel von Demonstrationen und Gegendemonstrationen, von Zeigen symbolischer Stärke und verbaler Gewaltdrohung, was leicht in blutige Auseinandersetzungen kippen konnte. So war es auch, als Angehörige des ReSch Wiener Mitgliedern der Frontkämpfervereinigung (FKV), die zur Unterstützung der einheimischen Kameraden per Bahn angereist waren, am Bahnhof in einer ersten, einigermaßen glimpflich verlaufenden Schlägerei entgegentraten. Doch als die »siegreichen« Sozialdemokraten an einem der Dorfgasthäuser, das der Familie Tscharmann gehörte und Stützpunkt der FKV war, vorbeimarschierten, kam es zum verhängnisvollen Zwischenfall.

Hier hatte sich eine kleine Anzahl von »Frontkämpfern« »verschanzt«. Sie hielten, durch übertriebene Gerüchte beunruhigt, auch Schusswaffen bereit, da sie ein Eindringen ihrer Gegner in das Gehöft befürchteten. Auf ihrer Gegenseite standen vor allem Arbeiter und Kleinbauern, oft Nachbarn mit ethnisch kroatischem oder deutschsprachigem Hintergrund. Als die Sozialdemokraten in Siegerposen am Hauptquartier der FKV vorübermarschierten, ereignete sich – abgesehen von Drohrufen und einzelnen Steinwürfen gegen das gegnerische Gasthaus – zunächst nichts Ungewöhnliches. Dann aber gaben die beiden Söhne des Wirts und ihr Schwager, Johann Pinter, in Richtung der schon abziehenden Schutzbündler aus Schrotflinten Schüsse ab. Sie verletzten dadurch fünf Sympathisanten des ReSch schwer und töteten zwei weitere Menschen, den Weltkriegsinvaliden Matthias Csmarits und den nur zusehenden achtjährigen Josef Grössing. Bei diesem »Krieg auf dem Dorfe« war es nicht einmal zu der für andere Zusammenstöße typischen Konfrontation beiderseits bewaffneter Kombattanten gekommen.

Gerade dass die Getöteten völlig unschuldig waren, macht das besondere Ausmaß der darauf einsetzenden Empörung in den SDAP-Organisationen und unter der Wiener Arbeiterschaft verständlich. Sie zeigte sich in stürmischen Protestversammlungen und in einer lange dauernden Pressepolemik mit den Christlichsozialen. Diese Kontroverse ging in den bald beginnenden Wahlkampf für die Nationalratswahlen über, bei denen die SDAP an Stimmen zulegte. Danach aber konnte die »bürgerliche« Koalitionsregierung unter Bundeskanzler Ignaz Seipel mit der nun durch den Landbund verstärkten Einheitsliste (der CSP mit der GVP) jedoch, zur Enttäuschung der Sozialdemokraten, weiterhin regieren.

Der Freispruch im Schattendorfer Prozess und politische Tendenzjustiz

Der innenpolitische Spannungszustand steigerte sich bis zum 5. Juli, als am Landesgericht für Strafsachen II in Wien der Prozess gegen die Hauptbeschuldigen begann. Nach acht Verhandlungstagen des komplexen Schwurgerichtsverfahrens wurden die drei angeklagten »Frontkämpfer« freigesprochen. Dieses Urteil verneinte nicht nur den Tatbestand einer absichtlichen Tötung, was als Mord hätte qualifiziert werden können, sondern auch den des öffentlichen »gewaltsamen Handelns« mit (vorhersehbaren) Todesfolgen (nach § 78 StGB) bei allen drei Angeklagten. Das war insofern verwunderlich, als der Schießsachverständige festgestellt hatte, dass Johann Pinter direkt in die Richtung der Getroffenen geschossen hatte, was jedoch im Verfahren nicht zur

Sprache kam.[47] Selbst eine Überschreitung der Notwehr wurde ausgeschlossen, da es nach der damals geltenden Gesetzeslage einer (nicht erreichten) Zweidrittel-Mehrheit der zwölf Geschworenen für jeden einzelnen Schuldspruch bedurft hätte.

» Ich spüre noch die Empörung, die mich überkam, als ich die Reichspost in die Hand nahm; da stand als riesige Überschrift: ›Ein gerechtes Urteil.‹ […]. Es war dieser Hohn auf jedes Gefühl von Gerechtigkeit noch mehr als der Freispruch selbst, was eine ungeheure Erregung in der Wiener Arbeiterschaft auslöste. Aus allen Bezirken Wiens zogen die Arbeiter in geschlossenen Zügen vor den Justizpalast, der durch seinen bloßen Namen das Unrecht für sie verkörperte. Es war eine völlig spontane Reaktion, wie sehr, spürte ich an mir selbst. Auf meinem Fahrrad fuhr ich schleunigst in die Stadt hinein und schloß mich einem dieser Züge an.[62] «

Das war rechtspolitisch bei allgemeiner Betrachtung ein Fehlurteil, weniger klar ist dies in formalrechtlicher Hinsicht. Die Beschuldigten hatten die inkriminierten Handlungen gestanden, ihre Verantwortlichkeit war nicht zu übersehen und die etwaige moralische (Mit-)Schuld, die vielleicht auch auf Seiten des Schutzbundes lag, zu ermitteln, konnte nicht Aufgabe des Gerichtes sein.

Auch bei anderen tödlichen Zusammenstößen zeigte sich, dass die Laiengerichtsbarkeit generell zu unangemessen milden Urteilen tendierte; wenn überhaupt angemessene oder strenge Urteile gefällt wurden, wurden diese häufiger über »marxistische« als über »antimarxistische« Angeklagte ausgesprochen. Die These, dass es sich dabei um »Klassenjustiz« im strikten Sinne handelte, ist aufgrund der sozialen Herkunft der Mehrheit der Geschworenen allein nicht haltbar. Eher ist anzunehmen, dass die oft konservative Einstellung der Richterschaft und die Pressepolemiken die Entscheidungen der Geschworenen beeinflussten, also eine Art »politischer Tendenzjustiz« vorlag.

Im Nachhinein ist natürlich leicht zu erkennen, wie viel Sprengstoff im »Schattendorfer Zusammenstoß« und erst recht in den Freisprüchen enthalten war. Es gab jedoch auch zeitgenössische Stimmen, die vor absehbaren Folgen warnten, als am Abend des 14. Juli das Urteil bekannt gegeben wurde. Die Zuhörer im Saal hingegen blieben noch stumm. Selbst die liberal-bürgerliche *Neue Freie Presse* schrieb: »Man wünschte sich ein bißchen

Disziplinlosigkeit. [...] Einen Protest wenigstens einer Minderheit möchte man hören, einen Zweifel.«[48]

Verletzte Gerechtigkeitsgefühle und Parteipresse als Brandbeschleuniger

Die schon in der Nacht gedruckten Morgenausgaben der Parteizeitungen setzten die mediale Konfrontation fort, die »Schattendorf« vom Anfang an begleitet hatte. Sie schmiedeten den Freispruch in politische Waffen gegen ihre jeweiligen Gegner um. Während bürgerlich-liberale Zeitungen die Verantwortung beider Seiten hervorhoben und eine innenpolitische Abrüstung forderten, erschien in der *Reichspost*, dem Sprachrohr »für das christliche Volk«, eine von Chefredakteur Friedrich Funder verfasste flammende Anklage gegen die SDAP und die als »Rotfaschisten« punzierten Schutzbündler: Sie seien die »wahren Schuldigen«, aber »strafgesetzlich nicht zu fassen«, was das »Rechtsempfinden der gesitteten Bevölkerung« verletze.[49]

In markantem Gegensatz dazu stand das Gerechtigkeitsempfinden der »linken Reichshälfte« und der wenigen Demokratisch-Liberalen der österreichischen Politik sowie vieler (links-progressiver) Schriftsteller und Intellektueller (siehe die Erinnerungen von Elias Canetti). In der *Arbeiter-Zeitung* brachte deren Chefredakteur, Friedrich Austerlitz, die Verletzung des Gerechtigkeitsgefühls »aller rechtlich denkenden Menschen« durch den »schamlosen Freispruch« wortgewaltig zum Ausdruck und schloss rhetorisch zugespitzt: »Die bürgerliche Welt warnt immerzu vor dem Bürgerkrieg; aber ist diese glatte, diese aufreizende Freisprechung von Menschen, die Arbeiter getötet haben, weil sie Arbeiter getötet haben, nicht schon selbst der Bürgerkrieg?«[50]

Diese Argumentation verdeutlichte das Dilemma, in dem sich Austerlitz, Otto Bauer, der intellektuelle Führer der Sozialdemokratie, und andere leitende Funktionäre der SDAP befanden. Einerseits wollten sie das Fehlurteil anprangern, was auch ihre

Anhängerschaft erwartete, andererseits meinten sie, die von ihnen seit jeher verteidigte Geschworenengerichtsbarkeit nicht kritisieren zu dürfen. Sie wollten nicht Wasser auf die Mühlen der Christlichsozialen leiten, die seit Langem versuchten, die Laiengerichtsbarkeit einzuschränken oder gar abzuschaffen. Aus der Beschwörung des verletzten Gerechtigkeitsgefühls ergab sich jedoch eine Diktion, die als indirekte Aufforderung zum Protest gelesen werden konnte, ja musste.

Wohl selten kam in der ohnehin wenig friedfertigen politischen Kultur der Ersten Republik so deutlich zum Ausdruck, wie tief die Kluft zwischen den einander gegenüberstehenden Rechtsauffassungen und dem Gerechtigkeitsempfinden der gegnerischen »Lager« war. Der »unlösbare Widerspruch von Recht und Gerechtigkeit«[51] macht die Heftigkeit der kommenden Auseinandersetzungen verständlich. Nicht zur Entschärfung der angespannten Lage, ja sogar entscheidend zu deren Zuspitzung beigetragen zu haben, wirft auf die Verantwortung der »Rechten« wie der »Linken« und deren Presse ein grelles Licht. Für die SDAP waren radikale Phrasen auch im Sinne ihrer längerfristigen reformistischen politischen Ziele ein schwerer Fehler.

Ambivalenzen der Sozialdemokratie und Massenproteste der Wiener Arbeiterschaft

Die zwiespältige Haltung der SDAP zeigte sich schon in der Nacht auf den 15. Juli, als eine Delegation aus den Städtischen Elektrizitätswerken im Parteihaus anfragte, was zu geschehen habe. Otto Bauer ließ sich verleugnen, und die E-Werksarbeiter blieben ohne klare Weisungen. Das setzte sich auch am Morgen fort, als es vielerorts zu spontanen Protestversammlungen kam, die von der mittleren Ebene der SDAP- und Gewerkschaftsorganisation gefördert, aber nicht direkt »organisiert« wurden. So begannen bald nach Arbeitsbeginn Tausende in die Innenstadt zu strömen – anders als sonst, nicht von Schutzbündlern geordnet und begleitet. Die Elektrizitätsarbeiter fertigten ein Transparent an, auf dem

Anmarschierende Arbeiter und Angestellte der Städtischen E-Werke in der Wiener Universitätsstraße, 15. Juli 1927, 8:45 Uhr

stand: »Protest dem Schandurteil. Wir greifen zur Selbsthilfe!« und zogen damit durch die Universitätsstraße zum Ring, um vor dem Parlament zu demonstrieren. Die Zeitabgaben zu den Fotodokumenten basieren auf den Schatten an Gebäuden.[52]

Niemand sah das ganze Ausmaß der beginnenden Protestbewegung voraus, nicht die Polizei, auch nicht die sozialdemokratische Parteiführung, bei der Polizeipräsident Johannes Schober anfragte und beruhigende Erklärungen erhielt, dass keine Demonstrationen beabsichtigt seien. Doch bald kam es zu Streiks und Stromabschaltungen für die Straßenbahnen, was nicht mehr bloß als Ventil überall sich bemerkbar machender Empörung wirkte. Es waren gerade jene sozialen Schichten, auf die sich die Wiener Sozialdemokratie traditionellerweise stützte, die von der Protestbewegung ergriffen wurden: Fach- und Hilfsarbeiter, aber auch Angestellte und öffentlich Bedienstete, meist aus den städtischen Betrieben und den »roten« Hochburgen in den Außenbezirken, nicht unbedingt »Subproletarier« aus den »Vorstädten«, wie es manchmal sozialromantisch beschrieben wurde. Die

Demonstrierenden waren nicht mehr zu bremsen, sodass sich der Wiener Bürgermeister Karl Seitz bei einem seiner Vermittlung suchenden Telefonate mit Schober darüber beklagte: »Was sagen Sie dazu, jetzt laufen mir meine Leute fort.«[53]

Um neun Uhr gab es bei der Universität eine erste gewalttätige Auseinandersetzung der E-Werksarbeiter mit deutschnationalen Studenten. Aber die Demonstranten marschierten bald weiter zum Parlamentsgebäude, wo eine unklare Situation entstand. Sie hatten kein konkretes Ziel und verhielten sich weitgehend friedlich, auch den wenigen Polizisten gegenüber, die das Gebäude sicherten. Teilweise kehrten sie wieder in ihre Betriebe zurück, während immer mehr andere Demonstrierende anmarschierten.

» Das Anzünden des Justizpalastes hatte ich selbst nicht gesehen, doch erfuhr ich davon, bevor ich Flammen sah, durch die Änderung im Ton der Masse. Man rief einander zu, was geschehen war, ich verstand es erst nicht, es klang freudig, nicht gellend, nicht gierig, es klang befreit [...]. Es mag Zufall gewesen sein, daß ich keinen Angriff auf Polizisten selbst sah. Wohl aber erlebte ich, wie auf die Menge geschossen wurde und Leute fielen. Die Schüsse waren wie Peitschen. Das Rennen der Menschen, in Seitengassen, und wie sie dann gleich wieder erscheinen und sich wieder zu Massen formieren. Ich sah Leute fallen und Tote am Boden liegen [...]. Ein Mann vor mir spuckte aus und wies mit dem Daumen der Rechten halb nach rückwärts. ›Da hängt aner! Dem haben's d' Hosen ausgezogen!‹ [...] Eine Frau vor mir schrie gellend: ›Peppi! Peppi!‹ Sie hatte die Augen geschlossen und schwankte. Alle begannen zu rennen.[63] «

Unvorbereitete Polizei und Eskalation der Gewalt

Die Lage vor dem Parlament änderte sich, als die Polizeidirektion, um die zahlenmäßige Unterlegenheit ihrer Mannschaften zu Fuß zu kompensieren, berittene Polizei einsetzte und forsche Attacken ritt. Insbesondere die Polizeipferde erregten Angst und Zorn der Demonstranten, die zunächst in die Parks auswichen, um dann umso erbitterter zurückzukehren. Geradezu lehrstückgleich ist anhand fotografischer Aufnahmen zu verfolgen, wie sich die Gewalt nun in wechselseitigen Eskalationsschritten aufschaukelte: Planlosen Reiterattacken der Polizei folgte eine improvisierte Selbstbewaffnung der Demonstranten mit Steinen, Holzlatten, Eisenstäben und anderen Gegenständen, die einige Straßenbaustellen und

Berittene Polizei vor dem Justizpalast und versprengte Demonstranten im Park, 15. Juli 1927, 10:25 Uhr

Gerüste an Gebäuden im Parlamentsviertel reichlich lieferten. Angriffe auf die Wachleute, die nun auch von Pistolen Gebrauch machten, führten sukzessive zu erheblich verletzten Demonstranten. Manchmal kam es nun auch zu einer regelrechten Jagd auf Polizisten, die in Gebäude flüchten mussten, die in der Folge von Demonstranten besetzt und verwüstet wurden, wie etwa die Redaktion der deutschnationalen *Wiener Neuesten Nachrichten*. Gegen elf Uhr erfolgten Angriffe auf das Wachzimmer in der Lichtenfelsgasse. Dabei wurden die ersten Demonstranten getötet und eine Anzahl von Polizeibeamten schwer verletzt. Der hier gelegte Brand konnte von der Feuerwehr jedoch rasch gelöscht

Demonstranten verfolgen Polizisten, Ecke Schmerlingplatz/Bartensteingasse, 15. Juli 1927, 10:55 Uhr

werden. Als Menetekel wurden Uniformstücke, die Demonstranten Polizisten entrissen hatten, an Straßenlaternen aufgehängt, was Anlass für (falsche) Gerüchte gab, dass Polizisten gelyncht worden seien. Diese Gerüchte steigerten wiederum deren (nicht offen eingestandene) Angst und Erbitterung. Schon zuvor hatten das unzureichende Aufgebot von Polizeieinheiten zu Fuß und das kopflose Agieren von Polizeireitern die Demonstranten auch zum Justizpalast abgedrängt. Er bot sich als Symbol der »Klassenjustiz« nun erst als Hauptzielscheibe des Protests an, wenngleich der Schattendorfer Prozess gar nicht hier stattgefunden hatte.

Brand des Justizpalastes und Gewehrsalven der Polizei

Gegen zwölf Uhr drangen die ersten Demonstranten in den Justizpalast ein, was weder die Wache noch die allmählich zum Ordnungsdienst eintreffenden kleinen Einheiten des zu spät aufgebotenen ReSch verhindern konnten. Die Brandlegung erfolgte kurz vor 12:30 Uhr, danach breitete sich das Feuer rasch aus und erfasste binnen weniger Stunden das gesamte Gebäude und dessen Aktenbestände. Mit Hilfe von Angehörigen des ReSch, darunter auch Theodor Körner, gelang es jedoch, alle im Gebäude eingeschlossenen Richter, Gerichtsbeamte und Polizisten in Sicherheit zu bringen.

Erst gegen Mittag wurden auch linksradikale Parolen laut, und aus der angewachsenen Menge brachen immer wieder radikalisierte Burschen und junge Arbeiter, darunter auch einzelne Frauen, aus, drangen in den Justizpalast ein, verwüsteten Räumlichkeiten und trugen den Brand weiter. Später wurde auch das nahe gelegene Gebäude der *Reichspost* in Brand gesetzt, jedoch rasch wieder gelöscht.

Die Kampfdynamik und die gegenseitige Vorbildwirkung hatten ausgereicht, bei manchen eine nicht mehr kontrollierbare Gewaltbereitschaft zu wecken. Abseits des unmittelbaren Geschehens und im Rückblick ist schwer nachvollziehbar, wie »ganz normale (junge) Männer« zu Gewalt und Brandlegung oder doch zu blinder Gewaltbilligung kommen konnten, wie Elias Canetti das in sich selbst erlebte.[54] Ganz ähnlich hat diese Dynamik, durchaus auch auf Seiten der Polizei zu beobachten, auch die moderne Gewalt- und Kriegsforschung nachgewiesen.[55] Es bedurfte am 15. Juli 1927 nicht (in erster Linie und anders, als oft vermutet wurde) der »üblichen

»

Es sind 46 Jahre her, und die Erregung dieses Tages liegt mir heute noch in den Knochen. Es ist das Nächste zu einer Revolution, was ich am eigenen Leib erlebt habe [...]. Seither weiß ich ganz genau, ich müßte kein Wort darüber lesen, wie es beim Sturm auf die Bastille zuging. Ich wurde zu einem Teil der Masse, ich ging vollkommen in ihr auf, ich spürte nicht den leisesten Widerstand gegen das, was sie unternahm.[64]

«

Elias Canettis Erinnerungen an den Justizpalastbrand, die Masse und die Polizei (von 1973 und 1980)

Zuseher beim Parlament in der Stadiongasse, im Hintergrund der brennende Justizpalast, 15. Juli 1927, etwa 13:30 Uhr

Verdächtigen« aus der »Unterwelt«, »makabrer Gestalten« (Ernst Fischer), des »Ruaß« (Heimito v. Doderer) oder der (weiblichen) »Hyänen«. Auch das Wirken von in- oder ausländischen kommunistischen Agitatoren konnte nicht nachgewiesen werden, die Kommunisten waren vom spontanen Ausbruch der Massenhaftigkeit des Protests ebenso überrascht wie die Sozialdemokraten und die Polizei.

Selbst die heranfahrenden Feuerwehrautos wurden von den versammelten Demonstranten blockiert und lange Zeit an der Aufnahme der Löscharbeiten gehindert. Sozialdemokratische Funktionäre wie der Schutzbundkommandant Julius Deutsch und Bürgermeister Seitz, die der Feuerwehr freie Bahn zu verschaffen suchten, wurden verbal und tätlich angriffen. Die anwachsende Menschenmenge war zusehends nicht mehr sozialdemokratisch zu beeinflussen, und am frühen Nachmittag musste die Polizei den Demonstranten das Parlamentsviertel überlassen. Die Menschen erfasste ein (trügerisches) revolutionäres Hochgefühl, das Elias Canetti eindrucksvoll beschrieben hat.[56] Alle scheinen im Bann einer Feuer-Euphorie gestanden zu sein.

Vor den Salven der Polizei fliehende Demonstranten in der Museumstraße beim Justizpalast, 15. Juli 1927, etwa 14:30 Uhr

Im Hintergrund hatte Polizeipräsident Schober nach Überwindung einiger regierungsinterner Widerstände unterdessen begonnen, neue Polizeieinheiten – überwiegend junge, aus Niederösterreich stammende Polizeischüler – mit Karabinern ausrüsten und anmarschieren zu lassen. Selbst Seitz, der immer wieder versucht hatte, die Polizei von einem massiven Waffeneinsatz abzuhalten, sei, wie er später berichtete, »schließlich selbst im Schwanken gewesen, ob nicht geschossen werden müsse«.[57] Gegen zwei Uhr nachmittags begann die Polizei, während schon einzelne Feuerwehrpumpen und -schläuche einsatzbereit waren, mit Gewehrsalven auf den Platz um den Justizpalast vorzurücken. Sie verwendete dabei nicht Dum-Dum-Geschosse, wie manchmal behauptet wurde, aber zum Teil auch Scheibenschießmunition, die zu nicht weniger schrecklichen Verletzungen führte. Völlig unkoordiniert versuchte sie, das ganze Viertel zu »räumen«. Die Demonstranten flüchteten in Panik, strömten aber immer wieder durch andere Gassen zurück, manche gerieten ins Kreuzfeuer, wie Wochenschauaufnahmen zeigen. Zahlreiche Demonstrierende, aber auch Unbeteiligte wurden dabei getötet, Hunderte verletzt, während die Polizei bis dahin nur Verletzte, noch keine Getöteten zu verzeichnen hatte. Lediglich ein Kriminalbeamter in Zivil war – wahrscheinlich durch die eigenen Leute – erschossen worden. Drei Stunden dauerte diese chaotische Polizeigewalt im Parlamentsviertel an und erst am Abend konnte in der Innenstadt einigermaßen »Ruhe und Ordnung« wieder hergestellt werden. Selbst der für die Polizeiagenden zuständige Landbund-Politiker Karl Hartleb gestand im Rückblick: »Natürlich, fallweise hat's ausgeschaut wie eine Hasenjagd.«[58]

Radikalisierung und Deeskalation

Die Empörung der Wiener Arbeiterschaft setzte sich in gezielten Angriffen auf die Polizei und deren Wachzimmer fort. In der Nacht auf den 16. Juli wurden durch Schüsse aus einem Südbahn-Viadukt (nach dem Kriminalbeamten im Zivil) zwei weitere Polizisten getötet. Die kampfartigen Auseinandersetzungen dauerten am selben Tag noch in einigen Außenbezirken an, wo ein vierter Polizist den Tod fand. Wiederum waren die Zahlen der hier getöteten und verletzten Demonstranten höher als die der Exekutive. Danach flaute die Straßengewalt ab, wozu das Heranziehen von Bundesheereinheiten zum Objektschutz und die Aufstellung einer (sozialdemokratisch geführten) Wiener Gemeindeschutzwache beitrugen.

In der Wiener Regierung, in den nur mangelhaft informierten Bundesländern und im Ausland meinten viele fälschlich, eine »revolutionäre Situation« sei im Entstehen. Linke Sozialdemokraten und Teile des Schutzbundes verlangten von ihrer Führung die Ausgabe von Waffen. Doch die SDAP-Leitung erkannte den vollen Ernst der Lage, zwischen einem (ungewollten und aussichtslosen) Bürgerkrieg und dem Verlust der Loyalität ihrer Anhänger. Um auf Letztere wieder Einfluss zu erlangen, proklamierte sie einen eintägigen Generalstreik und einen unbefristeten Verkehrsstreik. Dadurch wollte sie die Massen von der Straße wegbringen und beruhigen.

In Wien und in einigen niederösterreichischen und steirischen Gebieten kam es danach nur noch vereinzelt zu Unruhen und Schießereien. Die sozialdemokratische Strategie ging hier auf. Der für den halb arbeitsfreien Samstag ausgerufene Generalstreik wurde landesweit im Wesentlichen eingehalten. Auch der Verkehrsstreik war zunächst erfolgreich, doch in den westlichen und südlichen Bundesländern, wo die politischen Mehrheitsverhältnisse anders waren, wurde eine Gegenbewegung der »bürgerlichen »Seite mit Unterstützung der Heimwehren, Nationalsozialisten und »Frontkämpfer« wirksam, und der Streik musste am dritten Tag abgeblasen werden.

Mit der Ausrufung der Streiks hatte die SDAP jedoch auch versucht, Druck auf die Regierung Seipel auszuüben, um, wenn nicht deren Rücktritt, so doch eine bedauernde Erklärung über die vorgefallene Polizeigewalt zu erreichen. Das gelang nicht. Der christlichsoziale Priester-Kanzler zeigte, wie aus den Ministerratsprotokollen hervorgeht, zwar intern ein gewisses Verständnis für ein solches Anliegen seiner politischen Gegner, lehnte ein konkretes Darauf-Eingehen jedoch bald schroff ab. Selbst ein gewisses Mitgefühl für die getöteten Demonstranten könnte noch in seiner ominösen Rede vor dem Nationalrat am 26. Juli 1927 mitgeschwungen haben, als er sagte: »Verlangen Sie nichts vom Parlament, und von der Regierung, was den Opfern und den Schuldigen an den Unglückstagen gegenüber milde erscheint, aber grausam wäre gegenüber der verwundeten Republik«.[59] Dennoch ist er nach dieser Erklärung bei seinen Gegnern »bis zum Ende seines Lebens den Namen ›Prälat ohne Milde‹ nicht mehr losgeworden«.[60] In weiterer Folge wandte er sich verstärkt der HW zu und bereitete so den Boden für einen »Christlichen Ständestaat« vor.

Innenpolitische Machtverschiebung

Die »Selbstenthüllung des Austromarxismus«[61] als verbalradikales »Schaf im Wolfspelz« machte auch offenkundig, dass in der österreichischen Innenpolitik eine Machtverschiebung eingetreten war. Die sozialdemokratische Waffe des Streiks begann, verstärkt von der weiter ansteigenden Arbeitslosigkeit, stumpf zu werden, die Androhung von »Mitteln der Diktatur« im Falle einer Aushebelung der Demokratie war unglaubwürdig geworden, aber eine zugkräftige Parole der Gegner geblieben. Die SDAP musste einsehen, dass die von ihr (mit-)begründete Republik nicht mehr die ihre war und igelte sich umso stärker in ihrem »Lager« und im »Roten Wien« ein. Das »antimarxistische Lager« wandte sich zunehmend den heimwehrfaschistischen Strömungen zu, die durch die Angstwirkung des Justizpalastbrandes neue Dynamik erhielten, und bereitete sich vor, die verbleibenden politischen Bastionen des »Austromarxismus« gewaltsam zu brechen, bevor es (ab 1932) von der noch radikaleren nationalsozialistischen Bewegung überholt wurde.

Es wäre jedoch verfehlt, aus dem »15. Juli 1927« oder sogar aus dem vorausgehenden Schattendorfer Zusammenstoß den Untergang der österreichischen Demokratie zwangsläufig und monokausal ableiten zu wollen, wie es nicht selten in politischen Rückblicken, in Massenmedien und selbst in manchen wissenschaftlichen Darstellungen noch heute geschieht. Denn es bestand immer noch eine zum Teil offene Situation, aus der ein anderer Geschichtsverlauf und die Erhaltung der Demokratie hätten hervorgehen können. Abgesehen davon, dass auch im Bürgertum nicht überall schon die vorhandenen ordnungsstaatlichen und autoritären Tendenzen dominierten, war politisches Handeln der SDAP, das die Demokratie (mit Abstrichen?) hätte erhalten können, zwar erschwert, aber nicht aussichtslos. Das zeigte sich schon 1929 bei der Abwehr einer Verfassungsänderung im heimwehrfaschistischen Sinn in der Kooperation mit dem (auch von Karl Kraus) nach 1927 als »Arbeitermörder« gebrandmarkten Johannes Schober. Auch war weder die Beseitigung der Demokratie noch die autoritäre Diktatur Dollfuß' und das Kippen des nach den Juli-Ereignissen gefährlicher werdenden »latenten Bürgerkriegs« in den »heißen« doppelten Bürgerkrieg des Jahres 1934 schon in Stein gemeißelt – ob man sich bei einem solchen Geschichtsdeterminismus auf Metaphern aus der griechischen Tragödie bezieht oder nicht.

Was blieb?

Zurück blieben zunächst auf Seite der Polizei insgesamt etwa 600 Verletzte, davon 111 Schwerverletzte und vier Getötete. Diese Zahlen wurden jedoch bei Weitem übertroffen auf der Seite der Demonstranten und gänzlich Unbeteiligten. Wie viele es genau waren, ist nicht bekannt, da Verletzte aus Angst vor behördlicher Verfolgung oft eine Meldung vermieden. Daher gibt es dazu nur zwischen 440 und 2000 schwankende Verletztenzahlen. Sicher ist nur die Gesamtzahl der auf Seiten der Demonstranten Getöteten. Sie beträgt 85!

Diese Opferzahlen markierten im mittel- und westeuropäischen Maßstab der 1920er Jahre das Einmalige und die elementare Wucht des Ereignisses, vor allem das für Demokratien unerhört gewaltsame Agieren der Polizei. Das zur symbolischen Überhöhung herausfordernde Feuer und seine gigantische Rauchwolke haben Vorstellungen und Ängste von drei Generationen von Wienern, aber auch von Österreichern in den Bundesländern geprägt, von der Zwischenkriegszeit bis in die 1970er Jahre. Wegen der Massenhaftigkeit und Sichtbarkeit der beteiligten Menschenmenge, wegen des Großbrandes und der nahezu 90 Toten und der Vielzahl von Verwundeten prägte sich dieser »blutige Freitag« sogar stärker in die Erinnerungen ein als der Aufstand von Teilen der sozialdemokratischen Arbeiterschaft im Februar 1934. Denn dieser brachte niemals so große Menschenmassen an einem Ort zusammen und vollzog sich, abgesehen vom Artilleriebeschuss von Gemeindebauten, weithin auch in der Form einzelner kleinräumiger Gefechte und Schießereien, während am 15. Juli 1927 vielleicht 200.000 Menschen oder mehr in die Innenstadt geströmt waren, um zu demonstrieren oder wenigstens »Feuer zu schau'n«.

Folglich wurde diesem Ereignis – grob vereinfachend – von Politikern und Historikern oft die Rolle eines entscheidenden Wendepunkts der Ersten Republik zugeschrieben. Eine Menge von Dokumentationen und Zeitungsartikeln wurde darüber produziert. Kaum weniger hat dieser glühend heiße Julitag von

1927 den Widerspruch, die Fantasie und die Imagination, auch die Empathie für die Demonstranten bei österreichischen und ausländischen Dichtern und Schriftstellern angeregt, angefangen von linken Autoren wie Karl Kraus, Robert Neumann, Georg W. Pijet, Jura Soyfer, Wladimir Majakowski und Manès Sperber, aber auch von dem NS-nahen Roderich Müller-Guttenbrunn und dem »deutschnational-liberalen« Heimito von Doderer bis zum Nobelpreisträger Elias Canetti.

Weiterführende Literatur

Gerhard Botz, Gewalt in der Politik. Attentate, Zusammenstöße, Putschversuche, Unruhen in Österreich 1918 bis 1938, München 1983.

Gerhard Botz, unter Mitarb. von Alexander Salzmann, Justizpalastbrand Wien, 15. Juli 1927. Massendemonstration und Polizeigewalt – Eine Fotoanalyse, Wien (in Vorbereitung für 2018).

Bundesministerium für Justiz (Hg.), 80 Jahre Justizpalastbrand. Recht und gesellschaftliche Konflikte, Innsbruck 2008.

Thomas Köhler/Christian Mertens (Hg.), Justizpalast in Flammen. Ein brennender Dornbusch. Das Werk von Manès Sperber, Heimito von Doderer und Elias Canetti angesichts des 15. Juli 1927, München 2006.

Norbert Leser/Paul Sailer-Wlasits (Hg.), 1927 – als die Republik brannte. Von Schattendorf bis Wien, Innsbruck 2002.

Gerald Stieg, Frucht des Feuers. Canetti, Doderer, Kraus und der Justizpalastbrand, Wien 1990.

Kurt Bauer

Der Anfang vom Ende. Österreich 1933/34

Wer die Entwicklung der Jahre 1933/34 verstehen will, wird auf die Umbruchphase 1918/19 zurückblenden müssen, als die Irritationen zwischen den politischen Lagern begannen, auf die umkämpfte »Genfer Sanierung« von 1922, auf die massive Frontstellung nach dem Justizpalastbrand von 1927, auf die Zeit der provokanten Aufmärsche und Gegenaufmärsche der paramilitärischen Verbände, auf den Herbst 1929, als ständig ein Heimwehrputsch drohte. Selbst der Verfassungskompromiss von 1929 brachte keine Beruhigung. Der Heimwehrangriff war wohl abgewehrt, dafür erstarkten die Nationalsozialisten. Straßenkämpfe, Saalschlachten, politisch motivierte Anschläge wurden zu alltäglichen Erscheinungen.

Österreichs zweitgrößte Bank, die Bodencreditanstalt, krachte Anfang Oktober 1929. Dieses Desaster gab keine drei Wochen später den letzten Anstoß zum »Schwarzen Donnerstag« an der Wall Street und damit zum Ausbruch der Weltwirtschaftskrise. Wie die Dominosteine fielen weltweit die Banken, gerieten ganze Industrien in eine existenzielle Krise, stiegen Arbeitslosigkeit und Elend ins Unermessliche. Und schließlich im Mai 1931 die schlimmste aller denkbaren Katastrophen für die kleine, strukturschwache Republik: der Zusammenbruch der mächtigen Creditanstalt (CA), von der zwei Drittel der österreichischen Industriebetriebe abhängig waren. Die Schockwellen griffen umgehend auf Deutschland über, wo in rascher Folge wiederum die Banken kollabierten. Der Zulauf zu Hitler verstärkte sich.

Nicht zu vergessen sind internationale Entwicklungen und deren Auswirkungen auf Österreich. 1917: die blutige Oktoberrevolution der Bolschewiki in Russland, die Schreckensvision des europäischen Bürgertums, stets hochgejubelt im

Treffen von Engelbert Dollfuß und Benito Mussolini
in Riccione am 19. August 1933

sozialdemokratischen Organ *Arbeiter-Zeitung*. 1922: Mussolinis Marsch auf Rom und die enorme Strahlkraft, die der italienische Faschismus auf die österreichische Rechte und die Heimwehrbewegung ausübte. Deren Förderer, der christlichsoziale Bundeskanzler Ignaz Seipel, dozierte über »wahre«, das heißt von der Parteienherrschaft gereinigte, Demokratie. Und schließlich ab 1930 der fulminante Aufstieg der Nazi-Bewegung »drüben im Reich«, wohin das anschlussfreudige Österreich ohnehin stets wie gebannt starrte.

Dollfuß

Im Streit um die Sanierung der CA folgte Regierung auf Regierung. Die Sozialdemokraten schlugen ein Koalitionsgebot der Christlichsozialen aus: taktisch klug, strategisch verheerend. So kam es, dass im Mai 1932 ein christlichsozialer Agrarfachmann aus Niederösterreich an die Macht gehievt wurde: Engelbert Dollfuß – ursprünglich gedacht als Übergangskandidat für eine kurze Zeit. Er führte eine Regierung aus Christlichsozialen, deutschnationalem Landbund und Heimatblock, dem politischen Flügel der faschistischen Heimwehrbewegung. Die parlamentarische Mehrheit bestand in einer einzigen, stets unsicheren Stimme. Den Sozialdemokraten galt Dollfuß zum Zeitpunkt seines Amtsantrittes als konsensorientierter Demokrat, als einer, mit dem es sich reden ließ. Aber das sollte sich in den Kämpfen um eine neue, infolge des CA-Debakels wohl unumgängliche Anleihe des Völkerbundes bald ändern. Mit viel Glück und einigem Geschick konnte Dollfuß die »Lausanner Anleihe« gegen den verbissenen Widerstand der Sozialdemokraten im Nationalrat durchsetzen. Ein sozialdemokratischer Neuwahlantrag, der nach dem Stand der Dinge die NSDAP mit beträchtlichen Anteilen ins Parlament gespült hätte, verhärtete die Fronten zwischen Christlichsozialen und Sozialdemokraten zusätzlich.

Angesichts der verworrenen Lage gewannen bei Dollfuß zunehmend antiparlamentarische Instinkte die Oberhand. Ähnlich wie in Deutschland, wo seit 1930 Präsidialkabinette regierten, suchte er einen Weg, um ohne Parlament Gesetze und Verordnungen erlassen zu können. Das Notverordnungsrecht des österreichischen Bundespräsidenten war dafür nicht geeignet. Daher schlug Dollfuß' juristischer Berater Sektionschef Robert Hecht ihm das in den Rechtsbestand der Republik übernommene Kriegswirtschaftliche Ermächtigungsgesetz (KWEG) von 1917 vor.

Weg in die Diktatur

Am 4. März 1933 traten im Zuge einer heftigen Debatte alle drei Nationalratspräsidenten zurück. Die Sitzung konnte nicht ordnungsgemäß geschlossen werden. Es handelte sich um eine Geschäftsordnungskrise, die bei gutem Willen aller Beteiligten leicht zu lösen gewesen wäre. Dieser Wille war bei den Christlichsozialen nicht mehr vorhanden. Der führende Wiener Christlichsoziale Richard Schmitz sprach in einer dramatischen Sitzung des Christlichsozialen Klubvorstandes vom 7. März 1933 aus, was Dollfuß gedacht haben dürfte: »Gott hat uns noch einmal eine Gelegenheit geschickt, das Land und die Partei zu retten.«[65] Spät am Abend dieses Tages erließ die Regierung ein Versammlungs- und Aufmarschverbot auf KWEG-Basis und führte per Erlass die Vorzensur der Presse ein. Insgesamt 471 verfassungswidrige Notverordnungen sollten es schließlich bis zur autoritären Maiverfassung 1934 werden.

»

Politisch war unterdessen in Österreich am 1. Mai die Einführung des Ständestaates gefeiert worden. Am 25. Juli wurde Bundeskanzler Dollfuß von illegalen Nationalsozialisten ermordet und wurde auch versucht, die Regierung zu stürzen, was aber nicht gelang. Es gab Kämpfe in mehreren Ländern zwischen Regierungstruppen mit verbündeter Heimatwehr und aufständischen illegalen Nationalsozialisten. Die Osttiroler Heimatwehr, so auch die von Kartitsch, [...] wurde nach Kärnten berufen, um etwaige Aufstände niederzuringen. Die Kartitscher hatten keine Kämpfe zu bestehen. Unser Messner und ich mit noch anderen älteren Heimwehrmännern hatten den Auftrag, im Gemeindegebiete Patrouillendienste zu leisten. Bei uns kam auch nichts vor, was das Eingreifen mit der Waffe forderte. [...]
Alle die schwer verdienten Schillinge bei den verschiedensten Holzarbeiten reichten nicht aus für unseren Haushalt, obwohl meine Frau und ich mit den Kindern und auch Vater und Schwester sehr sparsam lebten und hausten. So z. B. kaufte ich nur mehr rotes Viehsalz, das nur den halben Preis des weißen kostete, das immer für die Menschen genommen wurde. Ebenso beschaffte ich mir statt dem üblichen griffigen italienischen Polentagrieß billigen Futtermais, der auch um 50 % billiger war. Vom Futtermais mahlte ich in der eigenen Mühle das Beste zu Polentamehl heraus.
Mit der Kleidung waren wir auch alle anspruchslos, die Frau mit den Kindern gleich wie ich.

Ohne Hitlers »Machtergreifung« im Deutschen Reich ab 30. Jänner 1933 ist nicht zu verstehen, was in Österreich nach dem 4. März 1933 passierte. Viele Schritte des Dollfuß-Regimes sind als Nachahmungen von Maßnahmen des NS-Regimes zu bezeichnen – vom Versammlungsverbot und der Pressezensur über die Gründung einer Hilfspolizei aus regimetreuen Wehrverbänden bis zur Einrichtung von Anhaltelagern zur Internierung politischer Gegner. Dollfuß und die mit ihm verbündeten Heimwehren strebten nichts weniger an, als Hitler zu »überhitlern«. Gerechterweise ist zu sagen, dass man das böse Wort aus der Perspektive von 1933 sehen muss, nicht von 1939 und schon gar nicht von 1945. »Überhitlern«, das hieß: autoritäre Ordnung im demokratischen, parlamentarischen Chaos schaffen, ganz wie Hitler drüben, aber irgendwie besser, geregelter, konservativ, nicht revolutionär, weniger radikal, weniger gewalttätig. »Überhitlern«, das hieß, Hitler den Wind aus den Segeln nehmen. »Die braune Welle«, verkündete Dollfuß noch im März 1933 seinen Parteikollegen, »können wir nur auffangen, wenn wir das, was die Nazi versprechen und in Deutschland getan haben, was ohnehin gemildert wird durch verschiedene Richtungen bei uns, selber machen«.[66]

Unzweifelhaft ist, dass die österreichische Regierung durch die Vorgänge in Deutschland unter enormen Druck geriet. Die österreichischen Nationalsozialisten steigerten sich in eine Art Siegeseuphorie. Sie sahen sich nur noch wenige Schritte von der Macht entfernt. Dollfuß reagierte auf seine Art. Einerseits ließ er sich auf durchaus ernst gemeinte Geheimverhandlungen mit ihnen ein, andererseits suchte – und fand – er Rückhalt beim »Duce«, Benito Mussolini. Zu Ostern 1933 traf er in Rom mit diesem zusammen. Aber die Unterstützung durch das faschistische Italien hatte ihren Preis: Mussolini drängte Dollfuß vehement dazu, den Weg in Richtung Diktatur zu beschreiten.

Die Verhandlungen Dollfuß' mit den Nationalsozialisten scheiterten Anfang Mai 1933 an der Unmäßigkeit der nationalsozialistischen Forderungen und massiven Widerständen aus den christlichsozialen Reihen. Ende Mai 1933 erließ Hitler die »Tausendmarksperre«. Deutsche benötigten fortan für Reisen nach Österreich einen Sichtvermerk, der nur gegen die Ent-

Trotzdem musste ich im Eigenwalde Holz schlägern, denn es gab außer Nahrung und Kleidung noch allerlei notwendige Auslagen. Man brauchte den Schneider, den Weber und den Schmied und manchmal auch den Arzt. Statt Zucker wurde durchwegs Saccharin genommen und nur hie und da für einen Gast Bohnenkaffee, die übrige Zeit Kaffee-Ersatz. [...]
In den Monaten Oktober und anfangs November ging ich wieder auf die Holzarbeit. Alle Tage zwei Stunden bis zum Holzschlag und abends heim, weil es zu kalt gewesen wäre, in einer Hütte zu schlafen. Dass dann dadurch der Verdienst nur kaum 3 Schilling am Tag ausmachte, ist zu verstehen.

«

Oswald Sint, geboren 1900, war Bauer in Kartitsch in Osttirol. Sein Bauernhof war zu klein, um der Familie eine Existenzgrundlage zu bieten. So verdingte sich Sint zusätzlich als Holzarbeiter. Pro Tag waren mit dieser schweren und gefährlichen Arbeit im Jahr 1934 vier Schillinge zu verdienen.

Aus: Dokumentation lebensgeschichtlicher Aufzeichnungen, Institut für Wirtschafts- und Sozialgeschichte der Universität Wien, handschriftliches Manuskript Oswald Sint, »Erinnerungen und Aufzeichnungen aus der ersten Hälfte meines Lebens, das ist von 1900 bis 1941«, 10. Heft.

richtung einer Gebühr von 1000 Reichsmark zu erhalten war. Ein schwerer, fast tödlicher Schlag für Österreichs Fremdenverkehr. Das Dollfuß-Regime reagierte mit Zwangsmaßnahmen und Verhaftungswellen, die Nationalsozialisten wiederum mit gewalttätigen Ausschreitungen und schließlich offenem Bombenterror und Mordanschlägen. Daraufhin verhängte die Regierung am 19. Juni 1933 ein Betätigungsverbot über die NSDAP.

Die wichtigsten österreichischen NS-Führer flohen nach Bayern, um von hier aus den Untergrundkampf gegen die österreichische Regierung zu lenken. Der NS-Terror fing jetzt erst so richtig an. Allein in Wien und Umgebung registrierte die Bundespolizeidirektion Wien zwischen Oktober 1933 und Juli 1934 685 nationalsozialistische Anschläge. In anderen, stärker nazifizierten Bundesländern war es noch schlimmer.

Die Nationalsozialisten gingen also angesichts des restriktiven Kurses der österreichischen Regierung in die Offensive. Und die Sozialdemokraten? Sie zauderten, zögerten, waren ratlos, wichen zurück. Binnen weniger Monate schied rund ein Drittel der Wiener Mitglieder aus der Partei aus. Jungsozialisten liefen scharenweise zu den Kommunisten über. Ältere, gemäßigte Sozialdemokraten hingegen drängten auf noch mehr Zugeständnisse. Dazwischen eine rat- und entschlusslose Parteiführung. Dollfuß erkannte, in welchem Dilemma sie steckte: »Die Sozi haben sich alles gefallen lassen, weil sie sich sagen, es sind noch immer nicht die Nazi.« Man müsse einfach nur geduldig in kleinen Schritten weitermachen: »Nichts geht den Sozi mehr auf die Nerven als diese gewisse langsame Taktik. Alles auf einmal bringt die Leute zum Kampf.«[67]

Trabrennplatz

In der ersten Septemberhälfte 1933 fand in Wien der Allgemeine Deutsche Katholikentag statt, eine Massenveranstaltung, die Hunderttausende Besucher anzog. Diese Demonstration katholischer Stärke nutzte die von Dollfuß gegründete und als

Rede zur ständischen Neuordnung Österreichs, Engelbert Dollfuß am Wiener Trabrennplatz am 11. September 1933

zukünftige Einheitspartei im faschistischen Stil gedachte Vaterländische Front, um ihren ersten »Generalappell« abzuhalten. Auf dieser Kundgebung im Wiener Prater verkündete »Frontführer« Dollfuß sein politisches Programm: »Die Zeit des kapitalistischen Systems, die Zeit kapitalistisch-liberalistischer Wirtschaftsordnung ist vorüber, die Zeit marxistischer, materialistischer Volksführung und Volksverführung ist gewesen! Die Zeit der Parteienherrschaft ist vorbei! Wir lehnen Gleichschalterei und Terror ab, wir wollen den sozialen, christlichen, deutschen Staat Österreich auf ständischer Grundlage unter starker autoritärer Führung.«[68]

Es war ein klares Statement, dass Dollfuß zu diesem Anlass seine Oberleutnantsuniform aus dem Ersten Weltkrieg angezogen hatte. In seinem politischen Denken war er ein typischer Vertreter der Frontgeneration. An die Stelle der partikularistischen, individualistischen, egoistischen »Gesellschaft« sollte eine »Gemeinschaft« jenseits aller Grenzen von Klasse, Schicht und Milieu treten. In einem solchen ständischen System seien Herr und Knecht gleichermaßen berechtigt und verpflichtet. Das war nicht allzu weit von der »Volksgemeinschaft« in Hitlers Sinn entfernt. Was Dollfuß ideologisch scharf vom Nationalsozialismus trennte, war sein strenger Katholizismus. Sein politisches Programm fußte in erster Linie auf der päpstlichen Sozialenzyklika »Quadragesimo anno«. Unverkennbar sind zudem Einflüsse des italienisch-faschistischen Korporatismus und der universalistischen Gesellschaftslehre des Nationalökonomen Othmar Spann.

Es scheint, dass Dollfuß einfach aufsog und nachahmte, was politisch-gesellschaftlich ohnehin in der Luft lag. Und was geschickte Berater und Redenschreiber ihm eingeflüstert hatten. Der wichtigste Einflüsterer war Mussolini. Dieser erteilte dem österreichischen Kanzler unmissverständliche »Ratschläge«, wie aus überlieferten Dokumenten hervorgeht. Dollfuß folgte Mussolinis Vorgaben weitgehend, leistete in manchen Punkten aber hinhaltend Widerstand. Im Dezember 1933 soll Dollfuß auf ein Verhandlungsangebot der Sozialdemokraten geantwortet haben: »Das wäre sehr schön, aber wenn ich das tue, wirft mich Mussolini Hitler ins Maul.«[69] Ob das Zitat authentisch ist oder von der Dollfuß-Apologie gut erfunden, sei dahingestellt, jedenfalls beschreibt es treffend die Zwangslage, in die Dollfuß zwischen Hitler und Mussolini geraten war.

Vom Februar zum Mai

Mitte Jänner 1934 kam Italiens Unterstaatssekretär des Äußeren Fulvio Suvich nach Wien, um in Sachen Ausschaltung der Sozialdemokratie Druck zu machen. Dollfuß, der außerdem unter

Bauschäden am Schlingerhof in Wien-Floridsdorf
infolge der Februarkämpfe 1934

wachsendem Druck seitens der Heimwehrbewegung stand, dürfte erkannt haben, dass Mussolini weiteres Zuwarten und Hinhalten nicht mehr akzeptieren würde. Sein Regime unternahm daraufhin alles, um irgendeine unbedachte Verzweiflungsaktion der Sozialdemokraten zu provozieren.

Und genau das war der sozialdemokratische Aufstand vom 12. Februar 1934 schließlich auch: ein Ausdruck von Ohnmacht und Hilflosigkeit, ein Akt der verzweifelten Selbstbehauptung, an dessen Erfolg nicht einmal jene glaubten, die sich aktiv daran beteiligten. In Wien etwa verschanzten sich die Aufständischen in der Regel in Gemeindewohnbauten, feuerten auf die anrückende Polizei und gaben den Kampf rasch auf, sobald Bundesheer mit Artillerieunterstützung anrückte. Weitere Brennpunkte neben Wiener Arbeiterbezirken waren Linz – wo der Aufstand ausgebrochen war –, Steyr, das Braunkohlerevier im oberösterreichischen Hausruckviertel, St. Pölten und Umgebung, Graz und Umgebung sowie das obersteirische Industriegebiet, insbesondere die Stadt Bruck an der Mur. Die Zahl der Todesopfer betrug zwischen 350 und 360. In Wien allein gab es rund 200 bis 210 Tote, die Hälfte davon übrigens Unbeteiligte – Kinder, Frauen, Männer, Neugierige, zufällig hinzugekommene Passanten.

Der Februaraufstand bedeutete das Ende der Sozialdemokratischen Partei und ihres mächtigen, weitverzweigten Apparates. Junge Aktivisten gingen in den Untergrund, viele schlossen sich den Kommunisten an. Die älteren, gemäßigten Parteiführer zogen sich in eine Art inneres Exil zurück. In der Tschechoslowakei etablierte sich um Otto Bauer eine sozialdemokratische Auslandsführung.

Mussolini hatte sein Ziel erreicht. Mitte März 1934 lud er Dollfuß und den ungarischen Ministerpräsidenten Gömbös zu sich. Die drei Staaten unterzeichneten die »Römischen Protokolle« und vereinbarten enge Zusammenarbeit. Dem faschistischen Italien war es gelungen, sich ein (kleines) Bündnissystem zu schaffen, um im europäischen Mächtespiel bessere Karten zu haben. Dollfuß hatte sein Land damit allerdings mehr oder weniger vorbehaltlos an Mussolini ausgeliefert.

Innenpolitisch war er freilich der Triumphator. Nun gab es keinerlei Hindernis mehr, den »Christlichen Ständestaat« zu etablieren und dessen neue Verfassung zu verkünden. Am 30. April 1934 trat der Nationalrat ein letztes Mal zusammen. Das Rumpfparlament segnete die seit 7. März 1933 erlassenen

KWEG-Verordnungen ab und beschloss ein Ermächtigungsgesetz, auf dessen Grundlage die Regierung von nun an Gesetze und Verordnungen nach eigenem Gutdünken erlassen konnte. Der erste dieser Gesetzgebungsakte war die Kundmachung der neuen Verfassung, deren Präambel ein neues Gottesgnadentum proklamierte: »Im Namen Gottes, des Allmächtigen, von dem alles Recht ausgeht, erhält das österreichische Volk für seinen christlichen, deutschen Bundesstaat auf ständischer Grundlage diese Verfassung.«[70]

Der 1. Mai, der traditionelle Feiertag der Arbeiterbewegung, war gezielt ausgewählt worden, um mit viel Pomp die neue Verfassung zu feiern. Diverse Festveranstaltungen, »Huldigungen« und Umzüge prägten den Tag. Dollfuß hielt eine vom Rundfunk landesweit ausgestrahlte Rede zum Thema »Das neue Österreich«.

Juliputsch

Zur Freude gab es freilich wenig Grund. Seit Jänner 1934 hielt nationalsozialistischer Terror das Land in Atem. Heimwehrführer Ernst Rüdiger Starhemberg hatte ein für 8. Jänner 1934 geplantes Geheimtreffen von Dollfuß mit dem aus Deutschland bereits anreisenden Führer der österreichischen Nationalsozialisten, Theo Habicht, im letzten Moment platzen lassen. Habicht antwortete mit Bomben. Und in dieser Tonart sollte es bis zum Sommer 1934 weitergehen. Mit einer vielsagenden Unterbrechung während des sozialdemokratischen Februaraufstandes allerdings.

NS-Deutschland hatte den Abschluss des Freundschaftsvertrages zwischen Italien, Österreich und Ungarn im März 1934 als diplomatische Niederlage empfunden. Als Reaktion darauf hatte sich Hitler verstärkt darum bemüht, endlich persönlich mit Mussolini zusammenzutreffen. Er war überzeugt, im direkten Gespräch einen Ausgleich in der leidigen Österreichfrage finden zu können. Mussolini, aus einem neugewonnenen Gefühl der Stärke heraus, akzeptierte Hitlers Wunsch nach einem Treffen.

Mitte Juni 1934 fand in Venedig die erste persönliche Begegnung der beiden Diktatoren statt. Bei einer langen Aussprache unter vier Augen, geführt in deutscher Sprache, ging es in erster Linie um Österreich. Hitler gewann dabei – höchstwahrscheinlich aufgrund von sprachlichen Missverständnissen – den Eindruck, Mussolini hätte ihm einen »Regierungswechsel« in Österreich zugestanden. Folglich erteilte er in der Woche nach dem Gipfeltreffen Theo Habicht den Befehl zum Putsch in Österreich.

Wie sah Hitlers Plan aus? Dollfuß sollte »in Ehren kaltgestellt« werden und der neue Kanzler Anton Rintelen, ein NS-affiner Christlichsozialer, eine Regierung unter nationalsozialistischer Beteiligung bilden. An die Verwirklichung des Anschlusses dachte Hitler zu diesem Zeitpunkt aus außenpolitischen Erwägungen noch nicht. Vorläufig ging es ihm darum, den Streit um Österreich beizulegen und Italien als Verbündeten zu gewinnen. Österreich sollte als eine Art Satellitenstaat bis auf Weiteres formal unabhängig bleiben.

Der Putsch am 25. Juli 1934 scheiterte kläglich. Zwar gelang der illegalen Wiener SS-Standarte 89 die Besetzung des Bundeskanzleramtes. Doch Dollfuß wurde bei seiner Festnahme so schwer verletzt, dass er nach kurzer Zeit starb – seine Tötung war nie geplant gewesen. Letztlich war gerade der Tod dieser wichtigsten Geisel der Hauptgrund für den so raschen Zusammenbruch des Putschs. Schon nach wenigen Stunden ergaben sich die Besetzer des Kanzleramtes. Sie wussten nicht mehr weiter und ließen sich durch falsche Versprechungen der von Unterrichtsminister Schuschnigg geführten Rumpfregierung in eine Falle locken. Zudem marschierten noch im Laufe des Abends mehrere italienische Divisionen an der Brennergrenze auf. Eine unmissverständliche Drohgebärde Mussolinis, mit der Hitler nicht gerechnet hatte. Er ließ die in Bayern zum Einmarsch bereitstehende Österreichische Legion, eine aus jungen österreichischen NS-Flüchtlingen gebildete SA-Einheit, im letzten Moment zurückpfeifen. In der Steiermark, in Kärnten, Oberösterreich und Salzburg brach trotzdem ein blutiger SA-Aufstand aus. Insgesamt forderte der Juliputsch rund 230 Todesopfer.

Kurt Schuschnigg übernahm das Amt des Bundeskanzlers, der Heimwehrführer Starhemberg vorerst die Vaterländische Front. Er wurde jedoch in der Folge von Schuschnigg sukzessive entmachtet. Der tote »Heldenkanzler« Dollfuß erlangte umgehend Märtyrerstatus und stieg zur Leitfigur des »neuen Österreich« auf. Im Dollfuß-Lied, das als eine Art zweite Nationalhymne galt, spiegelt sich das ganze Dilemma des wackeligen Staatswesens und der neu entwickelten »Österreich-Ideologie«: Die Melodie erinnert an die faschistische »Giovinezza«, beim Text denkt man unwillkürlich an das nationalsozialistische Horst-Wessel-Lied: »Ihr Jungen, schließt die Reihen gut! / Ein Toter führt uns an. / Er gab für Österreich sein Blut, / Ein wahrer deutscher Mann.«

Für das stets auf schwachen Beinen stehende Ständestaatsregime bedeutete die Abwehr des Naziputsches vorübergehend eine gewisse Stärkung. Für die nächsten eineinhalb Jahre konnte Österreich auf die weitgehende Unterstützung durch Mussolini zählen. Im April 1935 gaben die drei Mächte Großbritannien, Frankreich und Italien sogar eine Erklärung ab, in der die Bedeutung der Unabhängigkeit Österreichs betont wurde. Freilich, die »Stresa-Front« gegen Deutschland hielt nur wenige Monate. Als Mussolini im Oktober 1935 Abessinien angriff, geriet er in unerwartete Schwierigkeiten. Die vom Völkerbund verhängten Handelssanktionen führten dazu, dass er sich Schritt für Schritt Hitler zuwandte, zuwenden musste. Erstes Opfer dieser Annäherung wurde das außenpolitisch isolierte und ganz von Italien abhängige Österreich. Über dringliche Empfehlung seines Protektors Mussolini suchte Schuschnigg den Ausgleich mit Deutschland. Mit dem deutsch-österreichischen »Normalisierungs- und Freundschaftsabkommen« vom 11. Juli 1936 war der Weg in den Anschluss bereits vorgezeichnet.

Weiterführende Literatur

Kurt Bauer, Hitlers zweiter Putsch. Dollfuß, die Nazis und der 25. Juli 1934, St. Pölten–Salzburg–Wien 2014.

Walter Goldinger/Dieter A. Binder, Geschichte der Republik Österreich 1918–1938, Wien–München 1992.

Ernst Hanisch, Der große Illusionist. Otto Bauer (1881–1938), Wien–Köln–Weimar 2011.

Peter Huemer, Sektionschef Robert Hecht und die Zerstörung der Demokratie in Österreich. Eine historisch-politische Studie, Wien 1975.

Wolfgang Maderthaner/Michaela Maier (Hg.), »Der Führer bin ich selbst«. Engelbert Dollfuß – Benito Mussolini, Briefwechsel, Wien 2004.

Emmerich Tálos, Das austrofaschistische Herrschaftssystem. Österreich 1933–1938, Wien 2013.

Heidemarie Uhl

»Anschluss« 1938. Geschichte und Gedächtnis

März 1938: Die Machtergreifung des Nationalsozialismus in Österreich

Am 11. März 1938 hielt Hilde Spiel, Schriftstellerin, Journalistin und seit 1936 im Londoner Exil, in ihrem Taschenkalender fest: »Es ist alles aus. Österreich ist zu Ende. Hitler erobert alles.« Quer über die nächsten Tage schrieb sie: »Es ist gräßlich und unerträglich. Die Eltern sitzen im Feuer. Der Teufel regiert.«[71]

Die Entwicklung hin zum März 1938 spitzte sich am 12. Februar 1938 dramatisch zu. Bei einem vorgeblich der Verständigung dienenden Treffen presste Hitler am Berghof Kanzler Schuschnigg entscheidende Zugeständnisse ab. Schuschnigg musste sich im Berchtesgadener Abkommen zu weitreichenden Konzessionen an die österreichischen Nationalsozialisten verpflichten, vor allem sollte Arthur Seyß-Inquart, neben Edmund Glaise-Horstenau führender Repräsentant der (de jure illegalen) Nationalsozialisten, zum Innen- und Sicherheitsminister ernannt werden. Im Gegenzug wurde ihm die Anerkennung der staatlichen Unabhängigkeit zugesichert. Acht Tage später, am 20. Februar 1938, hielt Hitler eine mit Spannung erwartete Rede im Reichstag, infolge des Berchtesgadener Abkommens musste diese Veranstaltung im österreichischen Rundfunk übertragen werden. Hitler plädierte dabei – im Widerspruch zum Übereinkommen mit Schuschnigg – für die notwendige Vereinigung aller Deutschen. Über zehn Millionen Deutsche außerhalb der Reichsgrenzen – das heißt in Österreich und der Tschechoslowakei – seien »gegen ihren eigenen Willen durch die Friedensverträge an einer Vereinigung mit dem Reiche verhindert worden«.[72] Diese »medial bereits über ein ›Gesamtreich‹ transportiert[e]« Rede[73] bedeutete den Startschuss für nationalsozialistische Demonstrationen in ganz

Plakat der Vaterländischen Front für die geplante Volksabstimmung am 13. März 1938

Österreich, insbesondere in der Steiermark, in Kärnten, Salzburg und Oberösterreich. Die illegalen NS-Verbände begannen, ihre Anhänger zu mobilisieren.

Am 24. Februar erfolgte, wohl in Reaktion auf Hitlers provokante Reichstagsrede, Schuschniggs kampfbereite »Bis hierher und nicht weiter«-Rede im Bundesrat mit dem emotionalen Aufruf »Bis in den Tod Rot-Weiß-Rot! Österreich!«.[74] Sie wurde ebenfalls von der RAVAG gesendet. In Graz wurde die Übertragung von Nationalsozialisten gestört, bei der NS-Großkundgebung auf dem Hauptplatz ließ der Bürgermeister die Hakenkreuzfahne am Rathaus hissen – nicht zuletzt dafür erhielt Graz wenige Monate später den NS-Ehrentitel »Stadt der Volkserhebung«. Bundesheer-Einheiten wurden nach Graz entsandt, Seyß-Inquart, der als Innenminister die Lage beruhigen sollte, kam den aufmarschierenden NS-Provokateuren entgegen: Er erlaubte am 2. März den »Hitlergruß« und das Tragen von Hakenkreuz-Abzeichen.[75]

Zugleich begann eine Annäherung zwischen Regierung und Vertretern der illegalen Arbeiterbewegung. Angesichts der immer häufigeren NS-Kundgebungen trat Schuschnigg die Flucht nach vorne an. Am 3. März fasste er im engen Kreis den Entschluss zur Volksbefragung »Für ein freies und deutsches, unabhängiges und soziales, für ein christliches und einiges Österreich!«. Am selben Tag empfing der Bundeskanzler nach langem Zögern eine Abordnung von Vertrauensmännern der illegalen Gewerkschaften, die ihre Bereitschaft zum Widerstand gegen Hitler erklärten. In Wiener Betrieben waren nahezu eine Million Unterschriften für ein freies, unabhängiges Österreich gesammelt worden.

Erst sechs Tage später, am 9. März, verkündete Schuschnigg in Innsbruck mit dem dramatischen Appell »Mander, s'ischt Zeit!« via RAVAG die Abhaltung der Volksbefragung. Die Vaterländische Front begann noch am Abend mit einer Werbekampagne, mit Flugblättern und Plakaten wurde für ein »Ja« zu Österreich aufgerufen. Für die Unterstützung der Volksbefragung marschierten vor allem in Wien die vaterländischen Organisationen auf, denen sich Hitler-Gegner aller politischen Richtungen anschlossen. Der »kurze demokratische Frühling«[76] gab Hoffnung auf eine breite Anti-Hitler-Koalition.

Am 11. März um 10:00 Uhr erging ein deutsches Ultimatum an Schuschnigg: Hitler forderte die umgehende Verschiebung der Volksbefragung, andernfalls sei mit dem Einmarsch der Wehrmacht zu rechnen. Schuschnigg erklärte sich dazu bereit, dennoch wurde um 15:05 Uhr das zweite Ultimatum gestellt: Göring forderte – nach Rücksprache mit Hitler – telefonisch den Rücktritt Schuschniggs und die Beauftragung von Seyß-Inquart mit der Bildung einer nationalsozialistischen Regierung. Um 18:14 Uhr wurde über Rundfunk die Nichtabhaltung der Volksbefragung verkündet. Die Pro-Österreich-Demonstranten gaben auf, die Straße gehörte von nun an den Nationalsozialisten. Um 19:47 Uhr erklärte Schuschnigg in einer Radiorede seinen Rücktritt – das Bundeskanzleramt war über eine direkte Leitung mit der RAVAG verbunden. Nach stundenlangen Verhandlungen erklärte sich Bundespräsident Wilhelm Miklas kurz vor Mitternacht bereit, Seyß-Inquart zum Bundeskanzler zu ernennen. Obwohl damit alle deutschen Forderungen erfüllt waren, begann der Einmarsch deutscher Truppen in den Morgenstunden des 12. März.[77]

George Eric Rowe Gedye, Korrespondent der *New York Times*, war Augenzeuge der Machtergreifung der Nationalsozialisten in der Nacht vom 11. auf den 12. März in Wien. Er schilderte, dass nach dem Rücktritt von Schuschnigg in Wien »ein Inferno« ausgebrochen war: »Als ich auf dem Weg zu meinem Büro den Graben überquerte, wälzte sich auch hier schon die braune Flut heran. […] Die Luft war voll der Geräusche des heillosen Spektakels, und nur hin und wieder konnte man einzelne Schreie wie ›Nieder mit den Juden! Heil Hitler! Sieg Heil! Juda verrecke! An den Galgen mit Schuschnigg! Heil Seyß-Inquart!‹ […] unterscheiden. Fetzen des Horst-Wessel-Liedes klangen immer wieder auf, nur um im Gebrüll des ›Heute gehört uns Deutschland und morgen die ganze Welt!‹ […] wieder zu ertrinken. Bis lang nach 3 Uhr waren die Straßen Wiens ein Inferno.«[78] Sechs Tage später sollte die Gestapo Gedye des Landes verweisen. Der Schriftsteller Carl Zuckmayer, als Gegner des Nationalsozialismus 1933 nach Österreich geflüchtet, beschrieb die Nacht vom 11. auf den 12. März 1938 als die schrecklichste Erfahrung seines Lebens: »Die Stadt verwandelte sich in ein Alptraumgemälde des Hieronymus Bosch: Lemuren und Halbdämonen schienen aus Schmutzeiern gekrochen und aus versumpften Erdlöchern gestiegen. Die Luft war von einem unablässig gellenden, wüsten, hysterischen Gekreische erfüllt, aus Männer- und Weiberkehlen, das tage- und nächtelang weiterschrillte. […] Was hier entfesselt wurde, war der Aufstand des Neids, der Missgunst, der Verbitterung, der blinden böswilligen Rachsucht – und alle anderen Stimmen waren zum Schweigen verurteilt.«[79] Zuckmayer gelang am 15. März die Flucht nach Zürich.

»

Mittwoch, 9. März 38

Nachmittag mit Karl Danneberg in der Stadt. Man hat lauter Hakenkreuze gesehen. Ich war schrecklich deprimiert. Bei uns ist eine so heilige Ruhe, daß man von nichts weiß. […]

Freitag, 11. März 38

Zu Mittag war Herbert hier. Schuschnigg abgetreten. Hitler unser Führer. Ab heute Deutsch-Österreich. Wir sind alle fertig! […]

Samstag, 12. März 38

Inge, Edith, Kurtl Kleibel, Kurt Schindler und Herbert waren Nachmittag hier. Wir hörten uns die Übertragung vom Empfang H. in Linz an. Es war eine ganz erträgliche Stimmung, teilweise sogar sehr lustig. Ruhiger bin ich jetzt doch. Falls die Nürnberger Gesetze kommen fahre ich weg. Aber bis dahin bleibe ich bei Herbert. […]

Die Erschütterung über die Ereignisse des 11 und 12. März 1938, die aus diesen Berichten spricht, ist noch heute nachvollziehbar. Wie konnten die österreichischen Nationalsozialisten in der Nacht vom 11. auf den 12. März 1938 so rasch und umfassend die Macht in Wien und in den Bundesländern übernehmen – auf allen Ebenen, in den Schaltstellen des Staates ebenso wie auf der Straße? Binnen weniger Stunden war Österreich ein nationalsozialistisches Land geworden, ohne dass es nennenswerten Widerstand gegeben hätte. Noch vor dem Einmarsch der Wehrmacht wehte auf dem Bundeskanzleramt die Hakenkreuzfahne, war Seyß-Inquart Kanzler einer nationalsozialistischen Regierung. Terror regierte die Straßen, Politiker und Funktionsträger der entmachteten Ständestaat-Diktatur, Gewerkschafter und bekannte Oppositionelle wurden verhaftet, die jüdische Bevölkerung war zum Freiwild geworden. Noch in den Nachtstunden des 12. März wurden Geschäfte geplündert und beschmiert, fanden die ersten pogromartigen Übergriffe statt. Wie verzweifelt die Menschen waren, zeigt der sprunghafte Anstieg der Selbstmorde; im Jänner verzeichnete die Israelitische Kultusgemeinde vier, im Februar fünf, im März 79, im April und Mai je 62 Suizide.[80] Am 13. März 1938, mit dem Gesetz über die Wiedervereinigung Österreichs mit dem Deutschen Reich, war Österreich annektierter Bestandteil des nationalsozialistischen Deutschland.

Sonntag, 13. März 38
Fürst und Gertel waren Nachmittag hier. Ich blieb aber mit Herbert in meinem Zimmer. Er war ganz besonders nett, wir sind jetzt beide dermaßen verliebt, daß es nicht mehr schön ist. Ein bißchen waren wir auch spazieren. Dann machte ich das Nachtmahl nur für uns beide. […] Dann waren wir im Mozart Kino bei ›Un Carnet de Bal‹. Ein blendender Film. Mit einem Wort ein Tag wie ich ihn schon 10 Monate nicht erlebt hatte. Und das soll ein Mensch zerstören können, ganz einfach nur weil er es sich einbildet. Es ist furchtbar, aber ich will davon nicht denken. […]

Montag 14. März 38
Herbert habe ich heute gar nicht gesehen, da er in der Stadt war beim Empfang des Führers. Abends sprach ich telephonisch mit ihm. Wir mußten um 12 h sperren. Die Eltern waren schrecklich aufgeregt, da in sehr vielen Geschäften requiriert wurde. Papa weinte fast. […]

Dienstag, 15. III. 38
Auch heute wurde um 12 h das Geschäft geschlossen. Wegen der Rede des F. am Heldenplatz. […]

Antisemitische Ausschreitungen in Wien
im März 1938

Österreich als »erstes Opfer« und der Perspektivenwechsel 1986/88

Nach 1945 wurde der »Anschluss« als gewaltsame Okkupation und aufgezwungene Annexion dargestellt. Die Unabhängigkeitserklärung vom 27. April 1945 griff das Erklärungsmodell der Moskauer Außenministerkonferenz vom November 1943 dankbar auf, wonach Österreich »das erste freie Land, das der Hitlerschen Aggression zum Opfer gefallen ist«, gewesen sei. In der Präambel wurde ausgeführt, dass »der Anschluss des Jahres 1938 [...] durch militärische Bedrohung von außen und den hochverräterischen Terror einer nazifaschistischen Minderheit eingeleitet, einer wehrlosen Staatsleitung abgelistet und abgepreßt, endlich durch militärische kriegsmäßige Besetzung des Landes dem hilflos gewordenen Volke Österreichs aufgezwungen worden ist«.[81] Die auch nach 1945 in der internationalen Weltöffentlichkeit noch präsenten Fotografien von den Jubelstürmen des März 1938 passten allerdings nicht in diese Argumentation. Das von der

Regierung 1946 herausgegebene »Rot-Weiß-Rot-Buch« argumentierte, die Bilder vom enthusiastischen Empfang der Wehrmacht auf ihrem »Blumenfeldzug« nach Wien und vom Begeisterungstaumel bei Hitlers Heldenplatzrede am 15. März 1938 seien von den »optischen und akustischen Täuschungsmanövern der nationalsozialistischen Propaganda« geprägt.[82] Ina Markovas Analyse des Bildgedächtnisses der Zweiten Republik zeigt, dass diese irritierenden Jubelbilder kaum Eingang in den öffentlich-medialen Diskurs gefunden hatten.[83] »1938« blieb eine visuelle Leerstelle.

Erst die Waldheim-Debatte 1986 erforderte eine Neubeurteilung des »Anschluss«-Geschehens. Die ohnehin auf schwachen Beinen stehende These vom »ersten Opfer« wurde durch die Ausführungen von Präsidentschaftskandidat Kurt Waldheim über seine »Pflichterfüllung« als Soldat der Wehrmacht grundsätzlich in Frage gestellt. Im Gedenkjahr 1988 erfolgte erstmals in der Zweiten Republik eine umfassende Beschäftigung mit dem »Anschluss« und den Jahren der NS-Herrschaft.[84] Die Bilddokumente der Märztage 1938 wurden nun in zahllosen Zeitungsberichten und -serien, in Ausstellungen und TV-Dokumentationen öffentlich verbreitet. Auch wenn die Regie der hochprofessionellen NS-Propaganda zu berücksichtigen ist,[85] verweisen die Bilder des »Anschlusses« auf eine Evidenz der Beteiligung, Zustimmung und damit auch Mitverantwortung von ÖsterreicherInnen für die Machtergreifung des Nationalsozialismus. Es waren auf diesen Bildern eben nicht nur organisierte Parteigänger mit

Mittwoch, 16. III. 38

Nachmittag wurde Papa von 2 Lausbuben im Geschäft überfallen und geschlagen, als er abends nach Hause kam, hatte er eine ganz geschwollene Lippe und sehr starke Kopfschmerzen. Eine Zeit ist das, nicht einmal zur Polizei kann man gehen, da es doch sicher nichts nützen würde. Ich bin ganz fertig von den paar Tagen, das Einzige ist jetzt noch Herbert, der mich ein bisschen aufrecht erhält. Den ganzen Tag warte ich auf die 1/4 Stunde, die er Mittags kommt.[106]

«

Aus dem Tagebuch von Kitty Getreuer

Kitty Getreuer, geborene Hahn, kam am 3. Juni 1919 in Wien zur Welt, wo sie eine unbeschwerte Kindheit und Jugend verbrachte. Nach dem »Anschluss« 1938 scheiterten ihre Auswanderungspläne nach England, sodass sie sich der zionistischen Organisation Blau-Weiß anschloss, um ihre Flucht nach Palästina vorzubereiten. Während ihr im Herbst 1938 die Flucht gelang, wurden ihre Eltern und zahlreiche Verwandte Opfer des Holocaust. In Israel heiratete Kitty den aus Wien-Landstraße stammenden Rudi Getreuer. Sie verstarb am 22. Februar 2011 in Haifa.

Hakenkreuz-Armbinden oder in SA-Uniformen zu sehen, sie zeigten vielmehr Menschen aller Altersgruppen und aus allen Schichten. Diese Zeugnisse des März 1938 galten nun als visuelle Belege der österreichischen »Tätergesellschaft«, wobei vor allem zwei Motive zu Icons wurden: die Begeisterungsstürme bei der »Anschluss«-Rede Hitlers vom Altan des Heldenplatzes am 15. März 1938[86] und die die »Anschluss«-Pogrome, die noch in der Nacht auf den 12. März begannen. Jüdinnen und Juden wurden gezwungen, die Straßen von den Pro-Österreich-Parolen der abgesagten Volksbefragung zu säubern. Fotografien und Filme zeigen den johlenden, feixenden Mob, der diese Demütigungsrituale goutierte.

Der Zusammenbruch der Opferthese und die Konfrontation mit Österreichs »großem Tabu«, nämlich der Zustimmung weiter Bevölkerungskreise zum »Anschluss« und zur NS-Herrschaft, war auch für die Geschichtswissenschaft eine Herausforderung. Die Zeitgeschichte hatte sich bislang vor allem mit den Jahren 1918 bis 1938 beschäftigt. »Unbewältigte Vergangenheit« bezog sich bis zum radikalen Perspektivenwechsel 1986/88 auf die Ausschaltung des Parlaments im März 1933, die Niederschlagung des Februaraufstands und die Errichtung der Ständestaat-Diktatur 1934. Das war die heiße, umstrittene Phase des österreichischen Gedächtnisses,[87] die anlässlich von »runden« Jahrestagen regelmäßig thematisiert und kontrovers verhandelt worden war. Die Frage, ob der beim nationalsozialistischen Putschversuch im Juli 1934 ermordete Kanzler Engelbert Dollfuß ein »Arbeitermörder« oder ein »Märtyrer für Österreich« war, spaltete die politische Landschaft regelmäßig in den Vierer-Jahren. In den Achter-Jahren war es die Frage, welches der beiden politischen Lager eine größere Schuld am Untergang Österreichs 1938 trage. Dies waren auch die Konfliktthemen der jungen Disziplin Zeitgeschichte. Der österreichische »Historikerstreit«[88] drehte sich um die Beurteilung der Jahre 1933/34 bis 1938, wobei die konkurrierenden Bezeichnungen »Austrofaschismus« beziehungsweise »Ständestaat« (insbesondere ohne die Attribute autoritär oder diktatorisch) bereits die Lagerzugehörigkeit anzeigten. Nicht nur

Rede Adolf Hitlers auf dem Wiener Heldenplatz am 15. März 1938

in den Schulbüchern waren die Jahre danach eine »kalte« Vergangenheit, denn sie wurden der deutschen Geschichte (Nationalsozialismus) beziehungsweise der Weltgeschichte (Zweiter Weltkrieg) zugerechnet. Die österreichische Geschichte endete mit dem Gesetz vom 13. März 1938 und setzte am 27. April 1945 wieder ein – somit habe Österreich mit dem Nationalsozialismus nichts zu tun. Einziges relevantes Thema mit Österreich-Bezug aus den Jahren des Nationalsozialismus war der politische beziehungsweise patriotische Widerstand, dessen Erforschung durch das 1963 gegründete Dokumentationsarchiv des österreichischen

Widerstandes institutionalisiert und durch die junge Zeitgeschichte engagiert betrieben wurde.[89]

Opferthese revised? Der »Anschluss« als Machtübernahme von außen, unten und oben

Mit der Erosion der einseitigen offiziellen Sichtweise des »Anschlusses« als militärische Okkupation stand 1986/88 allerdings auch die Gründungserzählung der Zweiten Republik auf dem Prüfstand. Die 50. Wiederkehr des März 1938 bot den geeigneten Rahmen, um auf die Verunsicherung über die Verortung des Nationalsozialismus im österreichischen Geschichtsbild reagieren zu können. Die bisherige »Externalisierung« der NS-Zeit[90] wurde durch den Konsens abgelöst, dass »die Jahre 1938 bis 1945 zur österreichischen wie zur deutschen Geschichte gehören«.[91]

Entscheidend für diese neue Beurteilung war ein Perspektivenwechsel, der nicht nur in Österreich stattgefunden hatte – in den 1980er Jahren gerieten in ganz Europa die politisch-patriotischen Nachkriegsmythen ins Wanken. Diese »postwar myths«[92] hatten nicht nur die Funktion, die Verstrickung der eigenen Gesellschaft in das NS-Regime und seine Verbrechen, insbesondere in den Holocaust, auszublenden, sondern auch, nach 1945 die tief gespaltenen politischen Lager gesellschaftlich zu integrieren. In Österreich hatte die Waldheim-Debatte den Bruch mit dem traditionellen Geschichtsbild ausgelöst, veränderte Sichtweisen auf die nationalsozialistische Vergangenheit Österreichs eröffnet und insbesondere auch einen Paradigmenwechsel in der Geschichtswissenschaft eingeleitet. Dabei wurde erstmals der Nationalsozialismus nicht als von außen aufgezwungene Fremdherrschaft betrachtet, sondern in die Kontinuität der österreichischen Geschichte gestellt. Die Frage nach der »Rolle Österreichs beim Zustandekommen und Funktionieren des Nationalsozialismus«[93] trat in den Mittelpunkt des Forschungsinteresses.

Entscheidend für die Neubewertung des »Anschluss«-Geschehens war die Verlagerung der Perspektive von der Ebene des Staates – der am 13. März 1938 mit dem Gesetz über die Wiedervereinigung Österreichs mit dem Deutschen Reich ja tatsächlich ausgelöscht worden war – auf die österreichische Gesellschaft und ihre Involvierung in den nationalsozialistischen Herrschaftsapparat.[94] Erst jetzt wurde begonnen, die »NS-Herrschaft in Österreich« – so der Titel eines 1988 in Erstauflage erschienenen Sammelbandes – systematisch ins Auge zu fassen. Im Vorwort betonen die Herausgeber: »Auch wenn es kaum glaubhaft klingt: der hier vorliegende Sammelband ist der *erste Versuch* österreichischer Historiker und Sozialwissenschaftler, eine Gesamtdarstellung der NS-Herrschaft in Österreich zu wagen. Fünfzig Jahre nach dem sogenannten ›Anschluss‹!«[95]

Die Opferthese war nun zwar vielfach widerlegt, aber was sollte an ihre Stelle treten? War die Zweite Republik tatsächlich auf »einer Geschichtslüge« begründet worden, »auf der Lüge, daß Österreich ausschließlich Opfer der Nazi-Aggression gewesen sei«, wie der Schriftsteller Robert Menasse in einem vielbeachteten Essay postulierte.[96] Die Post-Waldheim-Zeitgeschichtsforschung beantwortete die Frage, ob die Opferthese überhaupt noch Gültigkeit beanspruchen könne, differenziert. Weder die »Opfer-These« (»einseitig, unhistorisch und apologetisch«)[97] noch die kritische »(Mit-)Täterthese« würde den historischen Ereignissen gerecht, so Gerhard Botz. »Denn der zweifelsohne nicht unwesentliche Aspekt des ›Anschlusses‹ als eine ausländische Intervention ist zu ergänzen durch das Konzept der Machtübernahme des österreichischen Nationalsozialismus von innen, konkret: einer Machtübernahme von oben und einer von unten. Erst in der wechselseitigen Verschränkung dieser drei Prozesse wird der ›Anschluss‹ von 1938 erklärbar.«[98] Botz' Erklärungsansatz, bereits 1978 entwickelt und hier nach einem Vortrag im Gedenkjahr 1988 zitiert, prägt nach wie vor den Stand der wissenschaftlichen Debatte: »Der Anschluß war zweifelsohne eine Invasion deutscher Truppen von außen und das Ende des selbständigen Staates Österreich. Aber er war auch die vom überwiegenden Teil der österreichischen Bevölkerung freudig begrüßte oder doch erwartungsvoll hingenommene Verwirklichung des lange gehegten Wunsches nach nationaler Selbstbestimmung und nach Vereinigung mit Deutschland. Der Anschluß war aber auch eine Art Machtübernahme des Nationalsozialismus von innen her; und zwar von unten insofern, als die ›auf die Straße‹ gehenden NS-Anhänger den zerfallenden Exekutivapparat des Ständestaates bedeutend unter Druck setzten, und von oben her, als österreichische Nationalsozialisten und ›Katholisch Nationale‹ begonnen hatten, schon Monate und Jahre vorher die österreichische Verwaltungs- und Regierungsmaschinerie zu unterwandern und in ihrem Sinne umzufunktionieren, was die reibungslose Machtübernahme von außen erst ermöglichte.«[99]

Einen Status als »Opfer des nationalsozialistischen Deutschland« kann Österreich somit nur im staatsrechtlichen Sinn, durch die »Vernichtung Österreichs als selbständiges Völkerrechtssubjekt«,[100] beanspruchen. In der österreichischen Gesellschaft hingegen konnte sich das nationalsozialistische Regime »auf eine mehr oder minder breite Unterstützung« beziehungsweise »mindestens partielle Akzeptanz seitens fast aller sozialen Klassen und weltanschaulichen Gruppierungen« stützen.[101] Potenzieller Widerstand wurde durch den unmittelbar einsetzenden Aufbau von SS und Gestapo erstickt, der staatliche Terrorapparat bewirkte die »Einschüchterung auch jener, die nicht von ›Anschluss‹-Begeisterung erfüllt waren«.[102]

Der »dreifache Prozess der Machtübernahme« am 11./12. März 1938, gekennzeichnet durch »eine pseudo-revolutionäre Machtübernahme von unten, eine scheinlegale Machtergreifung von oben und eine übermächtige Intervention von außen«,[103] mag als historisches Fallbeispiel für eine sämtliche gesellschaftlichen Bereiche erfassende Machtergreifung eines totalitären Regimes gesehen werden, freilich in einem Land, das keine Demokratie mehr war. Im heutigen Gedächtnis sind es vor allem zwei komplementäre Ereignisse, die das Bild des März 1938 prägen: die frenetischen Freudenkundgebungen der NS-Sympathisanten, die in der Massenhysterie am Heldenplatz kulminierten, und die »Anschluss«-Pogrome. Die »Reibpartien« waren Volksbelustigungen, die Erniedrigung und Demütigung der jüdischen Bevölkerung geschah – im Unterschied zum Novemberpogrom – ohne Befehl von oben.[104] Die österreichische »Mitverantwortung für das Leid, das zwar nicht Österreich als Staat, wohl aber Bürger dieses Landes über andere Menschen und Völker gebracht haben«,[105] beginnt mit dem antisemitischen Furor des März 1938.

Weiterführende Literatur

»Anschluss« 1938. Eine Dokumentation, hg. v. Dokumentationsarchiv des österreichischen Widerstandes, Wien 1988.

Hans Petschar, Anschluss. »Ich hole Euch heim«. Der »Anschluss« Österreichs an das Deutsche Reich. Fotografie und Wochenschau im Dienst der NS-Propaganda. Eine Bildchronologie, Wien 2008.

Gerhard Botz, Nationalsozialismus in Wien. Machtübernahme, Herrschaftssicherung, Radikalisierung 1938/39, Wien 2018.

Hans Safrian/Hans Witek, Und keiner war dabei. Dokumente des alltäglichen Antisemitismus in Wien 1938, Wien 1988.

Erwin A. Schmidl, März 38. Der deutsche Einmarsch in Österreich, Wien 1987.

Gerhard Baumgartner

Unbeugsame Hunderttausend. Österreicherinnen und Österreicher im Widerstand gegen den Nationalsozialismus

Über 100.000 österreichische Männer und Frauen stellten sich der unmenschlichen und mörderischen Politik der Nationalsozialisten entgegen und wurden deshalb bespitzelt, verhört, bedroht, eingesperrt, in Konzentrationslager verschleppt, gefoltert und ermordet – oder, falls sie Militärangehörige waren, vor ein Kriegsgericht gestellt. Über 9.500 Österreicher und Österreicherinnen verloren so ihr Leben.

Bis heute kennen wir weder ihre genaue Zahl noch all ihre Namen. Das liegt einerseits daran, dass viele Nazibehörden bei Kriegsende große Mengen ihrer Akten und Unterlagen beseitigten, um die Spuren ihrer Untaten zu vernichten. Andererseits scheuten sich im politischen Klima der Nachkriegsjahrzehnte viele Überlebende, ihre Geschichte zu erzählen, denn die österreichische Gesellschaft zeigte wenig Bereitschaft, den Opfermut dieser unerschrockenen Frauen und Männer zu würdigen. Die Daten der Ermordeten und im Zuge der Verfolgung ums Leben Gekommenen wurden in jahrelanger Forschungsarbeit vom Dokumentationsarchiv des österreichischen Widerstandes (DÖW) erfasst und in einer Art virtuellem Gedenkraum – gemeinsam mit den österreichischen Holocaustopfern – sichtbar gemacht.

Als Bundeskanzler Kurt Schuschnigg am Abend des 11. März 1938 im Radio verkündete, dass er »der Gewalt weiche«, versuchten zahlreiche österreichische Gegner und Gegnerinnen der Nationalsozialisten, sich noch rechtzeitig in ein Nachbarland in Sicherheit zu bringen. Noch bevor die einmarschierenden Truppen der Deutschen Wehrmacht Österreich gänzlich besetzt hatten, schwärmten schon die NS-Greifkommandos in ganz

Österreich aus, um Führungspersonen der Arbeiter- und Gewerkschaftsbewegung sowie Vertreter des Ständestaates und seiner Institutionen zu Tausenden zu verhaften.

Zu den Verfolgungsopfern der ersten Stunden und Tage nach der nationalsozialistischen Machtübernahme gehörten vor allem die österreichischen Juden und Jüdinnen, die nun völlig schutzlos den Angriffen und Demütigungen eines aufgehetzten, antisemitischen Mobs ausgesetzt waren. Zu den ersten Opfern zählten auch jene Justizbeamten, die sich vor dem »Anschluss« bei der Verfolgung illegaler Nazis besonders hervorgetan hatten. Der Linzer Kriminalbeamte Josef Schmidt, erschossen nach seiner Festnahme am 13. März 1938, gilt als das erste Mordopfer der Nationalsozialisten. Auch Karl Halaunbrenner, jüdischer Postenkommandant im südburgenländischen Großpetersdorf, Archäologe und Lokalhistoriker, wurde am 12. März von SS-Männern verhaftet. Nachdem man ihm im Bezirksgefängnis in Oberwart mit einem Hammer die Zehen zertrümmert hatte, wurde er zuerst ins KZ Dachau und später ins KZ Buchenwald überstellt und dort am 12. Dezember 1938 ermordet.

Zahlreiche österreichische Richter, Staatsanwälte, Ministerialbeamte und Politiker teilten das Schicksal der Deportation ins Konzentrationslager Dachau. Im sogenannten »Prominententransport« von 150 österreichischen Würdenträgern, Parteiführern, Wirtschaftstreibenden und Künstlern, darunter viele Juden, von Wien nach Dachau am 1. April 1938 waren der spätere Bundeskanzler Leopold Figl und der spätere Präsident des Österreichischen Gewerkschaftsbundes (ÖGB) und Innenminister Franz Olah. Zusammengestellt wurde der Transport in der Wiener Leitstelle der Geheimen Staatspolizei (Gestapo) im früheren Hotel Metropol am Morzinplatz. Als zentrale Instanz sowohl für politisch als auch rassistisch Verfolgte erfasste die Gestapoleitstelle Wien von 1938 bis 1945 rund 50.000 verdächtige Personen in ihren Karteien. Täglich wurden bis zu 500 Personen zu Vernehmungen vorgeladen.

In die Fänge der Gestapo gerieten auch Franz Horvath und sechs weitere Roma aus der Gemeinde Redlschlag im südlichen

Burgenland, die sich im Mai 1938 in einem dreiseitigen Beschwerdebrief entschieden gegen Verfolgungs- und Diskriminierungsmaßnahmen wandten, die der NS-Landeshauptmann Tobias Portschy gegen Roma im Burgenland eingeleitet hatte. Unter Berufung auf ihre staatsbürgerlichen Rechte protestierten sie gegen das Verbot des Schulbesuches, den Entzug des Wahlrechts, die Diskriminierung bei der Arbeitszuteilung, die Verweigerung von Sozialleistungen sowie die gewalttätigen Übergriffe von lokalen Nazis auf Roma – und das gleich direkt bei der Reichsregierung in Berlin. Franz Horvath starb 1943 im Konzentrationslager Auschwitz.

Insgesamt dürften in ganz Österreich über 100.000 Personen von der Gestapo »beamtshandelt« worden sein. Der Gestapo stand, als zentraler Verfolgungsinstanz für sämtliche Delikte gegen »Staat, Partei oder Volk«, eine Bandbreite von Strafmaßnahmen zur Verfügung, die von einer einfachen Verwarnung über die Einweisung in Konzentrationslager bis hin zum Mord reichen konnten. Die Gestapo war auch die zentrale Verfolgungsinstanz für die antijüdischen Maßnahmen bis hin zu Vertreibung und Deportation.

Mit den sehr vage gefassten Tatbeständen der »Heimtücke«, »Zersetzung der Wehrkraft« und »Vorbereitung zum Hochverrat« verfügte die nationalsozialistische Richterschaft zudem über drei weit auslegbare, dehnbare Paragrafen. Durch die Kriegssonderstrafrechtsverordnung 1938 wurden die Möglichkeiten einer politisch dienstbaren Rechtssprechung noch wesentlich erweitert. Mit dem direkten Durchgriff der NSDAP auf richterliche Urteile konnten ab 1942 schon vergleichsweise harmlose Vergehen, wenn sie nach Dafürhalten der NSDAP als »besonders verwerflich« anzusehen waren, mit einer weit strengeren Strafe geahndet werden, als sie das Gesetzbuch vorsah, im Extremfall sogar mit der Todesstrafe. So wurde die aus Graz gebürtige Anna Hölzlsauer, eine resolute und lautstarke Putzfrau, wegen ihrer unvorsichtigen Schimpftiraden über Parteibonzen und Gestapobeamte am 19. April 1944 in der Haftanstalt Berlin-Plötzensee mit dem Fallbeil hingerichtet, weil sie angeblich versucht haben soll, durch »Verunglimpfung des Führers, durch

Österreichisches Komitee Dachau nach der Befreiung 1945

hetzerische Äußerungen über die Partei und Verherrlichung des Kommunismus zwei deutsche Frauen in ihrem Glauben an den Führer irre zu machen«.[107]

Organisierter Widerstand

Der überwiegende Teil des österreichischen Widerstandes wurde von der organisierten Arbeiterbewegung getragen und war daher neben der Bundeshauptstadt Wien vor allem auf die Industriegebiete in der Steiermark und Niederösterreich konzentriert. Auch die Bundesländer Kärnten und Burgenland wiesen einen überdurchschnittlich hohen Anteil an Widerstandsaktivitäten auf. Im Falle Kärntens dürfte dies auf die brutale Verfolgung sowie den entschlossenen Widerstand der Kärntner Slowenen und Sloweninnen zurückzuführen sein, im Falle des Burgenlandes wohl auf die großen kroatischen, ungarischen und Roma-Bevölkerungsteile sowie auf den hohen Anteil von Bau- und Industriearbeitern unter den burgenländischen Klein- und Nebenerwerbsbauern.

KommunistInnen bildeten die zahlenmäßig stärkste Gruppe im organisierten Widerstand. Viele von ihnen waren enttäuschte ehemalige SozialdemokratInnen, die sich ab 1934 zunehmend dem kommunistischen Untergrund angeschlossen hatten. Bis Ende 1943 wurden allein in Wien 6.300 kommunistische AktivistInnen verhaftet. Die meisten der kommunistischen Untergrundzellen wurden durch Gestapo-Spitzel, sogenannte »V-Leute«, unterwandert und verraten. Rund 400 der verhafteten KommunistInnen wurden zum Tode verurteilt und die meisten von ihnen auch hingerichtet.

Eng verbunden mit der Geschichte des kommunistischen Widerstandes ist die Geschichte des jüdischen Widerstandes. Besonders junge österreichische Jüdinnen und Juden schlossen sich verschiedenen Widerstandsgruppen an und setzten sowohl im Exil als auch in Österreich ihr Leben im Kampf gegen den Nationalsozialismus aufs Spiel. Nach der Niederlage der Deutschen Wehrmacht in Stalingrad kehrten 1943 viele ins Ausland geflüchtete jüdische KommunistInnen nach Österreich zurück, um hier Agentennetzwerke zu bilden und österreichische Soldaten mit antifaschistischem Propagandamaterial zu versorgen. Zu ihnen gehörten auch Gertrude Schindel und ihr Lebensgefährte René Hajek. Als französische Fremdarbeiter getarnt, kamen sie

Widerstandskämpferin und KZ-Überlebende Gertrude Schindel

mit falschen Papieren nach Linz, um in den sogenannten Hermann-Göring-Werken, den späteren Vereinigten Österreichischen Eisen- und Stahlwerken (VÖEST), zu arbeiten. Im Frühjahr 1944 wurde ihr Sohn, der österreichische Schriftsteller Robert Schindel, geboren. Die Familie wurde im Sommer 1944 verhaftet, René Hajek kam im März 1945 in Dachau ums Leben, Gertrude Schindel überlebte die Konzentrationslager Auschwitz und Ravensbrück und fand nach der Befreiung wieder mit ihrem Sohn in Wien zusammen.

Auch unter den rund 10.000 Österreichern, die im Zweiten Weltkrieg als Freiwillige in der britischen, französischen, US-amerikanischen oder sowjetischen Armee kämpften, befanden sich viele Juden. Als 1944 rund 100 Fallschirmspringer in verschiedenen Teilen Österreichs landeten, um einen Partisanenwiderstand zu organisieren, gehörte zu ihnen auch der aus Wien stammende Leo Engelmann. Zusammen mit 40 Mitkämpfern sollte der Funktionär des Kommunistischen Jugendverbandes Österreichs (KJV) und ehemalige Spanienkämpfer im österreichisch-slowenischen Grenzgebiet die Kampfgruppe Steiermark aufbauen – die später so genannten »Koralmpartisanen«, die gegen Kriegsende durch desertierende Wehrmachtsangehörige auf fast 500 Personen anwachsen sollten. Leo Engelmann und fünf seiner Kameraden liefen im Frühjahr 1945 einer bewaffneten Streife in die Arme, wurden festgenommen, verhört und am 1. April 1945 erschossen.

Ab 1943 gab es auch in den steirischen Bezirken Leoben und Bruck an der Mur Partisaneneinheiten, die mit Widerstandsgruppen in Judenburg, Graz, Wien, Villach und auch in Slowenien in Verbindung standen und für ein freies, unabhängiges, demokratisches Österreich kämpften. Die führende Kraft der steirischen Formation dieser Österreichischen Freiheitsfront (ÖFF) war der aus Donawitz stammende Schlosser Sepp Filz. Die Partisanen verfügten über ein breites Netzwerk an UnterstützerInnen in der lokalen Bevölkerung und verübten zahlreiche Anschläge auf Eisenbahnanlagen. 1944 gelang es der Gestapo, das Versorgungsnetzwerk der Partisanen zu zerschlagen. Hunderte SympathisantInnen wurden in Konzentrationslager überstellt, 44 von ihnen fanden dort den Tod. Sepp Filz entkam nach einem Feuergefecht schwer verwundet in die Berge und überlebte. Auch im Bezirk Hartberg organisierte im September 1944 der Deserteur Gustav Pfeiler rund 280 Personen in einer Widerstandsbewegung, die im März 1945 den bewaffneten Kampf aufnahm und Parteieinrichtungen und Militäranlagen angriff. In einer massiven Vergeltungsmaßnahme erschossen daraufhin SS-Einheiten am 4. Mai 1945 am Hauptplatz von Hartberg 13 Bauern, die sie der Unterstützung der Partisanen verdächtigten.

Die mit Abstand wichtigste bewaffnete Widerstandsgruppe waren ab 1942 die straff organisierten Partisaneneinheiten der Kärntner Sloweninnen und Slowenen. Den harten Kern bildeten junge Männer, die vor der Einberufung in die Deutsche Wehrmacht nach Slowenien geflüchtet waren. Nachdem 1942 über 1.000 »national gesinnte« SlowenInnen gewaltsam aus Kärnten ausgesiedelt und in Lager deportiert worden waren, schlossen sich rund 900 – oft tief gläubige katholische – Kärntner SlowenInnen den Partisanen an, die unter dem Kommando von France Pasterk-Lenart im 1. Bataillon der slowenischen Befreiungsfront Osvobodilna Fronta (OF) heftige Kämpfe gegen deutsche Einheiten in den Karawanken führten. Im November 1942 nahm die Gestapo 200 UnterstützerInnen der OF fest, 13 von ihnen wurden am 29. April 1943 im Wiener Landesgericht hingerichtet. Auf dem Peršmanhof in der Kärntner Gemeinde Eisenkappel/Železna Kapla erinnert heute ein Museum an den Partisanenkampf der Kärntner SlowenInnen sowie an die vier Erwachsenen und sieben

Kinder der Familie Peršman, die hier am 25. April 1945 von SS-Männern ermordet wurden, weil sie Partisanen unterstützt hatten.

Engagierte Katholikinnen und Katholiken bildeten die zahlenmäßig zweitgrößte Personengruppe österreichischer NS-GegnerInnen. Ihre religiöse Orientierung war untrennbarer Bestandteil einer Österreich-patriotischen Überzeugung, mitunter auch gekoppelt mit einer prononciert monarchistischen Einstellung. Die wohl größte katholische Widerstandsgruppe rund um den Klosterneuburger Augustiner-Chorherren Roman Karl Scholz, Jakob Kastelic und Karl Lederer wurde im Sommer 1940 durch einen Gestapospitzel aufgedeckt. Zehn ihrer führenden Funktionäre wurden 1944 im Wiener Landesgericht hingerichtet. Katholisch-konservative WiderstandskämpferInnen leisteten besonders durch ihre Kontakte zu westlichen Geheimdiensten einen wesentlichen Beitrag zum erfolgreichen Kampf gegen das NS-Regime. Insgesamt wurden über 860 ÖsterreicherInnen wegen ihrer Zugehörigkeit zu katholischen Widerstandsgruppen von der NS-Justiz abgeurteilt. Die bekannteste Formation dieser Art war die Antifaschistische Freiheitsbewegung Österreichs (AFÖ), zu deren verzweigtem Netzwerk zahlreiche Priester und Ordensleute in ganz Österreich gehörten. Prominentester Kleriker unter den acht zum Tode verurteilten Führungspersonen der AFÖ war der Guardian des Eisenstädter

»

Oft fragten mich nach 1945 verschiedenste Leute, auch solche, die keineswegs Nazis waren, warum ich denn aus dem sicheren Ausland nach Wien gefahren bin. Immer wieder empört mich diese Frage, immer wieder bin ich entsetzt über die mir so fremde Welt, in der diese Frage überhaupt eine Frage ist. Von der Erkenntnis, dass man sich in so harten Zeiten nicht einem angenehmen, risikolosen Leben hingeben darf, sondern im Widerstand gegen die Nazis auch etwas zu leisten hat, bis zur Meldung, dass ich bereit war, nach Österreich zu fahren, war nur ein kleiner Schritt. Dieser Schritt war nichts anderes als die notwendige Konsequenz jener Erkenntnis, die in mir herangereift war, als ich mir schon Jahre zuvor die Frage gestellt hatte: ›Was haben wir zu tun, damit wir nach dem Sturz Hitlers mit gutem Gewissen wieder in der Heimat leben können? Was haben wir zu tun, um zum Sturz Hitlers beizutragen?‹[108]

«

Margarete Schütte-Lihotzky über Widerstand in der NS-Zeit

Die bekannte Architektin und Kommunistin Margarethe Schütte-Lihotzky war 1940 aus der Türkei nach Wien zurückgekehrt. Sie sollte in Wien am Aufbau eines Netzes kommunistischer Widerstandsgruppen arbeiten. Bereits nach kurzer Zeit wurde sie aufgrund des Verrats eines Gestapo-Spitzels verhaftet. Schütte-Lihotzky wurde 1942 zu 15 Jahren Kerker verurteilt und blieb bis zur Befreiung 1945 inhaftiert.

Alfons Gorbach, Karl Maria Stephan
und Oberst Franz Zelburg im KZ Dachau

Franziskanerklosters Kapistran Pieller. Sogar Papst Pius XII. setzte sich persönlich in einem Gnadengesuch für ihn ein. Im April 1945 wurde Pieller zusammen mit 43 anderen zum Tode verurteilten Insassen des Wiener Straflandesgerichts ins Zuchthaus in Stein an der Donau verlegt und dort am 15. April 1945 erschossen.

Die Nationalsozialisten sahen in der moralischen Autorität der katholischen Kirche eine Gefahr für die faschistische Ideologisierung der Gesellschaft. Die österreichischen Bischöfe bekräftigten zwar in ihrer Erklärung im März 1938 ihr Einverständnis mit dem »Anschluss« Österreichs an Deutschland, doch das immer brutalere Vorgehen der Nationalsozialisten gegen kirchliche Einrichtungen brachte sie bald zunehmend in Opposition zum NS-Regime. Im Oktober 1938 bekundete Kardinal Theodor Innitzer in einer aufrüttelnden Predigt vor 7.000 jugendlichen ZuhörerInnen im Wiener Stephansdom seinen Unmut gegen die NS-Politik, und der St. Pöltner Diözesanbischof Michael Memelauer verurteilte in seiner Silvesterpredigt 1942 unmissverständlich die Euthanasiemorde an behinderten Menschen. Gegen Bischöfe wagte die NSDAP nicht offen vorzugehen, doch zahlreiche kritische Priester und Ordensangehörige wurden wegen angeblicher Vergehen verfolgt, eingekerkert oder in ein KZ verbracht. Im traditionell stark katholisch geprägten Tirol kam jeder fünfte Priester in Haft, über 200 Tiroler Priester und Ordensleute wurden von der Gestapo verfolgt, zwei Priester wegen ihrer Kritik am Nationalsozialismus hingerichtet und 13 in Konzentrationslager verschleppt. Insgesamt 69 österreichische katholische »Blutzeugen des Glaubens« bezahlten ihre Standhaftigkeit mit dem Tod. Fünf von ihnen wurden nach dem Krieg seliggesprochen: der Pfarrer von Götzens Otto Neururer, die Wiener Franziskanerin Maria Restituta Kafka, der aus Hall in Tirol stammende Priester Jakob Gapp, der Innsbrucker Provikar Carl Lampert sowie der Bauer Franz Jägerstätter aus St. Radegund in Oberösterreich. Auch der evangelische Pfarrer Zsigmond Varga aus Wien starb infolge seiner regimefeindlichen Predigten im KZ.

Nonkonformes Verhalten und individueller Widerstand

Franz Jägerstätter war Mesner, Mitglied eines franziskanischen Weltordens und lebte mit seiner Frau sehr religiös und zurückgezogen. Aus christlicher Überzeugung verweigerte er 1943 den Kriegsdienst. Jägerstätter wurde vom Reichskriegsgericht zum Tode verurteilt und am 9. August 1943 im Zuchthaus Brandenburg in Berlin enthauptet.

Ebenso standhaft verweigerten, neben einzelnen Adventisten, vor allem die Zeugen Jehovas Treueeid und Wehrdienst. Von den rund 550 österreichischen Mitgliedern der Religionsgemeinschaft wurde ein Viertel hingerichtet oder starb in Gefängnissen und Konzentrationslagern. Die kleine Gruppe stellte fast 90 Prozent der offen bekennenden Wehrdienstverweigerer. Auch viele Frauen wurden wegen Betätigung für die Internationale Bibelforschervereinigung, wie die Religionsgemeinschaft damals hieß, verurteilt und inhaftiert.

Der Mehrzahl der ZeitgenossInnen erschien Wehrdienstverweigerung völlig unverständlich. Selbst die katholische Kirche brachte für christliche Wehrdienstverweigerer wenig Verständnis auf. Kein katholischer Priester hat je ein Gnadengesuch für einen von der NS-Justiz zum Tode verurteilten Wehrdienstverweigerer unterzeichnet, der päpstliche Nuntius in Berlin Cesare Orsenigo verunglimpfte sie gar als »Märtyrer ihrer eigenen Dummheit«. Auch nach dem Krieg blieb ihnen jahrzehntelang jegliche Anerkennung verwehrt, ihren Familien Beihilfe oder Wiedergutmachung vorenthalten.

Mit ebenso wenig Verständnis konnten jene Personen rechnen, die aufgrund ihrer sexuellen Orientierung oder ihrer kulturellen Präferenzen als GegnerInnen des nationalsozialistischen Systems verfolgt wurden, wie Homosexuelle oder die als »Schlurfs« bezeichneten Wiener AnhängerInnen der sogenannten Swing-Bewegung. Als Fans eines amerikanischen Musikstils und Lebensgefühls waren sie den NS-Behörden ein ständiger Dorn im Auge. Nach 1941 wurde die Bewegung schrittweise zerschlagen, und einzelne sogenannte »Rädelsführer« wurden in Konzentrationslager eingewiesen. Dieses Schicksal teilten sie mit zahlreichen homosexuell orientierten Männern, die nach dem Verbüßen ihrer Haftstrafen ebenfalls oft in Konzentrationslager überwiesen wurden. Aufgrund seiner rassistischen Ideologie maßte sich der nationalsozialistische Staat an, tief in das Liebes- und Sexualleben der Bevölkerung einzugreifen. Liebesbeziehungen zwischen »arischen VolksgenossInnen« und Angehörigen einer angeblich »jüdischen Rasse« wurden als »Rassenschande« kriminalisiert. Streng geahndet wurden auch Beziehungen zwischen der einheimischen Bevölkerung und sogenannten »fremdvölkischen« Kriegsgefangenen sowie Fremd- und ZwangsarbeiterInnen, von denen seit Kriegsbeginn rund eine Million in der österreichischen Industrie und in der Landwirtschaft arbeitete. So wurden mit dem Ziel der Abschreckung am 2. März 1942 polnische Zwangsarbeiter am Kraftwerk Rotund im vorarlbergischen Montafon von der Gestapo gezwungen, ihren Kollegen Konstantin Przygoda zu erhängen, weil dieser unerlaubterweise Kontakt zu einheimischen Frauen gesucht hatte. In Reaktion auf solche Terrormaßnahmen schlossen sich ab 1941 mutige Polen und Polinnen zu einem großen Widerstandsnetzwerk zusammen, das von Wien aus unter dem Tarnnamen Stragan als Teilorganisation der polnischen Untergrundbewegung Armia Krajowa (Heimatarmee) operierte. Viele ihrer 1943 verhafteten Mitglieder wurden noch in den letzten Kriegstagen im Zuchthaus in Stein an der Donau hingerichtet. Insbesondere geflüchtete französische

Franz Mattischek, als »Zeuge Jehovas« nach der Verweigerung des Eides auf Hitler am 2. Dezember 1939 in Berlin-Plötzensee hingerichtet

und sowjetische Kriegsgefangene bildeten Widerstandsgruppen, denen sich häufig ZwangsarbeiterInnen anschlossen.

Widerstand umfasste nicht nur gezielt gesetzte Handlungen, die zum Sturz des NS-Regimes beitragen sollten, sondern auch vielfältige »unangepasste« Verhaltensweisen wie etwa verbotenes Radiohören, Kritik, regimekritische Witze, Besitz und Verbreitung verbotener Bücher oder das Hören verpönter Musik. Die Grenzen zwischen Aufbegehren und Widerstand waren oft fließend. Wer einem Verfolgungsopfer half, tat das oft aus persönlichem Mitleid, aus spontaner Solidarität und nicht immer aus grundsätzlicher Opposition zum NS-Regime. Für Verfolgte konnte eine Hilfeleistung zwischen Leben und Tod entscheiden. Wer Jüdinnen und Juden versteckte, zur Flucht verhalf oder mit Essen versorgte, konnte strengstens bestraft, auch in ein KZ eingeliefert werden, wie es der Ärztin Ella Lingens widerfuhr, die gemeinsam mit Kurt Lingens, ihrem Ehemann, sowie mit Karl Motesiczky Juden und Jüdinnen in ihrer Villa in Hinterbrühl versteckte. Ella und Kurt Lingens überlebten Auschwitz, Karl Motesiczky starb dort 1943. Der bekennende Nationalsozialist Oswald Bouska entschloss sich unter dem Eindruck der unmenschlichen Verfolgung der BewohnerInnen des Ghettos in Krakau 1943, als Polizist jüdische Kinder in seinem Rucksack aus dem Ghetto zu schmuggeln und zu verstecken. Der 1944 desertierte Bouska wurde nach seiner Verhaftung im KZ Groß-Rosen hingerichtet.

Unbarmherzig verfolgte die Gestapo auch die UnterstützerInnen von Wehrmachtsdeserteuren. Im Juli 1944 stürmten rund 1.000 Gestapo- und SS-Männer die Bauernhöfe in der Umgebung des Salzburger Dorfes Goldegg und nahmen versteckte Deserteure und ihre UnterstützerInnen fest. 14 Männer wurden vor Ort erschossen oder später hingerichtet, von den 15 nach Ravensbrück deportierten Frauen starben vier im Konzentrationslager.

Die meisten dieser Frauen und Männer handelten nicht aufgrund einer bestimmten politischen Überzeugung, aber sie bewiesen den Mut, in schwierigen Situationen ihrem eigenen Gewissen zu folgen. Und sie haben bewiesen, dass es sogar in blutigen Diktaturen Möglichkeiten gibt, Entscheidungsspielräume zu nutzen, um menschlich zu handeln.

Einer, der seinen Handlungsspielraum vorbildlich zu nutzen wusste, war der Konsul der chinesischen Botschaft in Wien, Ho Feng Shan, der entgegen aller Weisungen seines Botschafters 1938 mehrere Tausend Visa für österreichische Jüdinnen und Juden zur Ausreise nach Schanghai ausstellte. Auch wenn sein persönliches Risiko als Diplomat eher gering war, hat sein tapferes Handeln – das seine Chancen auf eine weitere diplomatische Karriere zunichte machte – Tausenden österreichischen Juden und Jüdinnen das Leben gerettet. Eine Gedenktafel am Wiener Beethovenplatz erinnert heute an den engagierten Diplomaten.

Dass Widerstand selbst unter widrigsten Umständen möglich war, bewiesen die Männer der internationalen Widerstandsbewegung im KZ Auschwitz, in der der österreichische Spanienkämpfer und spätere Mitbegründer des Internationalen Auschwitzkomitees (IAK) Hermann Langbein eine zentrale Rolle einnahm.

Viel zu wenig erforscht sind bis heute die Formen des Widerstandes von Soldaten und Offizieren in der Deutschen Wehrmacht. Allein die Zahl der österreichischen Deserteure wird auf über 4.000 geschätzt. Bis in die letzten Kriegstage exekutierten Standgerichte von Wehrmacht, SS und NSDAP verdächtige »Selbstverstümmler« und Deserteure. Vier in Norwegen bei Kriegsende desertierte österreichische Soldaten und ein österreichischer Deserteur in den Niederlanden wurden von fanatischen Militärrichtern sogar noch nach der Kapitulation der Deutschen Wehrmacht verurteilt und hingerichtet. Die wichtigste militärische Widerstandsgruppe Österreichs rund um den Wiener Major Carl Szokoll – deren Mitglieder bereits am 20. Juli 1944 an dem von Oberst Claus Schenk Graf von Stauffenberg geleiteten Umsturzversuch beteiligt waren – versuchte im April 1945, eine Zerstörung Wiens zu verhindern und die Stadt kampflos an die vorrückende Rote Armee zu übergeben. Ihr Plan wurde verraten und die Widerstandskämpfer Major Karl Biedermann, Hauptmann Alfred Huth und Oberstleutnant Rudolf Raschke wurden noch am 8. April 1945 von einem SS-Standgericht im Wiener Stadtteil Floridsdorf zum Tode verurteilt und gehenkt.

Fehlende Würdigung

In den ersten Nachkriegsjahren leistete die Betonung der Verdienste der österreichischen WiderstandskämpferInnen gute Dienste bei der Untermauerung der sogenannten Opferthese, gemäß der Österreich ausschließlich Opfer nationalsozialistischer Aggression gewesen sei. Zwar wurden in den ersten Jahren noch zahlreiche Gedenktafeln für die Opfer des österreichischen Widerstandes angebracht, doch von den ursprünglichen Plänen für ein großes Denkmal in der Wiener Innenstadt blieb am Ende nur der 1948 errichtete »Gedenkstein der Stadt Wien für die Opfer des Faschismus!« am Wiener Morzinplatz übrig. Große Befreiungsdenkmäler wurden, wie etwa das Befreiungsdenkmal vor dem Innsbrucker Landhaus, wenn überhaupt, nur von den Besatzungsmächten gebaut.

Die rasche Reintegration ehemaliger Nationalsozialisten in die österreichischen Parteien und die erschreckend kulant gehandhabte »Entnazifizierung« half ehemaligen Nationalsozialisten, wieder rasch führende Positionen in Gesellschaft, Politik und Wirtschaft einzunehmen. Hauptsache war, sie standen als »Antikommunisten« im aufkeimenden Kalten Krieg fest an der Seite der Westmächte. Für ein ehrendes Gedenken an die Opfer des österreichischen Widerstandes war bald kein Platz mehr in einer öffentlichen Gedenkkultur, in der mit einem undifferenzierten und verherrlichenden Soldatengedenken die Grenzen zwischen Opfern und Tätern auf Jahrzehnte verwischt wurden.

Aufgerüttelt durch das Wiedererstarken rechtsradikaler und neonazistischer Umtriebe begannen ehemalige WiderstandskämpferInnen, Überlebende der Konzentrationslager und politische AktivistInnen in den frühen 1960er Jahren in Zusammenarbeit mit universitären und außeruniversitären Forschungseinrichtungen, der Erinnerung an den österreichischen Widerstand wieder einen angemessenen Platz in den öffentlichen Diskursen zu erkämpfen. Wesentliches Ergebnis dieser Bemühungen war die Gründung des Dokumentationsarchivs des österreichischen Widerstandes 1963, hervorgegangen aus dem Bestreben, der grassierenden zeitgeschichtlichen Amnesie entgegenzuarbeiten. Erst in den 1980er Jahren sollte die Opferthese einer intensivierten Nachforschung nach dem Anteil der ÖsterreicherInnen an den nationalsozialistischen Verbrechen Platz machen.

In Teilen dieses neuen geschichtspolitischen Diskurses wurde indes in den letzten Jahren eine Tendenz erkennbar, den ÖsterreicherInnen statt der undifferenzierten Opferrolle zunehmend die ebenso pauschale Rolle der »schlechteren Deutschen« zuzuweisen, die sich nach 1945 aus ihrer Mitverantwortung für die nationalsozialistischen Verbrechen davongestohlen hätten. Während die Deutschen aus dem schmerzvollen Prozess ihrer »Vergangenheitsbewältigung« geläutert hervorgegangen seien, so die These, hätte die Mehrzahl der NachkriegsösterreicherInnen mit Hilfe der »Opferthese« ihre Unschuld beteuert und alte Vorurteile gepflegt.

Die internationale Diskussion über den Nationalsozialismus und den Holocaust bewegt sich zunehmend zwischen den Polen »victim, perpetrator, bystander«, also Opfer, TäterInnen, ZuschauerInnen. In dem von diesen Eckpunkten abgesteckten Feld bleibt erneut kaum Platz für den Widerstand. Die unbeugsamen hunderttausend Österreicherinnen und Österreicher und ihr Vermächtnis aus dem Kampf gegen den Faschismus und Nationalsozialismus drohen dabei erneut einer verzerrten Perspektive zum Opfer zu fallen.

Weiterführende Literatur

István Deák, Kollaboration, Widerstand und Vergeltung im Europa des Zweiten Weltkrieges, Wien 2017.

Dokumentationsarchiv des österreichischen Widerstandes (Hg.), Widerstand und Verfolgung 1934–1945. Eine Dokumentation, 13 Bde., Wien 1979–2018.

Dokumentationsarchiv des österreichischen Widerstandes (Hg.), Opferschicksale. Widerstand und Verfolgung im Nationalsozialismus. 50 Jahre Dokumentationsarchiv des österreichischen Widerstandes, Wien 2013.

Avguštin Malle/Valentin Sima (Hg.), Anšlus in manjšine v Austriji/Anschluß und Minderheiten in Österreich, Klagenfurt/Celovec 1989.

Wolfgang Neugebauer, Der österreichische Widerstand 1938–1945, Wien 2015.

Horst Schreiber (Hg.), Nationalsozialismus in den österreichischen Bundesländern, 8 Bde., Wien 2012–2017.

Ina Markova

1945: Befreiung und Geburtsstunde der Zweiten Republik

29. April 1945 – Politischer Neubeginn

Am 29. April 1945 konstituierte sich im ehemaligen »Gauhaus«, also im einstigen und künftigen Parlament, die Provisorische Regierung Österreichs. Karl Renner, Leopold Figl, Johann Koplenig und andere begaben sich dafür nach einer kurzen Versammlung im Rathaus zum Prachtbau Theophil Hansens. Nur knapp zwei Wochen zuvor, am 13. April 1945, hatte die Rote Armee die Hauptstadt nach schweren Kämpfen befreit. Es sollte bis Anfang Mai dauern, bis die Westalliierten – französische, britische und allen voran US-amerikanische Truppen – auch die westlichen Bundesländer befreit hatten. An diesem kalten Frühlingstag hielt der österreichische Fotograf Wilhelm Obransky dieses kurze, wenngleich geschichtsträchtige Zusammentreffen fotografisch fest.

Karl Renner und Theodor Körner auf dem Weg vom Rathaus zum Parlament am 29. April 1945

Vertreter der damals 26 Wiener Bezirke, die Spitzen der sowjetischen Stadtkommandantur und die Mitglieder der Provisorischen Regierung nahmen an dieser für die künftige politische Entwicklung Österreichs zentralen Sitzung teil. Bereits am 22. und 23. April hatten die neu- beziehungsweise wiedergegründeten Parteien, nämlich die Österreichische Volkspartei (ÖVP), die Sozialistische Partei (SPÖ) und die Kommunistische Partei (KPÖ), Regierungsverhandlungen für dieses im Parteienproporz zu besetzende Provisorium geführt. Staatskanzler Renner wurde ein Politischer Beirat zur Seite gestellt, dem als Parteienvertreter die Staatssekretäre Adolf Schärf (SPÖ), Figl (ÖVP) und Koplenig (KPÖ) angehörten. Diese Regierung war dabei nicht nur nominell provisorisch. Die USA, Großbritannien und Frankreich erkannten Renners Kabinett anfangs nicht an, weswegen sich dessen Wirkungskreis zunächst auf das in der sowjetischen Besatzungszone liegende östliche Bundesgebiet beschränkte. Dies sollte sich erst im Herbst 1945 ändern, nach einer Länderkonferenz und der Einbindung zweier Vertreter der westlichen Bundesländer. Erst dann gaben die Westalliierten ihre Vorbehalte gegen die österreichische Staatsführung auf.

Der Sitzungsort stand zu diesem Zeitpunkt nicht nur symbolisch im sowjetischen Besitz, denn der Einzug in ein Parlament wäre ohne die militärische Zerschlagung des NS-Regimes nicht denkbar gewesen. In einem Festakt übergab also Generalleutnant Alexej Blagodatow stellvertretend für die sowjetische Besatzungsmacht das Haus an die neue, österreichische Regierung. In seiner Rede im schwer vom Krieg gezeichneten Haus verdammte Renner den nationalsozialistischen »Wahn«, der auch dieses Gebäude schwer getroffen hatte. Diese Ruinen, so führte Renner weiter aus, »sind ein Sinnbild des Schicksals, das unserem ganzen Volke und Land zuteil geworden ist, von seiner großen Mehrheit ungewollt, dem ganzen Volke unverdient«.[109] Die Beteiligung unzähliger ÖsterreicherInnen an den Verbrechen des NS-Regimes, der Profit, den MitläuferInnen aus der Vertreibung der österreichischen Juden und Jüdinnen aus Wirtschaftsbetrieben und Wohnungen gezogen hatten, blieben unerwähnt. Im Zuge der Entnazifizierungsbemühungen erfassten die Alliierten 537.632 Personen. Bis zum Ende des Zweiten Weltkriegs waren 65.000 österreichische Juden und Jüdinnen und 6.000 österreichische Roma und Sinti in NS-Konzentrations- und Vernichtungslagern in ganz Europa umgebracht worden. Die tendenziöse Darstellung Renners war allerdings nicht weiter verwunderlich, folgte die Rede doch dem Inhalt der zwei Tage zuvor, am 27. April, von allen antifaschistischen Gründungsparteien proklamierten Unabhängigkeitserklärung. Diese verwies darauf, dass der »Anschluß durch militärische Bedrohung von außen und den hochverräterischen Terror einer nazifaschistischen Minderheit eingeleitet, einer wehrlosen Staatsleitung abgelistet und abgepreßt, endlich durch militärische kriegsmäßige Besetzung des Landes dem hilflos gewordenen Volke Österreichs aufgezwungen worden ist«. Das hätte weiters »das macht- und willenlos gemachte Volk Österreichs in einen sinn- und aussichtslosen Eroberungskrieg geführt [...], den kein Österreicher jemals gewollt hat, jemals vorauszusehen oder gutzuheißen instand gesetzt war«.[110] Es sollte noch bis in die 1980er Jahre dauern, bis sich die Politik mit dem österreichischen Anteil am Holocaust und weiteren NS-Verbrechen auseinandersetzte. Und tatsächlich entziehen sich die Ereignisse des März 1938 vereinfachenden Erklärungsmustern: Der »Anschluss« war, so beschreibt dies Gerhard Botz, sowohl militärische Intervention von außen als auch halblegale Intervention von innen sowie eine Erhebung der österreichischen NationalsozialistInnen von unten. Zu Recht konnte nach 1945 darauf hingewiesen werden, dass, trotz aller Begeisterungsbekundungen der Bevölkerung, der »Anschluss« militärisch tatsächlich nur durch den Einmarsch der Wehrmacht besiegelt wurde.

Identitätssuche – Abgrenzung zu (NS-) Deutschland

Allerdings stand nicht so sehr die Unabhängigkeitserklärung, sondern vielmehr die »Moskauer Deklaration« aus 1943, diese laut Thomas Albrich »Magna Charta« Österreichs, am Ausgangspunkt des erfolgreichen Nation-Building-Prozesses Österreichs nach 1945. Diese Deklaration, die Robert Keyserlingk als Resultat von Strategien der psychologischen Kriegsführung bezeichnete, bot nach 1945 das Grundgerüst für den behaupteten Opferstatus Österreichs. Hier hieß es nämlich: »The Government of the United Kingdom, the Soviet Union and the United States of America are agreed that Austria, the first free country to fall victim to Hitlerite aggression, shall be liberated from German domination. [...] They declare that they wish to see re-established a free and independent Austria [...]. Austria is reminded, however, that she has a responsibility which she cannot evade for participation in the war on the side of Hitlerite Germany, and that in the final settlement account will inevitably be taken of her own contribution to her liberation.«[111]

Das offizielle Österreich sollte dies nach Kriegsende als »juristisches Dokument im Sinne einer nachträglichen Annullierung des Anschlusses sowie als Absichtserklärung für Österreich« interpretieren und die »Verantwortungs- bzw. Mittäterklausel« unerwähnt lassen.[112] Das konnte nur erfolgreich sein, weil der Kalte Krieg in Österreich, so Günter Bischof, bereits nach der Wahlniederlage der KPÖ im November 1945 ausbrach. 3,5 Millionen ÖsterreicherInnen, alle volljährigen (über 21-jährigen), nicht registrierungspflichtigen StaatsbürgerInnen, waren am 25. November 1945 zu den Urnen gerufen worden. Eine für heutige Verhältnisse fast unglaublich hohe Anzahl von WählerInnen – nämlich 3,22 Millionen (oder 92 %) – folgte diesem Aufruf. NationalsozialistInnen blieben von diesen Wahlen ausgeschlossen. Als solche »Registrierungspflichtige« wurden ehemalige NSDAP-Mitglieder und -AnwärterInnen, Mitglieder und Anwärter von Schutzstaffel (SS) sowie Mitglieder von Sturmabteilung (SA), des Nationalsozialistischen Kraftfahrkorps und des Nationalsozialistischen Fliegerkorps definiert.

49,8 Prozent der Stimmen und somit 85 Mandate entfielen auf die ÖVP, 44,6 Prozent oder 76 Mandate auf die SPÖ. Die KPÖ schaffte mit vier Mandaten oder 5,4 Prozent der Stimmen

Erster Volksgerichtsprozess gegen Kriegsverbrecher im Wiener Landesgericht am 17. August 1945

zwar den Einzug in den Nationalrat knapp, hatte aber die Wahlen deutlich verloren. Die aufgrund globaler Konfliktlagen neue geopolitische Situation erlaubte der österreichischen Politik, Strategien zur Abgrenzung vom Nationalsozialismus und damit von Deutschland zu erproben. »Volksfremd« sei das NS-Regime gewesen, »Preußen und andere Reichsdeutsche« seien für Terror und Verbrechen verantwortlich gewesen, konnte man unmittelbar nach Kriegsende in der Broschüre »Ewiges Wien« des Pressechefs der Stadt, Hans Riemer, lesen.[113] Heinrich Gassner, Sektionschef für Unterricht, formulierte in seiner programmatischen Schrift »Die Schule im neuen Österreich« noch expliziter: »Es mag sein, dass der Österreicher gegenüber Brutalität und roher Gewalt vielleicht rascher zurückweicht, wie sie seinem innersten Wesen fremd sind.«[114] Distanzierung von »den Anderen«, sei es von den Besatzungstruppen oder den »Reichsdeutschen«, war wichtig für die Entwicklung eines Nationalbewusstseins, gleichzeitig aber auch ein Faktor, der die Auseinandersetzung mit der NS-Vergangenheit auf Jahrzehnte hinaus erschweren sollte, wie Robert Knight betont. Erfolgreich konnten diese Abwehrversuche aber nur deswegen sein, weil sie die Alliierten duldeten. Die USA etwa, um nur ein Beispiel zu nennen, waren sich der Rolle vieler ÖsterreicherInnen im »Dritten Reich« im Klaren, wovon bereits Wand- und Schautafeln zeugen, die im Sommer 1945 zur visuellen Entnazifizierung zum Einsatz kamen. Die Tafeln, die sich mit Themen wie dem »Anschluss« oder NS-Verbrechen auseinandersetzten, wurden als Wanderausstellung etwa in Salzburg, Linz oder Bad Ischl gezeigt – anfänglich wurde die österreichische Mitschuld an den thematisierten Verbrechen betont. Distanzierungsversuche der Bevölkerung hielten die US-Verantwortlichen nur bedingt für glaubwürdig: »There were many similar manifestations, some of which may have been only half sincere and put on for the benefit of passing soldiers«, so hieß es lakonisch im Bericht nach Washington.[115]

Ambivalenzen – Auseinandersetzungen – Ausblicke

Die politische und mentale Situation der Nachkriegsjahre war somit vielschichtig: Unmittelbar nach Kriegsende und in Anbetracht der Anwesenheit der (noch einig agierenden) Alliierten waren die ÖsterreicherInnen sehr wohl angehalten, sich aktiv mit TäterInnen und Taten des NS-Regimes auseinanderzusetzen. Vielen PolitikerInnen und »einfachen Leuten« war dies sicherlich nicht zuletzt eine Herzensangelegenheit. Auch auf legislativer Ebene wurden wichtige Gesetze beschlossen, etwa das Verfassungsgesetz vom 8. Mai 1945 (Verbotsgesetz), welches das Verbot der NSDAP kodifizierte. Per Verfassungsgesetz wurde die Einrichtung von Volksgerichten zur juristischen Ahndung von NS-VerbrecherInnen beschlossen. Das Verfassungsgesetz vom 26. Juni 1945 über »Kriegsverbrechen und andere nationalsozialistische Untaten« (Kriegsverbrechergesetz) regelte die Bestrafung

Raum IV der Ausstellung »Niemals vergessen!« im Wiener Künstlerhaus, 14. September 1946

von Kriegsverbrechen, Kriegshetzerei, Quälereien, Misshandlungen, Verletzungen der Menschlichkeit und Menschenwürde, missbräuchlicher Bereicherung, Denunziation und Hochverrat am österreichischen Volk, wobei letzterer Straftatbestand auf die »Illegalen«, also NS-AnhängerInnen, die bereits zu Zeiten des Verbots während der Zeit des Dollfuß/Schuschnigg-Regimes ParteigängerInnen waren, abzielte. Ähnlich zeugen Publikationen wie die vom Außenministerium herausgegebene Dokumentensammlung, das »Rot-Weiß-Rot-Buch« (1946), von einer spezifischen Interpretation der »Opferthese«: Dieser Lesart zufolge wurden die ÖsterreicherInnen infolge ihres Antifaschismus und ihrer Widerständigkeit während der NS-Zeit zu Opfern. Zeugnis hiervon legte im Herbst 1946 weiters die offiziöse »antifaschistische« Ausstellung »Niemals vergessen!« im Wiener Künstlerhaus ab, die auf Anregung sowjetischer Militärs entstand, dann aber von den drei politischen Parteien eingerichtet wurde. Brigitte Bailer-Galanda verweist auf die real- und außenpolitische Bedeutung des Widerstands kurz nach Kriegsende: Vor dem Hintergrund der Moskauer Deklaration sollten die WiderstandskämpferInnen für kurze Zeit verhältnismäßig große Beachtung finden. Dennoch würde es zu kurz greifen, diese Versuche allein als strategisch abzutun. Gerade die Ausstellung »Niemals vergessen!« beweist, dass in einer kurzen Phase unmittelbar nach Kriegsende auch der später lange nicht angesprochene Holocaust ansprechbar war. Nicht nur das zentrale Thema Widerstand wurde abgehandelt, die MacherInnen gaben auch dem Leiden der jüdischen Bevölkerung Europas Raum. Bereits zu diesem frühen Zeitpunkt wurden 5,7 Millionen ermordete Juden und Jüdinnen als Opfer des NS-Terrors genannt.

»

Als wir Ende Oktober wieder in die Schule gingen, staunte meine Schwester nicht schlecht, wie sich ihre Professorinnen über den Sommer verändert hatten. Stolze Nationalsozialistinnen waren zu aufrechten Demokratinnen geworden. Und die wackere Frau, deren Lieblingsthema früher die alten Germanen gewesen war, pries nun die alten Griechen und verkündete, dass Griechenland die Wiege der abendländischen Kultur gewesen sei. Das hielt sie durch. Noch als ich von ihr unterrichtet wurde, erfuhr ich nie auch nur einen Tupf über germanische Heldensagen. Siegfried, Kriemhilde und Brünhilde wurden von ihr schamhaft verschwiegen. Dabei hätte ich doch von den Kriegsspielen meiner Schwester so viel über sie gewusst!

Als wir zurück in die Geblergasse kamen, war dort schon amerikanische Besatzungszone. Ami-Soldaten begegnete man oft auf den Straßen, Angst vor ihnen hatte niemand.

An den ersten Tagen nach unserer Rückkehr fragte mich ein Mädchen aus der Nachbarschaft: ›Gehst du mit zur Geblerschule? Die Amis schenken dort Kaugummis her.‹

So wie »Niemals vergessen!« ein gemeinschaftliches Unternehmen aller politischen Parteien war, war auch die Zeitung *Neues Österreich*, die ab 23. April 1945 bis 28. Jänner 1967 erschien, zumindest anfänglich ein Projekt, das mehr als ein Beitrag zur Konstruktion einer über Parteigrenzen hinausgehenden österreichischen Identität zu sein versuchte. Unter dem KPÖ-Intellektuellen Ernst Fischer, der bis Dezember 1947 als Chefredakteur fungierte, berichtete man 1945 und 1946 etwa kontinuierlich über Urteile in österreichischen Volksgerichtsprozessen. Diese Volksgerichte waren ab August 1945 beim Landesgericht Wien und ab Anfang 1946 bei den Landesgerichten Graz, Linz und Innsbruck gebildet worden; sie setzten sich aus Laien- und BerufsrichterInnen zusammen. Bis 1955 wurden 13.607 Schuldsprüche gefällt. 43 Angeklagte wurden zum Tode verurteilt (30 dieser Urteile wurden vollstreckt), 29 Angeklagte erhielten lebenslänglichen Kerker und 269 Angeklagte Kerkerstrafen zwischen zehn und zwanzig Jahren. Das *Neue Österreich* berichtete beispielsweise über den ersten Volksgerichtsprozess am Wiener Landesgericht, der am 17. August 1945 mit drei Todesurteilen gegen SA-Männer endete. Auch diese Szenen hielt der schon erwähnte Fotograf Obransky fest. Die Verurteilten hatten erwiesenermaßen im März 1945 im Zuge eines »Todesmarschs« vom KZ Engerau nach Deutsch-Altenburg 102 Juden ermordet. In dieser unmittelbaren Nachkriegszeit kamen also auch die österreichischen NS-Täter und nicht nur die Hauptkriegsverbrecher in Nürnberg in den österreichischen Medien vor.

Andernorts wurde allerdings schon lieber geschwiegen: Im einzigen Schulbuch für den Geschichtsunterricht (erschienen 1946), das in der unmittelbaren Nachkriegszeit erhältlich war, gingen die Autoren nur sehr vage auf die NS-Zeit ein. »Aus alter und neuer Zeit« für die Unterstufen der Hauptschulen und der AHS klassifiziert den Zweiten Weltkrieg in nur einem Satz als »Angriffskrieg« der »deutschen Nationalsozialisten«.[116] Einige Jahre später sollte das Bundesministerium offenherzig die beredte Stille begründen: Einem Artikel der sowjetischen *Österreichischen Zeitung*, in dem im Juni 1950 von einer »faschistischen Verseuchung der Schulbücher« die Rede war, entgegnete das Unterrichtsministerium in

Von Kaugummis hatte ich schon gehört. Gesehen oder gar im Mund gehabt hatte ich noch keinen. Ich glaubte, bei den ›Amis‹ gehe es so zu wie bei den Russen: Da steht ein Soldat, grinst freundlich und verteilt, was er herzuschenken hat. Das war ein Irrtum. Vor der Geblerschule stand eine Horde Kinder, glotzte zu den offenen Fenstern der Schule rauf und schrie im Chor: ›Tschuwingamm plieeees, Tschuwingamm plieeees!‹

In den offenen Fenstern lehnten Soldaten, manche saßen auch auf den breiten Fensterbrettern, und schauten auf die Kinder runter. Hin und wieder warf ein Soldat einen Streifen Kaugummi aus einem Fenster. Dann hörte das Gebrüll auf, und die ganze Horde stürzte sich auf den Kaugummi und balgte sich drum. Meistens war es aber kein Kaugummi, sondern ein Zigaretten-Tschick, um den sie sich balgten. Doch das entmutigte die Kinder nicht, unverdrossen brüllten sie aufs Neue: ›Tschuwingamm, plieeees, Tschuwingamm plieeees!‹

Ich schaute mir die unwürdige Balgerei ein paar Minuten an, dann ging ich heim.[119]

«

Kindheitserinnerungen der Wiener Autorin Christine Nöstlinger an den ersten Nachkriegsherbst

einem Memorandum in beeindruckender Offenheit: »Ohne ein klares und gefestigtes Staatsbewusstsein werden die Linien der Geschichtsschreibung für die Jugend undeutlich«. Man könne sich in Anbetracht der neuen weltpolitischen Lage nicht an Vorbilder halten, »die Geschichte muss neu geschrieben werden«.[117]

Die Probleme, die Opfer des Nationalsozialismus klar zu benennen, verstärkten sich zusehends. In den 1950er Jahren kam die bereits in der Unabhängigkeitserklärung angelegte »Amnestierungsmentalität« endgültig zum Tragen.[118] In Hinblick auf künftige WählerInnen – bei den Nationalratswahlen 1949 waren aufgrund der »Minderbelastetenamnestie« fast 90 Prozent der registrierten NationalsozialistInnen wieder wahlberechtigt – mussten große Teile der Bevölkerung wieder in ein politisches Gefüge integriert werden. Diese Reintegration ehemaliger Nazis ging auch mit einem Verschweigen des Widerstandes einher. Im Kalten Krieg, kommentiert Wolfgang Neugebauer, hatte der Antikommunismus den Antifaschismus als Legitimationsgrundlage der Zweiten Republik abgelöst. Von 1948 an ging die Zahl der Strafverfahren gegen NationalsozialistInnen pro Jahr um mehr als 50 Prozent zurück, nach Abschluss des Staatsvertrags tendierte diese Zahl gegen null. Innen- und weltpolitisch hatten sich in wenigen Jahren die Kräfteverhältnisse radikal verschoben. Dennoch kann kurz nach 1945 eine – von den Alliierten geforderte und sicher auch von nicht wenigen ÖsterreicherInnen begrüßte – Bereitschaft zur Auseinandersetzung mit der NS-Zeit konstatiert werden, die allerdings schnell von neuen Konfliktlagen im Kalten Krieg überschattet wurde und die NS-Zeit juristisch, politisch und diskursiv unsichtbar machte.

Weiterführende Literatur

Thomas Albrich/Winfried R. Garscha/Martin F. Polaschek (Hg.), Holocaust und Kriegsverbrechen vor Gericht. Der Fall Österreich, Innsbruck 2006.

Wolfgang Mueller, Die sowjetische Besatzung in Österreich 1945–1955 und ihre politische Mission, Wien–Köln–Weimar 2005.

Oliver Rathkolb, Die paradoxe Republik. Österreich 1945 bis 2015, Wien 2015.

Dieter Stiefel, Entnazifizierung in Österreich, Wien 1981.

Heidemarie Uhl, Das »erste Opfer«. Der österreichische Opfermythos und seine Transformationen in der Zweiten Republik, in: *Österreichische Zeitschrift für Politikwissenschaft* 30 (2001) 1, 19–34.

Wolfgang Mueller

Staatsvertrag und Neutralität (1955)[120]

Am 15. Mai 1955 unterzeichneten die Außenminister der UdSSR, Wjadscheslaw M. Molotow, der USA, John F. Dulles, Großbritanniens, Harold Macmillan, und Frankreichs, Antoine Pinay, deren Botschafter beziehungsweise stellvertretender Botschafter in Österreich sowie Österreichs Außenminister Leopold Figl im Wiener Schloss Belvedere den »Staatsvertrag betreffend die Wiederherstellung eines unabhängigen und demokratischen Österreichs«. Letzte Änderungen am Vertragstext in englischer, französischer, russischer und deutscher Sprache waren noch am Vortag beschlossen worden. Der Unterzeichnung folgten Reden, deren letzte Figl mit dem Satz »Österreich ist frei!« beendete. Gegen zwölf Uhr traten die Unterzeichner auf den Balkon, um der versammelten Menschenmenge den Vertrag zu zeigen. Jubel brandete auf. Es folgten ein Empfang in der Hofburg, ein Festgottesdienst im Stephansdom und ein Diner im Schloss Schönbrunn.

Anlass für die Freude war, dass der Vertrag die zehnjährige Besetzung des Landes durch die genannten vier Hauptsiegermächte des Zweiten Weltkrieges beendete (Teil III Art. 20). Teil I betrifft die Annullierung des Anschlusses Österreichs an Deutschland vom 13. März 1938, die Wiederherstellung Österreichs als souveräner, unabhängiger und demokratischer Staat in den Grenzen vom 1. Januar 1938 und das Verbot, einen neuerlichen Anschluss herbeizuführen (Präambel, Art. 1–5); die Sicherung demokratischer Einrichtungen und Grundsätze, Menschen- und Minderheitenrechte sowie das Verbot nationalsozialistischer Organisationen (Art. 6–10). Teil II umfasst Beschränkungen der Rüstung und Luftfahrt Österreichs, die Rückführung von Kriegsgefangenen und die Erhaltung von Kriegsgräbern und Denkmälern (Art. 11–19). Teil IV regelt den Verzicht auf Kriegsreparationen

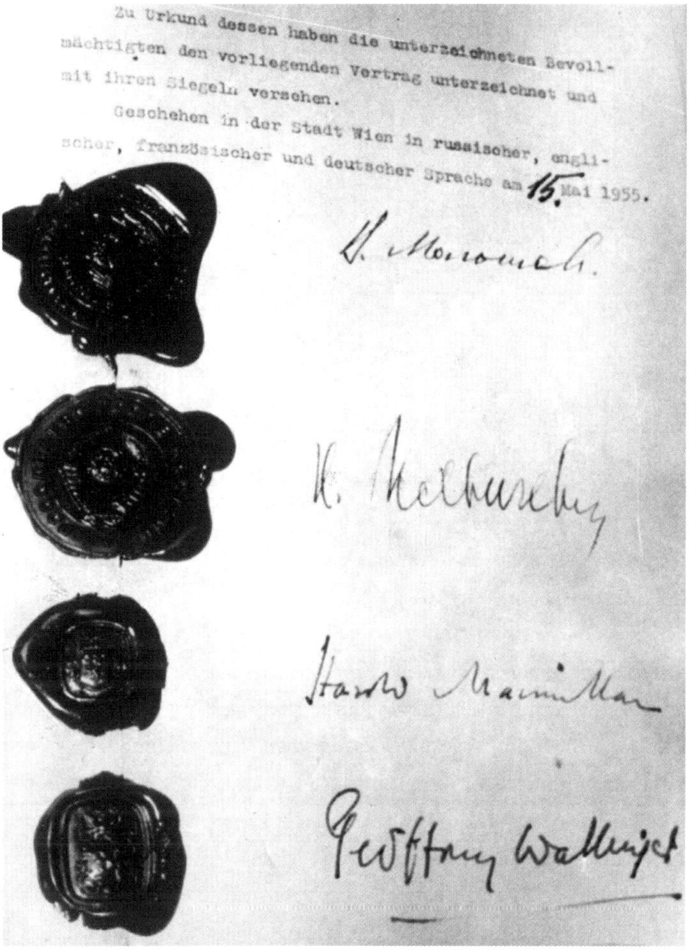

Zu Urkund dessen haben die unterzeichneten Bevollmächtigten den vorliegenden Vertrag unterzeichnet und mit ihren Siegeln versehen.

Geschehen in der Stadt Wien in russischer, englischer, französischer und deutscher Sprache am 15. Mai 1955.

Unterschriftenseite des Staatsvertrages
1955

(Art. 21); die Übergabe des durch die UdSSR infolge der Potsdamer Beschlüsse von 1945 beschlagnahmten ehemals »deutschen Eigentums« in Ostösterreich in sowjetischen Besitz und den Verkauf der in Österreich gelegenen Vermögenswerte und Rechte an Österreich (Art. 22); weiters die Ansprüche Österreichs gegenüber Deutschland (Art. 23) und den Verzicht Österreichs auf Ansprüche gegen die Alliierten des Zweiten Weltkrieges

Unterzeichnung des Staatsvertrages im Wiener Schloss Belvedere am 15. Mai 1955

(Art. 24). Die Teile V bis IX (Art. 25–38) betreffen vor allem allgemeine Eigentums-, Vermögens- und Wirtschaftsfragen und die Regelung von Streitfällen. Annex I betrifft verbotenes Kriegsmaterial, Annex II Bestimmungen zu Artikel 22.

Der Vertrag trat nach Abschluss der Ratifikation per 27. Juli 1955 in Kraft, und am selben Tag beendete der Alliierte Rat der vier Mächte für Österreich seine Tätigkeit und entließ die Republik in die volle Souveränität. Der Abzug der vier Mächte war am 25. Oktober abgeschlossen.

Am folgenden Tag erklärte Österreich seine Neutralität. Um die sowjetische Zustimmung zum Vertrag zu erlangen, hatte die österreichische Regierungsdelegation im Zuge bilateraler Vorverhandlungen in Moskau im April 1955 zugesagt, nach Ratifikation des Vertrages eine Neutralitätserklärung abzugeben und dem österreichischen Parlament zur Beschlussfassung vorzulegen. In diesem Bundesverfassungsgesetz erklärt Österreich seine »immerwährende« (das heißt auch in Friedenszeiten gültige) Neutralität und seinen Entschluss, keinen Militärbündnissen beizutreten und keine fremden Stützpunkte auf seinem Gebiet zuzulassen. Darüber hinaus ist es verpflichtet, keinen Krieg zu beginnen und im Kriegsfall gemäß den Haager Konventionen sämtliche Kriegsparteien gleich zu behandeln. Der Gesetzesantrag wurde mit den Stimmen der Österreichischen Volkspartei (ÖVP), Sozialistischen Partei Österreichs (SPÖ) und Kommunistischen Partei Österreichs (KPÖ) beschlossen und trat am 5. November in Kraft. Am 14. November bat Österreich alle Staaten, mit welchen es Beziehungen unterhielt, um Anerkennung der Neutralität. Dieser Bitte kamen bis Ende 1957 63 Staaten nach. Das Neutralitätsgesetz kann vom österreichischen Parlament mit Zweidrittelmehrheit abgeändert oder beendet werden; eine Beendigung erfordert eine Mitteilung an die Staatengemeinschaft. Am 14. Dezember 1955 wurde Österreich in die Organisation der Vereinten Nationen (UNO) aufgenommen; die daraus folgenden Pflichten besitzen höhere Rechtskraft als die Neutralität.

Der Weg zu Staatsvertrag und Neutralität

Infolge des Zweiten Weltkrieges hatten die vier Mächte 1945 Österreich besetzt und die oberste Kontrolle über die wiedererrichtete Republik übernommen. In den ersten Nachkriegsmonaten stellte vor allem die sowjetische Besatzung Lebensmittel und Kredite für Österreich zur Verfügung; bald begannen auch die US-amerikanischen Hilfslieferungen, die im groß angelegten mehrjährigen Marshallplan von 1947 ihren Höhepunkt erreichten. Dennoch stellte für Österreich vor allem die Präsenz sowjetischer Truppen, die ihre Kosten nicht selbst trugen, über 400

Wirtschaftsbetriebe beschlagnahmt hatten, durch Verbrechen und Verhaftungen Angst verbreiteten, eine starke Belastung dar. Ferner barg ihre Präsenz im Kalten Krieg die Gefahr einer Zerreißung Österreichs in einen West- und einen kommunistischen Ostteil, wie sie sich in Deutschland abzeichnete. 1945/46 hatten daher österreichische Beamte und US-Diplomaten Überlegungen für einen Vertrag angestellt, der Österreichs Unabhängigkeit, Entmilitarisierung, Entnazifizierung und Demokratisierung festschreiben und die Besetzung und Kontrolle durch die vier Mächte rasch beenden sollte.

Die erste Phase der Verhandlungen erstreckte sich über mehrere Konferenzen der vier Mächte 1947 bis Ende 1949. Österreich durfte nicht vollberechtigt teilnehmen, wurde aber angehört. Die in Österreich und Südtirol gehegte Hoffnung auf eine Wiedervereinigung wurde enttäuscht, stattdessen wurden bilateral mit Italien im Gruber-de-Gasperi-Abkommen 1946 Regelungen für die deutschsprachige Bevölkerungsmehrheit in Südtirol vereinbart. Die Forderungen Jugoslawiens auf Gebiete Kärntens und der Steiermark wurden bis Juni 1949 von der Sowjetunion unterstützt und erst infolge von deren Zerwürfnis mit Jugoslawien fallengelassen. Stattdessen beschloss man Artikel 7 zum Schutz der slowenisch- und der kroatischsprachigen Volksgruppe in Österreich. Ferner einigte man sich darauf, dass Österreich den Großteil des von der UdSSR in Österreich beschlagnahmten »deutschen Eigentums« um den Preis von 150 Millionen Dollar kaufe; im Unterschied zur endgültigen Regelung sollten allerdings die Donau-Dampfschifffahrtsgesellschaft DDSG samt Grundbesitz dauerhaft sowie 60 Prozent der Erdölförderung sowie der Schürfrechte in Österreich auf mehrere Jahrzehnte in sowjetischer Hand verbleiben.

Bald zeigte sich, dass die Frage, ob beziehungsweise wann der Staatsvertrag abgeschlossen werde, externen Einflüssen unterlag. Angesichts der von der Sowjetunion vor allem mit Einschüchterung und Gewalt herbeigeführten kommunistischen Machtübernahmen in Osteuropa waren die Westmächte besorgt, dass auch Österreich, das über keine Armee verfügte, nach einem Abzug der westlichen Truppen ein solches Schicksal ereilen könnte. 1948 vertagten sie daher die Verhandlungen, um zuerst Österreichs Verteidigung aufzubauen.

Als der Vertrag im Herbst 1949 fast unterschriftsreif vorlag, begann eine sowjetische Blockade, welche die zweite Entstehungsphase des Vertrages bestimmte. Die UdSSR machte ihre Haltung insbesondere von machtpolitischen Zielsetzungen wie der Festigung der sowjetischen Kontrolle in Osteuropa und der Teilung Deutschlands abhängig. Das sowjetische Hauptmotiv für den Abbruch der Staatsvertragsverhandlungen 1949 war, dass die sowjetischen Truppen nach einer Vertragsunterzeichnung nicht nur aus Österreich, sondern auch aus Ungarn und Rumänien hätten abziehen müssen. Dies lehnte der sowjetische Diktator Josef Stalin ab.

Sein Tod am 5. März 1953 leitete die dritte Verhandlungsphase ein, charakterisiert durch die Verknüpfung des Vertrages mit der Neutralität. Als die neue sowjetische Führung Entspannungssignale aussandte, forderte US-Präsident Dwight D. Eisenhower sie auf, den guten Willen unter anderem durch Abschluss des Staatsvertrages zu beweisen. Österreichs neuer Bundeskanzler Julius Raab nutzte die Entspannung für freundliche Signale in Richtung Moskau, und Österreich sondierte, ob sein Verzicht auf ein Militärbündnis zur Wiederaufnahme der Verhandlungen beitragen würde. Im Jänner/Februar 1954 forderte die Sowjetunion die Aufnahme einer Neutralitätsverpflichtung in den Vertrag. Die Westmächte und Österreich lehnten eine vertragliche Neutralisierung ab und schlugen stattdessen eine freiwillige Neutralität nach Schweizer Muster vor. Unannehmbar war für Österreich und die Westmächte die zweite sowjetische Forderung eines Verbleibs der Besatzungstruppen in Österreich bis zum Abschluss eines Friedensvertrages mit Deutschland (der de facto erst 1990 unterzeichnet wurde).

Es folgte eine vierte Phase neuerlicher Stagnation und atmosphärischer Verhärtung, die von sowjetischer Propaganda gegen die westeuropäische Integration und Wiederbewaffnung geprägt war. Der im Oktober 1954 beschlossene Beitritt Westdeutschlands zum Nordatlantischen Verteidigungsbündnis (North Atlantic Treaty Organization, NATO) setzte die Sowjetunion unter Druck, indem er einen Beitritt Österreichs zur NATO wahrscheinlicher erscheinen ließ.

Um einen solchen Beitritt zu verhindern und selbst im innersowjetischen Machtkampf die außenpolitische Führung zu übernehmen, lancierte der neue sowjetische Führer Nikita Chruschtschow eine Entspannungsinitiative, welche die letzte Phase der Genese des Staatsvertrages einleitete. Das in einer Rede Molotows am 8. Februar 1955 vorgebrachte Angebot lautete, Österreich solle sich verpflichten, keinen Bündnissen beizutreten und keine Stützpunkte auf seinem Territorium zuzulassen, dann werde auch die Sowjetunion einem unverzüglichen Vertragsabschluss und baldigen Truppenabzug zustimmen. Der sowjetische Haltungswechsel zielte erstens darauf, den zur Ratifikation anstehenden NATO-Beitritt der Bundesrepublik Deutschland zu stören. Zweitens sollte die Neutralität Österreichs dessen Mitgliedschaft im Bündnis verunmöglichen und gleichzeitig die direkte Verbindung zwischen den NATO-Staaten Westdeutschland und Italien blockieren. Drittens sollte die Neutralität nach den Wünschen Chruschtschows ein positives Modell darstellen, dessen Nachahmung man NATO-Staaten als Alternative empfahl, um so das Bündnis zu zersetzen. Viertens würde der Abschluss des Staatsvertrages dazu beitragen, die von Chruschtschow angestrebten Ziele eines Gipfeltreffens mit den Westmächten und einer Aussöhnung mit Jugoslawien zu erreichen, das sich für den Staatsvertrag eingesetzt hatte. Weitere Motive dürften gewesen sein, das sowjetische Image und die Beziehungen zu Österreich zu verbessern sowie die defizitären Betriebe ebenda zu verkaufen.

»

Schließlich darf nicht vergessen werden, daß unsere wenn auch beschränkte Manövrierfähigkeit auf der Tatsache beruht, daß wir die Rückendeckung des Westens gegen den Osten haben. Dies wird von den meisten Österreichern als so selbstverständlich angesehen, daß sie gar nicht mehr daran denken. Die russische Politik uns gegenüber würde sich bei einem Fortfall dieser Stützung durch den Westen sehr wahrscheinlich gründlich ändern.[121]

«

Josef Schöner, Leiter der Politischen Abteilung des Bundeskanzleramtes/Auswärtige Angelegenheiten, in einer internen Analyse 1954

Im Moskauer Memorandum vom 15. April 1955 gab die österreichische Regierungsdelegation die erwähnte Verwendungszusage für ein Neutralitätsgesetz ab. Ferner wurde vereinbart, dass Österreich der UdSSR die beschlagnahmten Erdölanlagen und -schürfrechte in Österreich gegen die Lieferung von zehn Millionen Tonnen Erdöl sowie den österreichischen Teil der DDSG um zwei Millionen Dollar abkaufe.

Eine Wiener Konferenz der fünf Signatarstaaten vom 2. bis 14. Mai beschloss die Streichung obsoleter Artikel des Staatsvertragsentwurfes. Wirtschaftliche Bestimmungen aus dem Moskauer Memorandum wurden in Artikel 22 sowie Annex II aufgenommen. Ansprüche westlicher Firmen auf in der NS-Zeit enteignetes Vermögen wurden in einem US-amerikanisch-britisch-österreichischen und einem französisch-österreichischen Memorandum geregelt. Zuletzt stimmte auch noch die UdSSR Österreichs Antrag zu, den Passus über die Mitverantwortung »Österreichs« für die Teilnahme und Verbrechen im Zweiten Weltkrieg zu streichen.

»

Zwischen Januar und Ende März 1955 wurden mehrere Denkschriften im Außenministerium für das Zentralkomitee vorbereitet. [...] Den Hintergrund dafür bildeten die Meinungsverschiedenheiten zwischen Chruschtschow und Außenminister Molotow. Ich persönlich bin der Meinung, dass Molotow viel beweglicher als Chruschtschow war. In der Frage Österreichs aber trat Chruschtschow aktiver und stärker dafür ein, dass der Staatsvertrag so schnell wie möglich unterzeichnet werde. Er dachte, dass wir ein Signal für die Entspannung aussenden sollten, damit Europa und die Welt sähen, dass die neue Führung der Sowjetunion unter der Leitung Chruschtschows für die Verbesserung der Verhältnisse zwischen West und Ost eintrete.[122]

«

Rostislaw Sergeew, sowjetischer Übersetzer bei den Staatsvertragsverhandlungen, in einem Podiumsgespräch 2005

Umsetzung, Folgen, Nachleben

Die unmittelbarste Folge des Staatsvertrages waren die Entlassung Österreichs in die volle Souveränität und der Abzug der vier Mächte. Ferner waren die Bestimmungen des Vertrages und des Neutralitätsgesetzes umzusetzen.

Unter den wirtschaftlichen Folgen des Staatsvertrages erwies sich der Preis von 150 Millionen US-Dollar in Waren, zwei

Außenminister Leopold Figl präsentiert am Balkon des Schloss Belvedere den unterzeichneten Staatsvertrag, 15. Mai 1955

Millionen US-Dollar und zehn Millionen Tonnen Rohöl (etwa 113 Millionen US-Dollar) an die UdSSR (Art. 22) als überhöht, der Kauf war aber sinnvoll, da der Weiterbestand sowjetischer Besitzrechte in Österreich eine sicherheitspolitische Hypothek bedeutet hätte. 1958/60 stimmte die Sowjetunion der Reduktion der Erdöllieferverpflichtung von zehn auf sechs Millionen Tonnen zu; 1960 waren ferner 16 Millionen US-Dollar an westliche Erdölgesellschaften zur Abgeltung von deren Rechten zu zahlen. Rechnet man Besatzungskosten, sowjetische Demontagen

und Beschlagnahmen 1945 bis 1955 sowie die Ablösen infolge des Staatsvertrages zusammen, so betrugen die Österreich vor allem von der UdSSR auferlegten Belastungen etwa 1,8 Milliarden US-Dollar. Diesen stand in erster Linie von den USA geleistete Hilfe an Österreich in der Höhe von etwa 1,9 Milliarden US-Dollar gegenüber.

Schleppend erfolgte die Erfüllung des Schutzes der slowenisch- und kroatischsprachigen Minderheit (Art. 7). Der Schulunterricht in slowenischer und kroatischer Sprache wurde in den Minderheitenschulgesetzen für Kärnten und das Burgenland geregelt. Die im Volksgruppengesetz 1976 enthaltene Regelung zur Aufstellung zweisprachiger Ortstafeln wurde 2001 vom Verfassungsgerichtshof als unzureichend aufgehoben. 2011 wurde eine Regelung zur Aufstellung zweisprachiger Ortstafeln in 164 Gemeinden mit einem slowenischsprachigen Bevölkerungsanteil von mindestens 17,5 Prozent beschlossen, einem Referendum der Bevölkerung unterzogen und als Verfassungsgesetz verabschiedet.

Zur Umsetzung des Vertrages im Bereich von Restitution beziehungsweise Entschädigung entzogener Vermögen oder Rechte von Opfern des NS-Regimes in Österreich (Art. 26) wurde 1956 ein Hilfsfonds für Opfer der NS-Verfolgung eingerichtet, 1959 die Erfüllung des Artikels festgehalten und 1961 im deutsch-österreichischen Vermögensabkommen eine Vereinbarung zur Abgeltung materieller Ansprüche erzielt. Ferner nützte Österreich seine neue Freiheit unter anderem für die Aufhebung des Kriegsverbrechergesetzes.

Seiner Sicherheit widmete Österreich – entgegen seiner Verpflichtung, die Neutralität »mit allen zu Gebote stehenden

Mitteln« zu verteidigen – nur minimale Mittel. Pro Kopf und Jahr gab Österreich in den 1960er Jahren zirka 15 bis 30 Prozent jener Summen aus, welche die aufgrund ihrer Lage weniger gefährdeten Neutralen Schweiz und Schweden aufwendeten. Dies führte in Österreich und im Westen zum Vorwurf, das Land sei ein sicherheitspolitischer »Trittbrettfahrer«, der sich im Ernstfall auf den Schutz der NATO verlasse. Die Neutralität verhinderte jedenfalls nicht, dass es in Kriegsplanstudien sowjetischer Verbündeter vom kämpfenden Durchzug östlicher Truppen samt nuklearen Bombardements betroffen war.

In der Außen- und Neutralitätspolitik zeichnete sich seit der sowjetischen Niederschlagung des ungarischen Volksaufstandes 1956 eine Ausweitung der österreichischen Interpretation von aus der Neutralität resultierenden Einschränkungen und Pflichten ab. Sowjetische Stellungnahmen beförderten diese Ausweitung. 1968 verwarf Außenminister Kurt Waldheim die ursprüngliche These einer rein militärischen Neutralität und betonte deren politische »Vorwirkungen«. In Bezug auf die europäische Integration folgten die österreichischen Regierungen 1957 bis 1987 der Einschätzung, wonach die Neutralität eine Teilnahme an der Europäischen Wirtschaftsgemeinschaft (EWG) ausschließe. Für die Einschränkung des eigenen Handlungsspielraumes suchte Österreich Entschädigung durch »aktive Neutralitätspolitik«, die auf gute Beziehungen zu den kommunistischen Diktaturen in Osteuropa, internationale Entspannung und die Etablierung Österreichs als Tagungsort und Vermittler abzielte.

Die Liberalisierung in der Sowjetunion 1989/91 ermöglichte es Österreich, einige Artikel des Staatsvertrages für obsolet zu erklären und eine Interpretationsänderung der Neutralität vorzunehmen. Das Ende der Sowjetunion und der Blockkonfrontation beseitigte die Hauptgründe für die Neutralität; sie wurde aber nicht beendet, sondern auf ihren Kern (kein Bündnis, keine Stützpunkte) reduziert. Während vor allem Sicherheitsexperten und Teile der ÖVP die Neutralität als überholt betrachteten und im Sinne europäischer Solidarität für einen Beitritt zur NATO plädierten, beharrte die ursprünglich neutralitätskritische SPÖ auf einer Beibehaltung. Die FPÖ forderte zuerst die Aufhebung des Staatsvertrages und einen NATO-Beitritt, um sich später als Bewahrerin der Neutralität zu präsentieren.

Seit 1987 betrachteten ÖVP und Teile der SPÖ Neutralität und EG-Mitgliedschaft als vereinbar, 1989 überreichte die Bundesregierung den EG-Beitrittsantrag. Seitens der UdSSR wurde ab 1991 kein substanzieller Widerstand mehr dagegen geleistet; per 1. Jänner 1995 erfolgte Österreichs EG-Beitritt. Der im Zuge der Ratifikation des Vertrages von Maastricht 1994 von Österreichs Parlament in die Bundesverfassung eingefügte Artikel 23f (später 23j) sieht die solidarische Mitwirkung an der Gemeinsamen Außen- und Sicherheitspolitik der EU vor, der Vertrag von Lissabon 2009 eine gegenseitige Beistandspflicht der EU-Mitglieder, womit die Neutralität faktisch auf jene Konflikte reduziert ist, in welchen sich die EU-Staaten auf keine gemeinsame Linie einigen können.

»

Wenn ich die Darstellungen von Ihnen, Herr Botschafter, aus der sowjetischen Sicht, höre, klingt das so, als hätte die innere Entwicklung in Österreich offenkundig in der Entscheidung überhaupt keine Rolle gespielt. [...] Raab ging 1953 davon aus, dass die UdSSR von einer Neutralität Österreichs wie jener der Schweiz als Lösung des Staatsvertragsproblems erst überzeugt werden müsste. Aber ich glaube, wir haben in Österreich die eigenen Möglichkeiten, selbst eine Vier-Mächte-Einigung für Österreich herbeizuführen, überschätzt.[123]

«

Ludwig Steiner, Sekretär von Bundeskanzler Julius Raab, zu Sergeews Ausführungen

Ferner erklärte Österreich am 6. November 1990 Artikel 12–16 (Militärische und Luftfahrt-Einschränkung, Raketenverbot) sowie Artikel 22 Absatz 13 (Übertragungsverbot ehemals deutscher Vermögenswerte an deutsche Staatsbürger) für obsolet. Zur Rechtfertigung seines Schrittes verwies Österreich auf den Vertrag über die endgültige Regelung in Bezug auf Deutschland (Zwei-plus-vier-Vertrag) vom 12. September 1990. Dieser enthält keine dem österreichischen Staatsvertrag vergleichbare Beschränkungen, woraus Österreich ableitete, dass die vier äußeren Signatarstaaten des Staatsvertrages ihre Rechtsmeinung geändert hätten. Letztere gaben nachträglich ihr Einverständnis.

In Erklärungen österreichischer Politiker und Kommentatoren wurde die Bedeutung von Staatsvertrag und Neutralität regelmäßig beschworen. Dies sollte die eigene staatstragende

Rolle untermauern, zur Schaffung eines (vor 1945 wenig verbreiteten) österreichischen Nationalbewusstseins beitragen und den wiederholten sowjetischen Vorwürfen, Österreich sei nicht neutral genug, vorbeugen. Der Tag des Neutralitätsgesetzes wurde 1956 zum »Tag der Fahne« und 1965 zum Nationalfeiertag erklärt. Zu »runden« Staatsvertragsjubiläen wurden Vertreter der Signatarstaaten zu Veranstaltungen nach Österreich eingeladen. In Lehrplänen und Medien (etwa der Fernsehserie »Österreich II« 1985) wurden Staatsvertrag und Neutralität zum Gründungsmythos der Republik stilisiert. 1995 und 2005 wurde das »Annus mirabilis« in Ausstellungen, Konferenzen und Publikationen analysiert und gewürdigt. Im kollektiven Gedächtnis und politischen Bewusstsein hat dies Spuren hinterlassen. Staatsvertrag und Neutralität werden von der Bevölkerung als Nationalmythos verehrt, mehr als die Unabhängigkeitserklärung von 1945 oder die Moskauer Deklaration von 1943 mit ihrer Mitschuldklausel. Figls Satz »Österreich ist frei!« und die folgende Balkonszene sind die wohl bedeutendsten Ikonen der Zweiten Republik.

Auf die Frage nach dem Objekt österreichischen Nationalstolzes erhielten 1998 der Staatsvertrag (20 %) und die Neutralität (8 %) die meisten Nennungen, wie auch deren »Väter« Figl (14 %) und Raab (10 %). Unter den zwischen 1930 und 1940 Geborenen ist der Stolz auf Figl (32 %) und Raab (27 %), die der Volksmeinung nach durch Trinkfestigkeit und Schläue im Alleingang den Staatsvertrag errangen, noch größer und übertrifft den Stolz auf Mozart (20 %). Dass die Interessen Österreichs in den Verhandlungen über weite Strecken von den drei Westmächten vertreten wurden, ist nur wenigen bewusst. Als bestimmendes Ereignis für Österreichs Geschichte im 20. Jahrhundert hat in der Volksmeinung der Staatsvertrag die Republikgründung abgelöst, um in den 1970er Jahren von der Neutralität überholt zu werden, die mit Frieden, Stabilität und Prosperität identifiziert wurde. Sie gilt in Umfragen unter der Bevölkerung bis heute als erhaltenswerte Staatsidee. Wenngleich 2011 in einer Umfrage 53 Prozent für eine Zusammenarbeit mit anderen Staaten/Armeen eintraten, wollten 70 Prozent eine Neutralität beibehalten; 50 Prozent glaubten aber nicht daran, dass Österreich künftig neutral bleiben wird. Die Neutralität hat somit einen Funktionswandel erlebt: Von ihrer Rolle als Preis für den Staatsvertrag ist sie zu einem emotionalen Identitätsfaktor geworden, der Österreich zwar einschränkt und keine signifikanten Vorteile bringt, aber von vielen Österreichern weiter verehrt wird.

Weiterführende Literatur

Mehrheit glaubt nicht an Fortbestand der Neutralität, in: Der Standard, 20. 2. 2011, http://derstandard.at/1297818475209/Umfrage-Mehrheit-glaubt-nicht-an-Fortbestand-der-Neutralitaet (23. 11. 2017).

Michael Gehler, Österreichs Außenpolitik der Zweiten Republik. Von der alliierten Besatzung zum Europa des 21. Jahrhunderts, Innsbruck 2005.

Wolfgang Mueller, A Good Example of Peaceful Coexistence? The Soviet Union, Austria, and Neutrality, 1955–1991, Wien 2010.

Thomas Olechowski (Hg.), Fünfzig Jahre Staatsvertrag und Neutralität, Wien 2006.

Gerald Stourzh, Um Einheit und Freiheit. Staatsvertrag, Neutralität und das Ende der Ost-West-Besetzung Österreichs 1945–1955, Wien 2005.

Arnold Suppan/Gerald Stourzh/Wolfgang Mueller (Hg.), Der österreichische Staatsvertrag 1955. Internationale Strategie, rechtliche Relevanz, nationale Identität, Wien 2005.

Manfried Rauchensteiner

»Schmerzliche Anteilnahme«: Österreich und der ungarische Volksaufstand 1956[124]

Meist sind es Jahrestage, die dazu einladen, aus dem Strom der Zeit ein Datum herauszugreifen und sich den damit zusammenhängenden Ereignissen zuzuwenden. Das sind zugleich gute Gelegenheiten, um sich jenseits von Festreden und Vorträgen mit dem Bedeutungswandel historischer Daten zu beschäftigen. Nicht alle dieser Stichtage bleiben wichtig. Manche sind nachgerade konjunkturabhängig. Im Fall von Flüchtlingsströmen, die seit dem Zweiten Weltkrieg nach Österreich gekommen sind, muss man aber keine Sorge haben, dass die Daten nicht präsent wären. Sie erfahren ganz im Gegenteil in kurzen Abständen eine Aktualisierung, die Flucht und Vertreibung als ein regelrechtes Kennzeichen der jüngst vergangenen und der Jetztzeit erscheinen lassen. Es ist ein – wie es scheint – nicht enden wollender Kanon von Jahren, und obwohl immer etwas anderes dahintersteht, bleiben Flucht und Flüchtlinge Konstanten in den historischen Abläufen und wachsen sich allmählich zu einem Phänomen in der Geschichte aus.

Letztlich ist es schwer, auch nur für das 20. und 21. Jahrhundert einen zeitlichen Abschnitt zu bezeichnen, in dem nicht geflohen worden wäre. Nach 1918 flohen viele aus Österreich, um der drohenden existenziellen Not zu entgehen. In den Dreißigerjahren setzte verstärkt die Flucht aus politischen Gründen ein. Ihr folgten nach 1938 die Flucht und systematische Vertreibung vornehmlich von Juden. Seit 1944 wurde Österreich zur Zuflucht für jene, die aus Ostmittel- und Südosteuropa zu entkommen suchten oder von dort vertrieben wurden. Wieder waren Hunderttausende unterwegs. Es ist daher durchaus willkürlich, mit der Beschreibung des Phänomens Flucht erst später einzusetzen und den erwähnten Kanon mit den Eckpfeilern 1956, 1968, 1981 oder 2015 zu versehen. Allerdings waren die Begleitumstände immer wieder verschieden. Vor allem aber war die Betroffenheit eine andere. Keinesfalls gilt für alle diese Fluchtbewegungen die Feststellung: Man wäre überrascht worden. Das galt weder für 1944 und 1945 und die Flucht vor den Sowjets noch für die Flucht von Tschechen und Slowaken 1968, ebenso wenig 1981 für die Flucht aus Polen, ja letztlich nicht einmal für 2015 und die Völkerwanderung, die durch die Kriege und das Elend im Nahen und Mittleren Osten ausgelöst wurden.[125] Einmal aber traf es Österreich tatsächlich unvorbereitet: 1956. Und gerade deshalb wurde es zum Lehrbeispiel.

Verspätete Wahrnehmung

Bis zum Herbst 1956 waren die Nachrichten aus Ungarn recht spärlich gewesen. Man konnte den Eindruck gewinnen, Österreich hätte mit sich selbst mehr als genug zu tun gehabt. Die kommunistische Machtübernahme in den ostmitteleuropäischen Ländern hatte dazu geführt, dass sie – aus westlicher Perspektive – ein Eigenleben zu führen begannen. Von den Ländern im sowjetischen Einflussbereich ging zudem eine gewisse Feindseligkeit aus. Warum also sollte man sich groß mit ihnen beschäftigen? Auch in Österreich waren sich die wenigsten bewusst, wie die Ausrichtung Ungarns auf einen kommunistischen Einheitsstaat erfolgte, dass etwa im Mai 1951 in den ungarischen Städten Massendeportationen begannen, die dazu führten, dass schließlich an die 70.000 Menschen, vornehmlich politisch Unerwünschte und Intellektuelle, aus ihren Wohnungen vertrieben und in primitive Unterkünfte auf das Land umgesiedelt wurden.[126] Im Dezember desselben Jahres erfolgte der nächste Schritt, doch dass es in Ungarn fortan keine Presse-, Rede- und Religionsfreiheit mehr gab, fiel in Österreich nicht besonders auf. Und als schließlich der Altkommunist Imre Nagy, der als Ministerpräsident nach dem Tod Stalins eine Kurskorrektur versuchte, die Lager aufließ, die

Zwangskollektivierung beendete und eine andere Wirtschaftspolitik verkündete, war Österreich wieder so stark mit sich beschäftigt, dass es dem keine besondere Aufmerksamkeit widmete. Etwa gleichzeitig mit dem Durchbruch bei den österreichischen Staatsvertragsverhandlungen wurde Nagy im April 1955 auch schon wieder entmachtet. Und wahrscheinlich war dieser Rückfall in den Stalinismus eine der Ursachen dafür, dass man in Ungarn revolutionsbereit wurde.

Die Berichterstattung der großen österreichischen Zeitungen hinkte den Ereignissen jedenfalls um einiges nach. Mitte Oktober gab es die nächste Zäsur. Imre Nagy wurde wieder in die Partei aufgenommen. Der 1948 hingerichtete Außenminister László Rajk wurde rehabilitiert und erhielt ein feierliches Staatsbegräbnis, an dem rund 300.000 Menschen teilnahmen. Doch auch wenn das Regime bemüht war, die Proteste zu kanalisieren, Reformen durchführte und weitere in Aussicht stellte, musste es bald zur Kenntnis nehmen, dass es so etwas wie einen Reformkommunismus nicht gab, und sich sehr bald die Forderung nach einem radikalen Wechsel breitmachte. Erziehungsminister László Kónya kündigte das Ende des verpflichtenden Russischunterrichts an. Szegediner Studenten traten aus dem kommunistischen Jugendverband aus. Und zusammen mit Schriftstellern gingen die Studenten noch um einen Schritt weiter und wollten einen 16 Punkte umfassenden Forderungskatalog über den Rundfunk veröffentlicht wissen. Da wurde die Überprüfung des ungarisch-sowjetischen Verhältnisses gefordert, der Abzug der Sowjettruppen, allgemeine freie Wahlen, ein Denkmal für die Freiheitskämpfer von 1848/49 anstelle des Stalindenkmals in Budapest, die Wiedereinführung des Kossuth-Wappens statt des kommunistischen Wappens und die Erklärung des 15. März, des Tages des Ausbruchs der Revolution 1848, zum arbeitsfreien Nationalfeiertag.

Unbemerkt vom Westen begannen die Russen am 20. Oktober 1956 Interventionstruppen zu sammeln, um damit notfalls auch jenen Verbänden zu Hilfe zu kommen, die ohnedies in Ungarn stationiert waren. Auf jeden Fall wurde für die Südgruppe der Truppen und in den westlichen Militärbezirken der Sowjetunion eine Urlaubssperre verhängt. Die Erregung stieg. Auf den Straßen Budapests wurde demonstriert, am 23. Oktober das Stalindenkmal gestürzt. Studenten und Arbeiter verbrüderten sich. Es gab die ersten Toten.

Volksaufstand – Revolution – Konterrevolution

Schlagartig schreckte man in Österreich auf. Von allem Anfang an wurde Sympathie für die Forderungen der ungarischen Intellektuellen geäußert. Deren Anliegen wurden nicht als das eingestuft, was sie eigentlich waren, nämlich Forderungen nach einer reformkommunistischen Politik und einer nationalistischen Wende. Vielmehr wurde an vergangene Gemeinsamkeiten gedacht und das mit der Hoffnung verbunden, dass man sich wieder annähern könnte. Plötzlich hatte man in Österreich auch im Osten einen Nachbarn und nicht nur feindselige Grenzwächter vor sich. Umso größer war daher die Empörung, als die Rote Armee in Budapest gegen die Nonkonformisten vorging und sie damit schlagartig zu Aufständischen werden ließ. Schnell war man auch mit dem Wort »Revolution« bei der Hand und verwendete es mehr oder weniger gedankenlos, denn noch war es nichts anderes als ein Ankämpfen gegen die Art der Machtausübung durch die herrschenden Kommunisten.

Auf die Meldungen über die Vorgänge in Ungarn handelte man in Wien impulsiv. Noch gab es ja kaum Erfahrungen mit der Neutralität und es wusste niemand so recht, wie man sich verhalten sollte. Vorsorglich wurde jedoch begonnen, einen Grenzschutz aufzubauen, wurden Gendarmerie und Bundesheer alarmiert. Fast schien es aber, als wäre überreagiert worden.

Für Bundeskanzler Raab machte es keinen Sinn, die Bedrohung als umfassend zu sehen und Besorgnis zu zeigen. Für ihn waren ja die Sowjets diejenigen, die den Staatsvertrag ermöglicht hatten. Und er folgerte wohl auch, dass die Sowjets nur durch Verhandlungen und nicht durch einen Aufstand zu einer

Änderung ihrer Politik bewogen werden könnten. Dass die Russen aus Ungarn abziehen würden, war für ihn undenkbar. Daher ließ Raab noch am 25. Oktober die Alarmierung des Bundesheeres aufheben und die zur Unterstützung der Gendarmerie befohlenen Bundesheereinheiten wieder einrücken.[127]

Doch dann folgte der nächste Akt: Die Sowjets waren offenbar nicht mehr Herren der Lage und richteten nicht nur in Budapest ein Blutbad an. 24 Stunden nach Aufhebung des Einsatzes von österreichischen Exekutivkräften sah auch Raab die Notwendigkeit von umfassenden Grenzsicherungsmaßnahmen gegeben. Innerhalb von sieben Minuten (so die Eintragung im Tagebuch von Leopold Figl) wurde ein Maßnahmenkatalog beschlossen, der sicherstellen sollte, dass die Republik die Grenzen zu Ungarn mit allen ihr zur Verfügung stehenden Mitteln sichern sollte.

Was in Österreich ab dem 26. Oktober 1956 geschah, war zweifellos mehr als eine Demonstration und hatte schon überhaupt nichts mit symbolischer Landesverteidigung zu tun. Zunächst sollte der burgenländischen Bevölkerung ein Gefühl der Sicherheit vermittelt werden. Das wäre mit einem bloßen Assistenzeinsatz auch zu erreichen gewesen. Nunmehr aber war das Bundesheer aufgerufen, selbstständig den Schutz der Grenze zu wahren und bei einer Massenflucht aus Ungarn, wie sie täglich erwartet wurde, zur Unterstützung von Gendarmerie und Zollwache da zu sein. Für den Fall des Übergreifens der Kampfhandlungen auf Österreich wurde ein Verteidigungsauftrag fixiert und die Feuereröffnung mittels eines eigenen Befehls geregelt. Hier hieß es unmissverständlich: »Personen oder Gruppen, die österreichisches Gebiet bewaffnet betreten, sind zum Niederlegen der Waffen aufzufordern und zu entwaffnen. Gegen im Kampf die österreichische Grenze überschreitende ungarische Formationen ist, falls sie die (durch österreichische Fahnen kenntlich gemachte) Grenze passieren bzw. trotz Aufforderung nicht zur Kenntnis nehmen, dass sie auf österreichisches Gebiet getreten sind und den Kampf fortsetzen, das Feuer zu eröffnen. Diese Formationen sind zurückzudrängen bzw. zu entwaffnen. Sowjetrussischen Einheiten, die im Nachdrängen auf österreichisches Gebiet

Verletzter Aufständischer in Ungarn 1956

gelangen, ist ebenfalls klarzumachen, dass sie sich auf österreichischem Boden befinden. Auch gegen sie ist, wenn sie sich nicht zurückziehen und den Kampf fortsetzen, das Feuer zu eröffnen. Die Eindringlinge sind zurückzuwerfen bzw. zu entwaffnen.«[128]

Das waren sehr mutige Formulierungen, deren Textierung aber wohl deutlich machte, dass die Minister gezögert hatten, Ungarn und Sowjets in einen Topf zu werfen. Konnte man denn wirklich einem der Staatsvertragssignatare und gerade den Sowjets ein Jahr »danach« deutlich machen, dass man notfalls auf sie schießen würde?

Nachdem zwei weitere Tage verstrichen waren, die dazu dienten, die Entwicklung in Ungarn gründlich zu analysieren und die Maßnahmen Österreichs darauf abzustimmen, erfolgte am Sonntag, dem 28. Oktober im Verlauf eines Sonderministerrats der Paukenschlag: Der Ministerrat erklärte das Burgenland zur Sperrzone. An die Regierung der Sowjetunion aber wurde eine Note gerichtet, in der die Betroffenheit der österreichischen Bundesregierung über die Vorgänge in Ungarn zum Ausdruck gebracht wurde. Es hieß unter anderem: »Die österreichische

Bundesregierung verfolgt mit schmerzlicher Anteilnahme das nun fünf Tage andauernde blutige und verlustreiche Geschehen im benachbarten Ungarn. Sie ersucht die Regierung der UdSSR mitzuwirken, dass die militärischen Kampfhandlungen abgebrochen werden und das Blutvergießen aufhöre.«[129]

»

Ich beurteile die Lage mit tiefer Besorgnis und halte sie noch lange nicht für so normalisiert, dass mit einem Hineinziehen Österreichs in militärische Auseinandersetzungen nicht mehr zu rechnen wäre.
Im Nachbarland Ungarn sind die Kämpfe zwischen den Aufständischen und den russischen Interventionstruppen immer noch im Gange; die ČSSR hat in den letzten Tagen ihre Streitkräfte durch Teilmobilisierung verstärkt. Der österreichische Luftraum wird laufend von Flugzeugen unbekannter Nationalität überflogen – eine Kontrolle ist mangels einer modernen Luftraumüberwachung nicht möglich. Die meisten unserer Nachbarn verfügen über starke und modern ausgerüstete mobile Armeen und über ein Mehrfaches an ausgebildeten Reserven. Die Tatsache, dass sogar die 3 amerikanischen Wehrmachtteile den Auftrag zur Überprüfung ihrer Verteidigungsbereitschaft erhalten haben, muss uns umsomehr bestimmen, unsere eigene Verteidigungsbereitschaft zu überprüfen […]

Es hatte zwar innerhalb der Großen Koalition Widerstand gegen diese doch unmissverständlichen Formulierungen gegeben und wurde von einer Provokation der Sowjets gesprochen. Aber Julius Raab, Adolf Schärf, Leopold Figl, Oskar Helmer und Ferdinand Graf setzten sich durch. Das Außenministerium in Wien war sich jedoch bewusst, dass man sich auf dünnem Eis bewegte und versuchte insofern vorzubauen, als die österreichischen Botschafter in London, Paris und Washington angewiesen wurden, die Regierungen ihrer Gastländer auf alle möglichen Eventualitäten vorzubereiten. »Sollte der Aufstand in Ungarn, wie sich dies jetzt abzeichnet, durch massiven sowjetischen militärischen Einsatz beendet werden, ist anzunehmen, dass große Verbände ungarischer Freiheitstruppen sich nach Österreich durchschlagen werden. So weit dies möglich ist, sind auf österreichischer Seite alle Vorkehrungen getroffen, um Gruppen, die ihre Waffen niederlegen, sofort hier aufzunehmen und ihnen Asylrecht zu gewähren«. Allerdings könnte sich daraus »eine ernstliche politische und militärische Gefährdung ergeben«.[130]

Es war ein erstes vorsichtiges Hilfeersuchen. Man sah sich ganz offensichtlich auf sich selbst gestellt, ließ es an Mut und eindeutigen Gesten aber nicht fehlen. Die Heereseinheiten waren damit beschäftigt, die Grenze zu markieren. Auch die Heeresfahrzeuge wurden mit rot-weiß-roten Fahnen drapiert. Zudem wurde die Grenze pausenlos abgefahren. Es sollte Präsenz gezeigt werden. Doch alle Verantwortlichen hatten Sorge, ob die getroffenen Maßnahmen ausreichen würden.

Und während sich Österreich solcherart vorbereitete und auch den Beginn einer beispiellosen karitativen Bewegung erlebte, spitzte sich die Lage plötzlich in alarmierender Weise zu. Durch die unverhüllte Zurschaustellung moralischer Werte und neutralen Verhaltens, durch den Appell an die Sowjetunion, dem Blutvergießen in Ungarn ein Ende zu machen, durch die den Russen sogar notifizierte Ausweitung des Schießbefehls auf Rotarmisten sowie durch die mitunter aggressive Schreibweise der Printmedien fühlten sich die Sowjets offenbar so direkt angesprochen und regelrecht herausgefordert, dass sie wohl reagieren mussten. Am 30. Oktober begann in den östlichen Medien eine massive antiösterreichische Kampagne, die es sich zum Ziel setzte, die moralische Position des Landes zu erschüttern. In Österreich zusammengestellte Hilfslieferungen von Lebensmitteln und Medikamenten seien, so hieß es, dazu verwendet worden, um Waffen und Munition nach Ungarn zu schmuggeln. Tausende von militanten Horthy-Anhängern, ehemalige Gefolgsleute des ungarischen Faschistenführers Ferenc Szálasy wären über Österreich nach Ungarn gebracht worden, um die Gegenrevolution zu schüren. In Salzburg, Linz und Graz gäbe es illegale Ausbildungszentren der Amerikaner, in denen diese Leute für ihren Einsatz in Ungarn vorbereitet würden, und schließlich hieß es – von den KP-Organen, vor allem der *Österreichischen Volksstimme* geradeheraus gesagt –, dass ohnedies schon

Es muss klipp und klar ausgesprochen werden, dass mit Alarmeinheiten zur Not eine Grenzüberwachung eingerichtet, nicht aber einem überlegenen Gegner mit Aussicht auf Erfolg entgegengetreten werden kann. Selbst nach erfolgter Ausbildung der Jungmänner bedeutet deren Heranziehung keine ausschlaggebende Verbesserung unserer Kräftelage. Österreich verfügt über keine ausgebildeten Reserven, ja nicht einmal über die gesetzliche Handhabe, Kriegsgediente als Aufgebot einzuziehen. Da die eigenen Kräfte völlig unzureichend sind, ist mit ihnen derzeit eine Landesverteidigung, auch gegen schwache Kräfte, noch nicht durchführbar. Besonders ernst muss es stimmen, dass für den Schutz der Zivilbevölkerung (Luftschutz, Evakuierung, Versorgung usw.) bisher nichts unternommen wurde […]

Fussenegger[139]

«

Generaltruppeninspektor Oberst Erwin Fussenegger zur militärpolitischen Lage Österreichs, 1956

US-amerikanische Truppen in Österreich und unmittelbar an der ungarischen Grenze stünden.[131]

Die absurden Anschuldigungen taten ihre Wirkung: In Österreich wurde man vorsichtiger, und man musste sich fragen, ob nicht doch jene Gegner der österreichischen Note vom 28. Oktober Recht gehabt hatten, die davor warnten, die Sowjetunion vor den Augen der Weltöffentlichkeit in die Schranken zu weisen.

Neutral wie Österreich

Am 5. November überstürzten sich die Ereignisse, und man wurde erst so richtig auf die Parallelität der internationalen Vorgänge aufmerksam. Britische, französische und israelische Truppen hatten Ägypten am Suezkanal und im Sinai angegriffen. Die Sowjets reagierten mit der Androhung eines Atomwaffeneinsatzes. Und in Ungarn hatten rund 150.000 Mann sowjetischer Truppen damit begonnen, den Volksaufstand niederzuschlagen. In dieser schon hoffnungslosen Situation ließ der seit dem 28. Oktober amtierende ungarische Ministerpräsident Imre Nagy den diplomatischen Vertretungen Ungarns im Ausland eine Note zugehen, in der Ungarn seine Neutralität nach österreichischem Vorbild und den Austritt aus dem Warschauer Pakt erklärte. »Das Land ist aufgewühlt«, schrieb an diesem Tag ein britischer Journalist. »Neutralität ist das Wort des Tages. Es erscheint in den Noten der Ungarn an die sowjetische Regierung, in der Botschaft an Dag Hammerskjöld, den Generalsekretär der UN [...] Das Vorbild ist Österreich, nicht etwa Jugoslawien ... und auch nicht die Schweiz mit ihrem jahrhundertelangen Frieden. Vom Krieg verwüstet, von der Revolution zerrissen, von Besatzungstruppen vergewaltigt, sehnt sich Ungarn danach, das zu erreichen, was Österreich erreicht hat: Zunächst Zurückziehung der fremden Truppen, dann Neutralität. Obwohl diese Konzeption abstrakt ist und dem durchschnittlichen Arbeiter und Bauern befremdend erscheinen mag, beeinflusst sie doch die Vorstellung der ganzen Nation: Wenn es Österreich kann, warum nicht wir?«[132]

Die ungarische Neutralitätserklärung war ein verzweifelter Versuch gegenzusteuern und den Westen zum Eingreifen zu bringen. Doch keiner reagierte. An diesem Tag meldete der sowjetische Verteidigungsminister Marschall Georgi Schukow dem Zentralkomitee der KPdSU in Moskau, dass alle Wege zur österreichischen Grenze gesperrt seien, um den Aufständischen die Flucht unmöglich zu machen und die Infiltration nach Ungarn zu erschweren.[133]

Jetzt wurde es – nicht zuletzt für Österreich – chaotisch, und man verlor schließlich angesichts der massiven Desinformation über einen sowjetischen Angriff den Überblick. Es kursierten die wildesten Gerüchte, die unmöglich auf ihren Wahrheitsgehalt zu prüfen waren. Doch es schien nicht zuletzt für die Bundesheerführung ausgemachte Sache zu sein, dass die Sowjets nicht an der österreichischen Grenze stehen bleiben würden. Der Befehl zur Rücknahme der eingesetzten Bundesheerkräfte am Abend des 5. November war die Folge. Offiziell handelte es sich um eine Nachtübung. Als der Morgen des 6. November heraufdämmerte, erreichte die Anspannung ihren Höhepunkt. Nichts geschah! Doch im Wiener Außenministerium, wo es offenbar einige verwirrte Anfragen aus der Bevölkerung gegeben hatte, formulierte man dann ein Ersuchen an das Bundesministerium für Landesverteidigung, künftig von ähnlichen Nachtübungen Abstand nehmen zu wollen.[134] Und der damalige Staatssekretär im Außenministerium, Bruno Kreisky, schrieb noch mehr als zwanzig Jahre später: »Österreichs Dechiffreure [...] haben damals einen Funkspruch aufgefangen, in dem tschechische und ostdeutsche Parteiführer dringendst die Wiederbesetzung Österreichs forderten.«[135]

Nachdem sich die Befürchtungen als unzutreffend erwiesen hatten und wieder eine nüchterne Betrachtungsweise Platz greifen konnte, musste man sich natürlich fragen, wieso überhaupt Gerüchte über ein mögliches Vordringen sowjetischer Truppen hatten laut werden können; was denn die Weltmacht Sowjetunion dazu bewegen hätte sollen, ein Land, über dessen Neutralisierung man in Moskau erklärtermaßen sehr froh gewesen war, 1956 wieder zu besetzen. Doch in der Situation, in der sich

Österreich und sein Heer 1956 befanden, musste man offenbar mit allem rechnen.

Die große Flucht

Ab Mitte November beschäftigte Österreich dann nicht so sehr der Krieg der Worte, es hatte vielmehr mit Flüchtlingsfragen und Hilfslieferungen für Ungarn zu tun. Zuerst kamen Hunderte, dann Tausende über die Grenze. Die Hoffnung der ersten Tage verleitete ungarische Grenzbewohner dazu, den »Schwager« im Westen zu besuchen.[136] Ein dauerhaftes Verlassen der Heimat war noch kein Thema. Das ging bis zum 28. Oktober so. Parallel dazu gab es allerdings auch schon die ersten Flüchtlinge, nämlich Menschen und vor allem Angehörige der in Ungarn weithin verhassten Geheimpolizei (ÁVO-ÁVH), die in Österreich Zuflucht suchten. 120 waren es insgesamt. Sie erhielten umgehend Flüchtlingsstatus und wurden in Wien und Linz untergebracht. Dann kamen Familienangehörige von Freiheitskämpfern, die in Sicherheit sein sollten, falls die Kämpfe weitergingen. Auch das dauerte nur einige Tage an. Bis Anfang November waren aber schon 86.000 Menschen nach Österreich gekommen, darunter sicherlich viele (später nannte man sie Wirtschaftsflüchtlinge), die die Gelegenheit nützen wollten, um sich im Westen eine neue Existenz aufzubauen. Nach dem 4. November schwoll der Flüchtlingsstrom stetig an. Trotz der Abriegelung der Grenze war es bis Jänner 1957 nicht sehr schwierig, nach Österreich zu gelangen. Weder die Sowjets noch das neue ungarische Regime unter János Kádár schienen jene aufhalten zu wollen, die sich mit einigen Habseligkeiten aufmachten, um nach dem Westen zu fliehen. Man musste sogar den Eindruck gewinnen, dass man sie ganz bewusst ziehen ließ, denn sie waren offensichtlich Menschen, die dem kommunistischen Regime nichts abgewinnen konnten, Nonkonformisten, deren Flucht man als eine Art Bauernopfer betrachtete.

Allein am 4. November passierten rund 6.000 Ungarn die Grenze, darunter 1.000 Soldaten. Wer bewaffnet über die Grenze

Ungarnhilfe durch das Rote Kreuz in Österreich während des Volksaufstands in Ungarn, 30. Oktober 1956

kam, wurde interniert. Die Kasernen des Bundesheers, die zur Unterbringung der Mitte Oktober eingerückten eigenen Soldaten gedacht waren, dienten nun als Flüchtlingslager.

Weitere Ungarn drängten nach. Der Höhepunkt der Fluchtbewegung wurde am 23. November erreicht, als binnen 24 Stunden 8.537 Ungarn österreichischen Boden erreichten.[137] Die Gesamtzahl der Flüchtlinge stieg auf über 143.000. Die meisten kamen zu Fuß. Jeder dritte überquerte in der Nähe von Andau den Einser-Kanal und gelangte so ins Burgenland. Insgesamt zählte man dann rund 200.000 Ungarn, die zumindest zeitweilig in Österreich Schutz suchten und untergebracht wurden. Nicht alle hatten ihrer Heimat definitiv den Rücken gekehrt – jene, die Angst vor den Aufständischen gehabt hatten, kehrten zurück.

Für jene aber, die sich erst spät zur Flucht entschlossen, wurde es immer teurer, denn nun ließen sich Fluchthelfer dafür bezahlen, dass sie Einzelpersonen oder ganzen Familien den Weg wiesen. Wurden Schlepper aufgegriffen, wurden sie – im Gegensatz zu den Flüchtlingen – wegen unerlaubten Grenzübertritts bestraft. Am 15. Jänner 1957 begann man in Ungarn mit der Wiedererrichtung der technischen Grenzsperren.

Für den Großteil jener, die Ungarn den Rücken gekehrt hatten und Asyl beantragten, waren wohl in erster Linie wirtschaftliche Gründe maßgeblich. Ursprünglich dürften denn auch die Wenigsten gemeint haben, dass sie Österreich mit dem Westen gleichsetzen sollten, denn ihre Ziele lagen meist jenseits des Atlantik oder in Australien. Das hatte man wohl auch in Österreich geglaubt und sah sich als Durchgangsland. Das erste große Flüchtlingslager wurde in der ehemaligen Kadettenschule in Traiskirchen eingerichtet, in einem Gebäudekomplex, der von den Sowjets genutzt worden war und sich 1956 noch in einem völlig desolaten Zustand befand. Auch Traiskirchen wurde nur als Provisorium gesehen. Die Flüchtlingsmassen zwangen zu anderen Maßnahmen. Das Innenministerium legte anhand der Einwohnerzahl der neun Bundesländer einen Verteilerschlüssel fest, der zwar laufend angepasst, aber von einigen Bundesländern als Überforderung gesehen wurde. Kärnten, Wien, die Steiermark und vor allem Oberösterreich erfüllten ihre Quoten nicht, während sie andere Länder übererfüllten.[138] Nach und nach entstanden 257 Lager, für die Bund und Länder zuständig waren, Hilfsorganisationen betrieben weitere 171 Lager. Bis April 1957 waren alle Flüchtlinge untergebracht und versorgt. Dass das kein Dauerzustand sein konnte, war allen klar.

Unmut kam auf, vor allem auch, da sich die meisten europäischen Länder und die USA nicht bereit zeigten, größere Flüchtlingskontingente aufzunehmen. Man pickte sich nur einzelne

Informationsbesuch von US-Vizepräsident Richard Nixon in Österreich nach der Niederschlagung des Volksaufstands in Ungarn, 19. Dezember 1956

heraus. Als sich die USA nach einem Besuch des amerikanischen Vizepräsidenten Richard Nixon in Österreich bereit erklärten, ihre Einwanderungsquote für Ungarn zu erhöhen, entspannte sich die Lage etwas. Doch es blieb dabei, dass Österreich 1956 und 1957 definitiv mehr ungarischen Flüchtlingen eine neue Heimat bot als irgendein anderes Land der Erde. Damit war ein Mythos geboren.

Am 23. November kam es zu einer flagranten Grenzverletzung durch sowjetische Soldaten. Sie verfolgten bei Rechnitz ungarische Flüchtlinge und gerieten weit nach Österreich. Dabei wurde ein russischer Soldat erschossen. Prompt bezichtigten Ostblockmedien Österreich des Bruchs der Neutralität. Ungeachtet dessen und eigentlich überraschend schickte die neue ungarische Staatsführung des János Kádár an ebendiesem 23. November der österreichischen Regierung einen offiziellen Dank »für die hohe karitative Tätigkeit, mit der sie durch die Verteilung der Hilfssendungen des Österreichischen Roten Kreuzes in den schwersten Tagen den verwundeten Ungarn und den bedürftigen Kindern zu Hilfe eilte«. Anderes blieb unerwähnt. An der Grenze aber wurde wieder der Eiserne Vorhang heruntergelassen.

Resümee

Es wird wohl im Zusammenhang mit dem Volksaufstand in Ungarn gewesen sein, dass man sich in Österreich der Neutralität bewusst geworden ist. Und wenn dann später und bis heute die Neutralität als identitätsstiftend gewertet wurde, dann ist die Erfahrung aus dem Spätherbst 1956 als ganz entscheidender Schritt in diese Richtung zu sehen. Da ging es eben nicht nur darum, eine unerwartete Situation zu meistern und einen Sicherungseinsatz unter zeitweilig dramatischen Bedingungen in Szene zu setzen. Da ging es sehr wohl um die Existenz des Landes und dessen Selbstverständnis.

Die nationale Überlieferung bemächtigte sich daher nicht von ungefähr dieser Vorgänge, um die österreichische Reaktion auf die ungarische Revolution zu nutzen. Die Tage und Wochen im Spätherbst 1956 haben in den meisten Politikermemoiren und Zeitzeugengesprächen einen festen Platz. Natürlich nahm und nimmt die Betroffenheit mit der zeitlichen Entfernung ab, ein Vorgang, der jedoch ebenso im Zusammenhang mit dem Staatsvertrag und allen nachfolgenden Ereignissen bis 2018 zu beobachten ist. In Westösterreich war man weniger aufgewühlt als im Osten. Doch jenseits des Mythos vom Österreicher, der geschützt und geholfen hat, ist damals, im Spätherbst 1956, etwas bewusst geworden, das vorher so nicht da gewesen war: dass man sich selbst genügen musste, aber durchaus ein wenig stolz sein konnte – auf sich und die Menschen des eigenen Landes.

Weiterführende Literatur

Erwin A. Schmidl (Hg.), Die Ungarnkrise 1956 und Österreich, Wien–Köln–Weimar 2003.

Reiner Eger, Krisen an Österreichs Grenzen. Das Verhalten Österreichs während des Ungarnaufstandes 1956 und der tschechoslowakischen Krise 1968. Ein Vergleich, Wien–München 1981.

Michael Gehler, Vom Tauwetter zum Ungarn-Aufstand 1953–1956, in: Ungarn 1956. Aufstand, Revolution und Freiheitskampf in einem geteilten Europa. Erzählt in Bildern von Erich Lessing und Texten von Michael Gehler, Innsbruck 2015, 7–25.

Ibolya Murber/Zoltán Fónagy (Hg.), Die Ungarische Revolution und Österreich, Wien 2006.

Manfried Rauchensteiner, Spätherbst 1956. Die Neutralität auf dem Prüfstand, Wien 1981.

Helmut Wohnout

Die Ära Klaus 1964–1970

Die 1960er Jahre waren international geprägt durch ein Ereignis gleich zu Beginn des Jahrzehnts: Im November 1960 wählten die Amerikaner den 43-jährigen John F. Kennedy zum Präsidenten der USA. Er verkörperte einen völlig neuen Politikertypus. Seine jugendliche und optimistische Ausstrahlung machte ihn zu einem Hoffnungsträger für eine bessere Zukunft. Seine Wahl stand am Beginn eines Jahrzehnts, das von einer noch ungebrochenen Fortschritts- und Technologiegläubigkeit geprägt war.

Am 3. Juni 1961 trafen einander Kennedy und Nikita Chruschtschow in Wien. Der Gipfel blieb zwar ergebnislos und nur zwei Monate später erreichte der Kalte Krieg mit dem Bau der Berliner Mauer einen neuen Höhepunkt, doch die Österreicherinnen und Österreicher erlebten das außergewöhnliche Charisma des US-Präsidenten ganz unmittelbar in ihrem Land. Kennedy wurde zum Maßstab einer neuen Politikergeneration, die auch in Österreich nach vorne drängte. Die sprichwörtlich gewordene ›Politik mit dem Weinglas‹ der Nachkriegs- und Besatzungszeit wurde nun, in einer Phase der Prosperität und des zunehmenden Wohlstandes, durch die neue Politik der Sachlichkeit abgelöst. Julius Raab, als Staatsvertragskanzler der prominenteste Protagonist der Wiederaufbaugeneration, trat 1960 als Parteiobmann der Österreichischen Volkspartei (ÖVP) und ein Jahr später als Bundeskanzler zurück. Sein Nachfolger Alfons Gorbach war noch ein Mann des Übergangs. Doch dahinter wartete schon eine neue, junge Generation. Sie war geprägt von der Einsicht für die im Gang befindlichen gesellschaftlichen Veränderungen und in die Notwendigkeit einer sachkundigen Vorbereitung politischer Entscheidungen auf breiter Basis.

Die Ausgangslage

In der ersten Hälfte der 1960er Jahre verstand es die ÖVP besser zu reüssieren als die SPÖ. Von der österreichischen Bevölkerung wurde sie als jene Partei wahrgenommen, die für die Modernisierung der Gesellschaft stand. Bei der vorgezogenen Nationalratswahl 1962 gewann die Volkspartei erstmals mehr als zwei Millionen Stimmen und hatte wieder einen deutlichen Vorsprung vor dem Koalitionspartner SPÖ. Unter dem neuen Generalsekretär Hermann Withalm verfügte die ÖVP über eine schlagkräftige Parteizentrale, gab sich im Wahlkampf ein neues, modernes Erscheinungsbild und verstand es, die richtigen Entscheidungsfragen zu stellen. Doch spätestens die Koalitionsverhandlungen, die sich über Monate dahinschleppten, machten deutlich, dass sich die rot-schwarze Zusammenarbeit de facto totgelaufen hatte. Die Regierungsbildung 1962/63 wurde zum »Verdun der Großen Koalition«,[140] der Proporz zwischen beiden Großparteien erreichte seinen Höhepunkt. In der ÖVP regte sich offener Protest: Finanzminister Josef Klaus erklärte, unter diesen Umständen der Regierung nicht mehr angehören zu wollen, Hermann Withalm weigerte sich, den Koalitionspakt zu unterschreiben. Bis dahin hatte die Koalition aus ÖVP und SPÖ als die Regel gegolten, die man glaubte einhalten zu müssen, um nicht die politischen Gespenster der Ersten Republik wieder zum Leben zu erwecken. Nun aber begann man in beiden Parteien, sich Gedanken über Alternativen zu machen. Waren es in der ÖVP die Reformer rund um Hermann Withalm und Josef Klaus, die den sogenannten koalitionsfreien Raum forderten, um die Blockade längst fälliger Regierungsentscheidungen zu überwinden, begannen in der SPÖ Bruno Kreisky und Franz Olah, zarte Bande zur FPÖ zu knüpfen.

Politik im Zeichen des Rechtsstaats

Im Herbst 1963 übernahmen auf dem Klagenfurter Parteitag die Reformer die Macht in der ÖVP. Josef Klaus wurde nach einer Kampfabstimmung gegen Heinrich Drimmel Parteiobmann. Alfons Gorbach trat im Februar 1964 als Bundeskanzler zurück, sodass ihm Josef Klaus auch in dieser Funktion folgen konnte. Mit ihm trat nun auch in Österreich ein neuer Politikertypus an die Spitze der Regierung. Denn der neue Bundeskanzler vermittelte wie kein anderer Politiker im Land das Gefühl, die Erstarrung der Politik, für die die Große Koalition zum Synonym geworden war, aufbrechen zu können.

»

Wir zogen damals eine Art Bilanz des Rechtsstaates der fünfziger bis Anfang der sechziger Jahre und stellten fest, dass man um des politischen Friedens und des Kompromisses willen manchmal die Grundsätze des Rechtsstaates, insbesondere der Verfassung, beiseite geschoben bzw. einfach durch Übersehen dessen, was der Rechtsstaat verlangte, ersetzt hatte. Mir erschien dabei der Satz des Schweizer Staatsrechtslehrers Max Imboden, nämlich »die Verbindung von Demokratie und Rechtsstaat, von Vorherrschaft der Mehrheit und Autorität des Rechts« als die eigentliche Aufgabe der Gegenwart, und ich stellte diesen Satz wie ein Leitmotiv an die Spitze meiner Notizhefte. Die Lösung dieser scheinbaren Gegensätze, nämlich Demokratie einerseits und Rechtsstaat andererseits, also sowohl die Autorität des Rechts als auch die Vorherrschaft der Mehrheit zu respektieren, enthielt die ganze Problematik unserer Regierungspolitik. Das bewegte mich persönlich sehr und war entscheidend für die ganze Behandlung des Verfassungsstaates, der echten Demokratie, wo eine Mehrheit ebenfalls sowohl den positiven Grundrechten als auch dem Naturrecht unterworfen war.[153]

«

Der ehemalige Bundeskanzler (1964–1970) Josef Klaus zu Demokratie und Rechtsstaat, 1999

Vom Rücktritt Alfons Gorbachs bis zur Angelobung von Josef Klaus am 2. April 1964 zum fünften Kanzler der Zweiten Republik dauerte es mehr als einen Monat. Der Amtsantritt des neuen Kabinetts unter Klaus und Bruno Pittermann erfolgte alles andere als reibungslos. Das lag in erster Linie an der nach wie vor ungelösten Causa Habsburg, die das politische Geschehen monatelang überschattet hatte. Schließlich blieb Klaus nichts anderes übrig, als einen Passus in seine Regierungserklärung hineinzunehmen, der dem von SPÖ und FPÖ geforderten Einreiseverbot für Otto Habsburg de facto Rechnung trug. Erst nach Bildung der Alleinregierung 1966 war dem Sohn des letzten Kaisers die Wiedereinreise nach Österreich möglich, obwohl dessen Verzichtserklärung vom

Verwaltungsgerichtshof schon 1963 als ausreichend angesehen worden war.

Josef Klaus vor dem Europarat in Straßburg am 26. Jänner 1965

Die Einreiseerlaubnis entsprang nicht einer monarchistischen Überzeugung, sondern vielmehr einem der Grundprinzipien von Josef Klaus, nämlich der Rechtsstaatlichkeit als zentralem Dreh- und Angelpunkt seines politischen Denkens und Handelns. Es ging ihm in seiner Politik um die »Verbindung von Demokratie und Rechtsstaat, von Vorherrschaft der Mehrheit und Autorität des Rechts«.[141] Das war in der politischen Kultur der Zweiten Republik etwas Neues. Auch innerhalb der ÖVP existierte vor Klaus diesbezüglich kein sonderlich stark ausgeprägtes Bewusstsein. In den Worten Wolfgang Mantls wurde der Rechtsstaat »programmatisch und praktisch für die Christliche Demokratie in Österreich erst durch Bundeskanzler Josef Klaus entdeckt«.[142]

Sein rechtsstaatliches Denken war für Klaus auch in einem ganz anderen Politikbereich, nämlich der Medienpolitik, Richtschnur. Die Forderung nach einem öffentlich-rechtlichen Rundfunk, der unabhängig von Einflussnahme durch die Politik agierte, wurde mit dem von den Herausgebern der parteiunabhängigen Zeitungen initiierten Volksbegehren zu einem der großen innenpolitischen Themen. Mit 830.000 Unterschriften wurde dieses erste Volksbegehren in Österreich im Herbst 1964 zu einem großen Erfolg. Während sich die SPÖ gegen die Ziele des Volksbegehrens stellte, ließ Josef Klaus von Anfang an unverhohlen seine Sympathie für die vom Volksbegehren geforderte Unabhängigkeit des ORF erkennen. In der Öffentlichkeit verfestigte sich dadurch das Bild, wonach die ÖVP mit dem neuen Bundeskanzler an der Spitze Reformen gegenüber aufgeschlossen war, während die Sozialisten mehr und mehr als das retardierende Element innerhalb der Koalition erschienen.

Gruppenfoto der Regierung Klaus II, 1966

Die erste Alleinregierung

Je näher die Nationalratswahlen 1966 rückten, desto mehr verstärkte sich die politische Fehleranfälligkeit der Sozialisten und ihres Parteivorsitzenden Pittermann. 1964 wurde Franz Olah aus der SPÖ ausgeschlossen und gründete daraufhin eine eigene Partei. Die sogenannte Fußach-Affäre rund um die hochgespielte Namensgebung eines Bodenseeschiffes und vor allem die Nichtzurückweisung einer Wahlempfehlung der Kommunistischen Partei Österreichs (KPÖ) kostete die SPÖ weitere Sympathien.

Als die im Herbst 1966 fälligen Wahlen als Folge der Nichteinigung der Großen Koalition auf ein gemeinsames Budget auf das Frühjahr 1966 vorverlegt wurden, rechnete man allgemein mit einem Wahlsieg der ÖVP. Das Ausmaß in Form einer absoluten Mandatsmehrheit kam dann allerdings doch überraschend. Es traf auch die ÖVP und ihren Kanzler unvorbereitet. Josef Klaus steuerte nicht direkt auf eine Alleinregierung zu, sondern begann neuerlich, Koalitionsverhandlungen mit der SPÖ zu führen. Ihm und Hermann Withalm schwebte eine Große Koalition neuen

Typs vor: Sie sollte in Form einer lockereren Zusammenarbeit stattfinden, das freie Spiel der Kräfte im Parlament mit wechselnden Mehrheiten ermöglichen und die bisherige wechselseitige Blockadepolitik beenden. Angesichts der vorliegenden Mehrheitsverhältnisse hätte dies der ÖVP erlaubt, im Falle einer Nichteinigung innerhalb der Regierung mit der FPÖ im Parlament eine Mehrheit zu suchen; eine Option, die die SPÖ schon arithmetisch nicht hatte. Sie lehnte einen Regierungseintritt unter diesen Bedingungen ab. Erst jetzt bildete Klaus seine Alleinregierung. Von hoher politischer Symbolkraft war die Besetzung des Sozialministeriums mit Grete Rehor. Mit ihr übernahm erstmals in der Geschichte Österreichs eine Frau ein Ministeramt. Ansonsten bewies der Kanzler bei der etwas überhasteten Zusammenstellung seiner Regierungsmannschaft nicht bei allen Ressorts Geschick.

In der Öffentlichkeit bestanden anfangs gewisse Vorbehalte gegenüber der Alleinregierung einer Partei. Mancherorts glaubte man zu wissen, dass die politischen Gräben der Zwischenkriegszeit wieder aufgerissen würden, und die sozialistische Opposition begann das Jahr 1934 als Chiffre für ein von bürgerlicher Seite herbeigeführtes nahendes Ende der Demokratie zu strapazieren. Josef Klaus begegnete dem souverän. Dem Parlament räumte er seitens der Regierung einen besonderen Stellenwert ein, stellte sich der Kritik der Opposition und trachtete, diese in einige seiner Projekte einzubinden – naturgemäß am weitgehendsten dort, wo er, verfassungsrechtlich bedingt, auf eine parlamentarische Zweidrittelmehrheit angewiesen war. Der Publizist Paul Lendvai, neun Jahre zuvor aus Ungarn, einer tatsächlichen Diktatur, nach Österreich geflohen, erlebte diese Anfangsphase der Alleinregierung mit den sinistren Vorhersagen, die sich dann rasch in Luft auflösten, als »Reifeprozess der österreichischen Demokratie«, der ihm »ein unvergessliches Erlebnis« blieb.[143]

Von Anfang an war die Alleinregierung von einem starken Reformimpetus getragen. »Res publica semper reformanda« – diesen aus der Kirchengeschichte abgewandelten Satz beanspruchte Klaus als Motto für seine Regierung.[144] Daneben stand der Grundsatz einer ›Politik der Sachlichkeit‹ als Prämisse über seiner Tätigkeit als Bundeskanzler. Dabei ging es ihm auch um einen Dialog zwischen Politik und Wissenschaft, mehr noch, räumte er der Wissenschaft als Instrument der Politikberatung eine zentrale Rolle ein. Noch vor der Nationalratswahl 1966 hatte er auf der Ebene seiner Partei die »Aktion 20« als ein Forum des institutionalisierten Austauschs zwischen Politik und Wissenschaft ins Leben gerufen. Nun sollte auf Regierungsebene eine Form der politischen Entscheidungsfindung, die von Expertenwissen und der Einbindung wissenschaftlicher Erkenntnisse gekennzeichnet war, an die Stelle großkoalitionärer Erstarrung treten. Allerdings stieß Klaus damit von Anfang an auf innerparteiliche Widerstände. Die starre Bündestruktur der ÖVP zeigte ihm bald die Grenzen für seine ambitionierten Vorhaben auf.

Wichtige Reformprojekte laufen an

Zu den ersten großen legistischen Maßnahmen der Regierung zählte das neue Rundfunkgesetz. Es trat bereits mit 1. Jänner 1967 in Kraft. Mitunter wird kritisch eingewandt, es sei unredlich, die Rundfunkreform, die dem unabhängigen Volksbegehren zu verdanken sei, der Regierung Klaus gutzuschreiben. Dazu ist zu sagen, dass Klaus sofort, als er dank seiner absoluten Mehrheit die Möglichkeit dazu hatte, die Hauptforderung des Volksbegehrens aufzugreifen, dies tat und die gesetzlichen Grundlagen zur Errichtung eines unabhängigen Rundfunks nach dem Vorbild der britischen BBC schuf. Mit Gerd Bacher installierte er einen Generalintendanten, der die neu gewonnene journalistische Freiheit in vollem Umfang nutzte. Josef Klaus achtete in der politischen Alltagspraxis der folgenden Jahre diese für ihn als Regierungschef oft nicht gerade förderliche Unabhängigkeit des Österreichischen Rundfunks (ORF) und enthielt sich politischer Interventionen.

Das Fernsehen gewann als politisches Medium während der Regierungszeit von Josef Klaus eine immer größere Bedeutung. Im Jahr 1966 standen in den österreichischen Haushalten bereits 600.000 Fernsehgeräte, Tendenz stark steigend. Doch war das im

Entstehen begriffene neue Leitmedium Josef Klaus nicht gerade auf den Leib geschnitten. Er bekannte in seinen Erinnerungen, »lähmende Scheu vor dem Interviewer, vor dem Mikrophon und der Fernsehkamera« gehabt zu haben.[145] Dem gegenüber hatte die SPÖ ab Anfang 1967 mit Bruno Kreisky einen Oppositionsführer, der es virtuos verstand, mit den elektronischen Medien umzugehen.

Vieles der ORF-Reform wurde später scheibchenweise wieder rückgängig gemacht. Am nachhaltigsten erwiesen sich die unter Gerd Bacher gesetzten Innovationen im Bereich des Radios. Mit Herbst 1967 gab es drei Programme: Ö1 als anspruchsvollen Kultursender, Ö3 als Unterhaltungssender und Ö Regional. Mit dem »Mittagsjournal« wurde ein völlig neuer Typ von Nachrichtensendung etabliert, der bald Furore machte und in Form von mehreren über den Tag verteilten Journalsendungen bis heute besteht.

Weitere von der Regierung Klaus initiierte Reformvorhaben waren sachpolitisch breit gestreut. Die Neustrukturierung der Wohnbauförderung zählte ebenso dazu wie ein neues Berufsförderungsgesetz, durch das das duale System der Berufsausbildung eine gesetzliche Grundlage erhielt. Unter der Ägide von Sozialministerin Grete Rehor entstand ein Arbeitsmarktförderungsgesetz, das eine aktive Arbeitsmarktpolitik ermöglichte. Im Bereich der Demokratiepolitik ist die Senkung des Wahlalters von 21 auf 19 Jahre zu nennen, im Bereich der Justizpolitik die endgültige Beseitigung der Todesstrafe in Österreich.

Das 1967 beschlossene Forschungsförderungsgesetz mit der Einführung des Fonds zur Förderung der wissenschaftlichen Forschung (FWF) und des Forschungsförderungsfonds der gewerblichen Wirtschaft (FFF) schuf die Voraussetzungen für eine moderne Forschungspolitik. In Linz, Salzburg und Klagenfurt wurden neue Universitäten gegründet beziehungsweise deren Ausbau durch die Einrichtung zusätzlicher Fakultäten vorangetrieben. Der weisungsfreie Rat für Hochschulfragen wurde ins Leben gerufen und mit seiner Hilfe das Allgemeine Hochschulstudiengesetz vorbereitet.

Im Bereich der verstaatlichten Industrie erfolgte 1967 mit der Schaffung der Österreichischen Industrieverwaltungs-GmbH (ÖIG) eine Neuorientierung nach betriebswirtschaftlichen Grundsätzen, die später in Form einer Aktiengesellschaft in die ÖIAG umgewandelt wurde. Bei der Verstaatlichten genauso wie beim neuen ÖBB-Gesetz machte Klaus Abstriche von seinen ursprünglich noch weiter reichenden Zielsetzungen, um mit der Zustimmung der Sozialdemokratie eine Einigung auf breiter Basis zu erzielen.

Ernüchterung macht sich breit

Ungeachtet dieser zahlreichen Maßnahmen und Reformen war nicht zu verkennen, dass der anfängliche Enthusiasmus, mit dem die Alleinregierung ihre Arbeit aufgenommen hatte, schon nach relativ kurzer Zeit einer gewissen Ernüchterung gewichen war. Pannen und Fehlleistungen, wie der sogenannte Bauskandal, überlagerten in der öffentlichen Wahrnehmung die sachpolitischen Erfolge. Politische Partikularinteressen erweckten mitunter den Eindruck, es handle sich weniger um eine homogene Alleinregierung denn um eine »Koalition der Bünde«.[146]

Die ÖVP erhielt dafür bei den ab Herbst 1967 stattgefundenen Landtagswahlen postwendend die Rechnung in Form teils schmerzlicher Stimmenverluste präsentiert. Josef Klaus versuchte Anfang 1968 mit einer großen Regierungsumbildung gegenzusteuern. Hermann Withalm, schon davor als Generalsekretär und Klubobmann neben Klaus der wichtigste Mann in der ÖVP, trat als Vizekanzler ins Kabinett ein. Doch verkehrte sich der von der Regierungsbildung erhoffte positive Effekt ins Gegenteil, als nach einer unbedachten Bemerkung von Josef Klaus über eine mögliche »Hofübergabe« eine veritable Nachfolgediskussion ausbrach. Dazu kam, dass die vom – ebenfalls neuen – Finanzminister Stephan Koren veranlasste Erhöhung der Weinsteuer sowie der Besteuerung von Autos den Nerv der Bevölkerung, insbesondere aber der Klientel der ÖVP, traf. Vor allem die lautstarken Bauernproteste machten der Regierung zu schaffen. Schließlich vermittelte die Regierung im Zusammenhang mit der Niederschlagung des Prager Frühlings durch die Truppen des Warschauer Pakts in der Öffentlichkeit nicht immer einen krisenfesten Eindruck.

Europaweit begann sich in der zweiten Hälfte der 1960er Jahre eine politische Trendwende in Richtung Links abzuzeichnen. Das Jahr 1968 wurde zum Symbol für jene neue Politisierungswelle, die die Jugend erreicht hatte. Weltweit demonstrierte man gegen den Vietnam-Krieg; ein neuer Marxismus, wie ihn Herbert Marcuse und andere propagierten, fand an den Universitäten breite Resonanz. Zwar gingen in Wien aktionistische Demonstrationen und Happenings gewaltfrei über die Bühne, doch der politische und gesellschaftliche Paradigmenwechsel ließ die sachpolitischen Erfolge der Regierung Klaus kaum mehr zur Geltung kommen.

Außenpolitische Wegmarken

Ein wesentlicher Aspekt der Kanzlerschaft von Josef Klaus lag in der Intensivierung der internationalen Beziehungen Österreichs. Drei Bereiche waren es, die die Außenpolitik seiner Regierungsjahre bestimmten: die Europapolitik, konkret die Regelung des Verhältnisses Österreichs zur Europäischen Wirtschaftsgemeinschaft (EWG), der Abschluss des Südtirol-Pakets und die Ostpolitik, der Josef Klaus in besonderer Weise einen persönlichen Akzent verlieh.

Zu einem Zeitpunkt, da der unmittelbar entlang der Grenzen Österreichs verlaufende weltpolitische Riss unüberbrückbar schien und die von Bratislava bis nach Wladiwostok reichende politische Sphäre kommunistischer Prägung im scharfen Gegensatz zur europäischen Integration im Westen des Kontinents stand, wies Josef Klaus darauf hin, dass es auch ein Europa jenseits der politischen Faktizität des Kalten Krieges gab. Seine diesbezüglichen Ausführungen vor dem Europarat in Straßburg im Jänner 1965 hatten historischen Charakter. Klaus appellierte, bei der »europäischen Konstruktion von morgen« nicht zu übersehen, dass der Kontinent keineswegs, wie vielfach – auch in Österreich – wahrgenommen, seinen durch die Trennlinie des Eisernen Vorhangs gezogenen geopolitischen Abschluss finde: »Auch Osteuropa ist Europa. Europa endet nicht an den östlichen Grenzen meines Landes. [...] Das europäische Haus müsste von uns Österreichern als ein unvollendetes, steckengebliebenes Bauwerk empfunden werden, wenn es zwar eine mittlere Fassade und einen westlichen Trakt gäbe, der östliche Flügel aber unausgebaut bliebe.«[147]

Mit einer engagierten Besuchsdiplomatie versuchte Klaus diese Grundsätze mit Leben zu erfüllen. Von Wien aus unterstützte und förderte er die Entwicklung von Netzwerken, die über kulturelle Kontakte Verbindungen zu dissidenten Gruppen und deren Förderung begünstigten. Eine wichtige Rolle bei den Kontakten zu oppositionellen Intellektuellen in den kommunistischen Staaten spielten der mit Klaus befreundete Intellektuelle und Gründer der Österreichischen Gesellschaft für Literatur, Wolfgang Kraus. Auf dessen Initiative war es etwa 1965 zur Gründung des Österreichischen Staatspreises für Europäische Literatur gekommen. Die Intention des Preises lag in der Kontaktbildung zu ost- und ostmitteleuropäischen Schriftstellern. Dementsprechend kamen die Preisträger in den ersten Jahren auch aus den Ländern jenseits des Eisernen Vorhangs. Unter ihnen befand sich etwa Václav Havel, der den Staatspreis 1969 erhielt. Vom europäischen Einigungsprozess als einer historischen Notwendigkeit war Josef Klaus früher als viele andere überzeugt. Schon das von ihm 1960 erarbeitete Aktionsprogramm der ÖVP hatte er mit dem zukunftsweisenden Titel »Österreich für Europa rüsten« versehen. Als Kanzler unterstützte er die integrationspolitischen Bestrebungen, die vor allem von Handelsminister Fritz Bock getragen wurden. Auch wenn der sogenannte Alleingang nach Brüssel scheiterte, war Josef Klaus der erste Regierungschef, der ein europäisches Bewusstsein in den politischen Diskurs Österreichs einbrachte. Er war sich darüber im Klaren, dass es

Josip Broz Tito (l.) und Josef Klaus (r.) mit ihren Gattinnen im Rahmen eines Staatsbesuchs in Jugoslawien am 24. März 1965

sich dabei um ein langfristiges Projekt handelte und die von ihm penibel beachtete völkerrechtliche Neutralität den österreichischen Integrationsbestrebungen in den 1960er Jahren noch realpolitische Grenzen setzte. Zugleich erkannte er weitsichtig, dass es politisch auf Dauer in eine Sackgasse führen musste, die Neutralität zum alleinigen Dreh- und Angelpunkt der österreichischen Außenpolitik zu machen, ohne zugleich die integrationspolitische Dimension im Auge zu behalten.

Einen besonderen Stellenwert in der Außenpolitik von Josef Klaus nahm die Südtirol-Problematik ein. Er wusste, dass ihre Lösung eine Voraussetzung für den weiteren Weg Österreichs in

Richtung der Europäischen Gemeinschaften war. Obzwar sich Klaus immer klar mit der Sache der Südtiroler identifiziert hatte, gelang es ihm, eine Reihe von guten persönlichen Beziehungen zu führenden Persönlichkeiten der italienischen Schwesterpartei Democrazia Cristiana zu knüpfen. Jegliche Gewaltanwendung hatte er von Anfang an unmissverständlich verurteilt und – im Gegensatz zu Kreisky – direkte oder auch nur indirekte Kontakte zu den radikalen Südtirol-Aktivisten, die hinter den Bombenanschlägen der frühen 1960er Jahre standen, kategorisch abgelehnt. Schon aus seinem Rechtsstaatsverständnis heraus wäre ihm dies unmöglich erschienen. Es war, wie Michael Gehler in seinem Standardwerk zur österreichischen Außenpolitik der Zweiten Republik schreibt, »der entschiedene Wille von Klaus, dem Terrorismus – koste es was es wolle – ein Ende zu bereiten«.[148]

Das mit Rom ausverhandelte Südtirol-Paket erhielt schließlich auch die Zustimmung der Südtiroler. Die sozialistische Opposition in Wien stimmte allerdings dagegen, und Klaus konnte die gefundene Lösung innerstaatlich nur mit seiner knappen absoluten Mehrheit durchbringen. Mit dem vereinbarten Paket und dem sogenannten Operationskalender erntete Josef Klaus die Früchte seiner Südtirol-Politik und legte damit den Grundstein für die weitere Entwicklung, die schließlich 1992 mit der Streitbeilegungserklärung zum Abschluss kommen sollte.

Die Wahlen 1970

Die – unter dem sozialistischen Parteivorsitzenden Bruno Kreisky mit seiner »Eisenstädter Erklärung« im Jahr 1969 erfolgte – unmissverständliche Abgrenzung der SPÖ vom Kommunismus führte dazu, dass der ÖVP die Voraussetzungen abhandenkamen, mit deren Hilfe sie die Sozialisten wirkungsvoll als marxistische Partei attackieren konnte. Bis dahin war es möglich gewesen, bei weiten Teilen der Bevölkerung tief sitzende Ressentiments gegenüber »der Linken« im Hinblick auf die kommunistischen Diktaturen jenseits des Eisernen Vorhangs anzusprechen. Der weltgewandte frühere Außenminister und nunmehrige Oppositionsführer Kreisky verstand es, den bereits erwähnten neuen Zeitgeist der 68er-Bewegung politisch für sich zu vereinnahmen. Mit dem Schlagwort von der »Demokratisierung aller Lebensbereiche« und konkreten Forderungen, wie der Reduktion des Grundwehrdienstes auf sechs Monate, traf er den Nerv insbesondere der jüngeren Bevölkerung. Der Volkspartei hingegen haftete mehr und mehr ein Imageproblem an: Der aufgeklärte Konservativismus ihrer Spitzenleute kam nicht mehr an und wirkte im beginnenden Medienzeitalter bestenfalls »redlich, korrekt und ein wenig steif«.[149]

Vor diesem Hintergrund drehten sich bei der Nationalratswahl am 1. März 1970 die Mehrheitsverhältnisse. Die SPÖ erhielt 48,4 Prozent der Stimmen und verfügte über eine relative Mehrheit, die ÖVP dagegen fiel auf 44,7 Prozent zurück. Noch am Wahlabend erklärte Bundeskanzler Josef Klaus seinen bevorstehenden Rückzug.

Beginn des sozialliberalen Konsenses in Österreich

Die Jahre der Regierung Klaus hatten einen neuen Abschnitt der österreichischen Geschichte eingeleitet, jenen der Alleinregierung einer Partei. Mit dem vorläufigen Ende der Großen Koalition 1966 ging die Nachkriegszeit in der österreichischen Politik zu Ende. Josef Klaus war ein konservativer Reformer, »der um den Wandel und die neuen gesellschaftlichen Entwicklungen Bescheid wusste«.[150] Der Proporz der späten Großen Koalition widerstrebte ihm. Er trieb wirtschaftliche und technologische Innovationen voran und wollte den Staat näher zum Bürger bringen. Klaus war überzeugter Europäer, möglicherweise der erste mit einer konkreten, auf mehreren Bezugspunkten aufbauenden europäischen Agenda im Österreich der Zweiten Republik.

Während der Kanzlerschaft von Josef Klaus hielt ein neuer Politikstil Einzug in Österreich, der, wie es Ernst Hanisch treffend formulierte, die eigentliche Zäsur auf dem Weg zur Modernisierung und Professionalisierung der österreichischen Gesellschaft markierte. Es begann die Ära des »sozialliberalen Konsenses« im Zeichen von Wachstum und Modernisierung.[151] Sie setzt für Hanisch ausdrücklich mit dem Beginn der ÖVP-Alleinregierung 1966 ein: »Obwohl Klaus und Kreisky zwei völlig unterschiedliche Politikertypen repräsentierten, bildete, historisch gesehen, die Ära Klaus–Kreisky eine Einheit, vor allem in den ersten zehn Jahren, von Mitte der 60er bis Mitte der 70er Jahre, eine Reformperiode wie selten in der österreichischen Geschichte.«[152]

Weiterführende Literatur

Michael Gehler, Österreichs Außenpolitik der Zweiten Republik. Von der alliierten Besatzung bis zum Europa des 21. Jahrhunderts, Innsbruck–Wien–Bozen 2005.

Ernst Hanisch, Der lange Schatten des Staates. Österreichische Gesellschaftsgeschichte im 20. Jahrhundert, Wien 1994.

Josef Klaus, »Ich ging den anderen Weg«. Zeitzeugengespräch mit Michael Gehler und Helmut Wohnout, in: Demokratie und Geschichte. Jahrbuch des Karl von Vogelsang-Instituts zur Erforschung der Geschichte der christlichen Demokratie in Österreich 3 (1999), 13–62.

Josef Klaus, Macht und Ohnmacht in Österreich. Konfrontationen und Versuche, Wien–München–Zürich 1971.

Robert Kriechbaumer/Franz Schausberger/Hubert Weinberger (Hg.), Die Transformation der österreichischen Gesellschaft und die Alleinregierung von Bundeskanzler Dr. Josef Klaus, Salzburg 1995.

Oliver Rathkolb

Prager Frühling 1968 und das Wiener Mai-Lüfterl

Die kollektive und mediale Auseinandersetzung mit den europäischen und internationalen Schlüsselereignissen des Jahres 1968 wird in Österreich bis heute von der Zerschlagung des Prager Frühlings dominiert. Die intensive mediale und politische Auseinandersetzung mit der Vorgeschichte und den Entwicklungen bis zur militärischen Intervention der Sowjetunion und Teilen des Warschauer Paktes in der Tschechoslowakei wird auch mit den seither folgenden Jahrestagen 1978, 1988 und zuletzt 2008 fortgesetzt und für jüngere Generationen neu erinnert. Diese Intensität hängt auch damit zusammen, dass mit solcherart Fokussierung die Bedeutung der österreichischen Neutralität als – auch geopolitisch – nützliches Modell betont werden kann, was wiederum diese wichtige Identitätsmetapher stärkt. 2008 ist eine interessante Variante in den medialen Inszenierungen dazugekommen, die bislang nur am Rande zu beobachten war: nämlich die starke prowestliche und massiv antikommunistische Parteinahme österreichischer Medien. Dabei wird freilich übersehen, dass das Dubček-Regime letztlich nur einen anderen Kommunismus umsetzen, aber keineswegs eine westliche pluralistische Demokratie mit Mehrparteiensystem etablieren wollte. Vor allem das »Manifest der 2000 Worte« des tschechoslowakischen Schriftstellerverbands ging noch weiter als die Reformpläne der Kommunisten um Dubček. Auch in der österreichischen Diskussion meist ausgeklammert bleibt das Faktum, dass – ähnlich wie 20 Jahre später – Auslöser für den Reformkommunismus die Wirtschaftskrise in der ČSSR war, die unter anderem durch intensivere Wirtschaftsbeziehungen mit der Bundesrepublik Deutschland im Zuge ihrer neuen Ostpolitik gelöst werden sollte.

Vor diesem Hintergrund kam auch der Sendereihe »Stadtgespräche« des österreichischen Fernsehens besondere Bedeutung zu. Seit 24. März 1963 wurde diese von Helmut Zilk[154] und dem Prager Fernsehdirektor Jiří Pelikán als erste Ost-West-Livesendung moderiert und prägte das sehr positive österreichische Bild vom Prager Frühling.

1968 selbst war die damalige ÖVP-Alleinregierung hingegen wesentlich zurückhaltender.[155] Der Einmarsch der Truppen des Warschauer Pakts in der Tschechoslowakei hatte die Regierung im August 1968 überrascht. Sowohl Bundeskanzler Josef Klaus als auch Verteidigungsminister Georg Prader befanden sich auf Urlaub und verblieben vorerst noch zwei Tage in Wolfpassing beziehungsweise am Erlaufsee, waren aber immerhin mittels Fernschreiber mit dem Verteidigungsministerium in Wien verbunden. Weder Klaus noch Prader verfügten ursprünglich vor Ort über einen Telefonanschluss.

Es hätte durchaus frühe Anzeichen der Vorgänge gegeben, wären die Berichte aus Moskau ernst genommen worden. So schilderte der österreichische Botschafter in Moskau, Walter Wodak, rückblickend im September 1968, dass die westliche Presse bereits im März/April über eine Rede des Armeegenerals Alexej Alexejewitsch Jepischew berichtet hatte, in der er eine militärische Lösung des Konflikts mit der ČSSR verlangt hatte.[156] Jepischew pflegte gute Kontakte zu Breschnew und leitete seit 1962 die Politische Hauptverwaltung der sowjetischen Armee und Kriegsmarine, die zugleich die Militärabteilung des Zentralkomitees der Kommunistischen Partei der Sowjetunion (KPdSU) war. Botschafter Wodak selbst hatte zwar Mitte Juli über eine Krise in den tschechoslowakisch-sowjetischen Beziehungen berichtet, aber gemeint, dass in Moskau noch kein fester Entschluss hinsichtlich einer Reaktion gefasst sei.[157] Der österreichische Gesandte in Prag, Rudolf Kirchschläger, meinte sogar noch am 6. August, dass es eine »Atempause« gebe und ging auf Urlaub.

Übrigens befanden sich auch andere wichtige österreichische Entscheidungsträger in den Ferien – Bundespräsident Franz Jonas weilte in Mürzsteg, der Innenminister Franz Soronic in

Treffen zwischen dem ehemaligen Außenminister der ČSSR Jiří Hajek (l.) und SPÖ-Klubobmann Heinz Fischer (r.) im Parlament, 6. Dezember 1988

Kitzbühel und auch der Generaltruppeninspektor, der Chef des Heeresnachrichtendienstes und der zuständige Generalstabsoffizier waren zum Zeitpunkt der Invasion der ČSSR nicht in Wien.

Als am 23. Juli sowjetische Einheiten mit Manövern in der Ukraine begannen, wurden zwar konkrete Pläne im Falle einer Invasion in der Tschechoslowakei unter dem Codenamen »Urgestein« festgelegt, zugleich wurde jedoch auf Weisung von Bundeskanzler Klaus eine von der Grenze 30 Kilometer ins Landesinnere reichende militärfreie Zone zur Grenze eingerichtet, offensichtlich um die Sowjets nicht zu sehr zu irritieren. Aufgrund des verzögerten Bundesheereinsatzes kam es auch zu einem Konflikt mit Bundespräsident Jonas, der hier schneller handeln wollte.

Bereits nach einem hochrangigen Polittreffen ohne tschechoslowakische Teilnahme in Warschau ließ Breschnew die militärischen Vorbereitungen für eine Invasion treffen. Zwar gab es noch zwei Treffen mit Dubček, aber zentrale Forderungen – wie die Ablösung von drei Reformern – wurden nicht erfüllt, sodass am 13. August auch noch ein lautes Telefonat zwischen dem sowjetischen und dem tschechoslowakischen Parteichef folgte.[158]

Tschechoslowakei am 22. August 1968

Emotionsgeladene Berichterstattung des ORF zur Invasion in der ČSSR

Die unsichere Reaktion der Regierung Klaus führte zumindest kurzfristig zu fast panikartigen Aktionen und einer Reihe von psychologischen und militärstrategischen Fehlern. Der ORF berichtete seit zwei Uhr nachts »als erste Hörfunk- und Fernsehgesellschaft der Welt«[159] in Sondersendungen über die Invasion, während die ARD und andere westdeutsche Sender etwa erst ab sechs Uhr früh informierten. Die erste Rundfunkrede von Bundeskanzler Klaus war – verglichen mit dem entschiedenen Protest von Bundeskanzler Julius Raab gegen die Intervention der Sowjetunion in Ungarn 1956 – laut dem damaligen, gerade erst installierten ORF-Generalintendanten Gerd Bacher »leisetreterisch« und kein »Ruhmesblatt«.[160]

Während der Oppositionschef Bruno Kreisky sofort mittels eines Privatflugzeugs von einer jugoslawischen Insel nach Wien geflogen war, blieb die Bundesregierung einige Stunden handlungsunfähig, und auch die Aktion »Urgestein« wurde vorerst nicht ausgelöst, da der Ministerrat noch nicht zusammentreten konnte. Als dieser am Nachmittag des 21. August tagte, war laut Informationen des österreichischen Innenministers die Besetzung bereits abgeschlossen. Außenminister Kurt Waldheim warnte vor einer direkten Grenzsicherung, »denn das würde von Moskau als zu drastisch gesehen werden. Wir müssen immer bedenken, dass optisch gesehen kein falsches Bild entstehen möge.«[161] Kurz nach 19 Uhr wurde den Medien mitgeteilt, dass »derzeit von einer Krise« nicht gesprochen werden könne, es handle sich vielmehr um eine »krisenhafte Situation«. Es sollte vermieden werden, den Grenzschutz einzuberufen und dann unmittelbar an die Grenze zu schicken. Dementsprechend wurde die Garnison Weitra nach Horn zurückverlegt, und Generaltruppeninspektor Erwin Fussenegger trat aus Protest gegen die 30-Kilometer-Zone seinen Dienst nicht an und konsumierte bis 25. August seinen Urlaub![162] Den ursprünglichen Plänen zufolge hätte die Ost- und Nordgrenze durch den Grenzschutz und drei Brigaden gesichert werden sollen.

Plakat der Österreichischen Hochschülerschaft zum Einmarsch der Truppen des Warschauer Paktes in die ČSSR

Inzwischen hatte auch der ORF seine emotionsgeladene Berichterstattung zurückgeschraubt, Intendant Bacher reflektierte dazu: »In den ersten zwei Tagen der ČSSR-Geschehnisse sind wir draufgekommen, dass wir nicht nur berichten, sondern Rede ans Weltgewissen halten. Wir sind beisammengesessen, der Dalma, der Portisch, der Kreuzer, der Bock, die beiden Programmdirektoren. Wir sind da im Ton um einen Schritt zu weit. Nicht im Inhalt, aber im Ton. Bitte schaumgebremster fahren am nächsten Tag«.[163]

Verteidigungsminister Prader war hypernervös und präsentierte dem Landesverteidigungsrat angebliche Invasionspläne der Sowjets in Rumänien und Jugoslawien (Letztere mit der etwaigen Forderung nach einem Durchmarschrecht). Oppositionschef Kreisky war ziemlich enerviert über diese Darstellung, die keine konkreten sowjetischen Absichten, sondern nur militärische Kapazitäten beinhaltete.[164] Er meinte, dass im Falle einer Besetzung Ostösterreichs die Westalliierten ihre Zonen aus der Zeit der alliierten Verwaltung 1945 bis 1955 wieder besetzen würden.

Erst als deutlich wurde, dass der militärische Vormarsch nicht auch österreichisches Staatsgebiet mit einschließen würde, beruhigte sich die Situation allmählich. Zwar nahmen die Luftraumverletzungen (die als Aufklärungsflüge interpretiert wurden) durch sowjetische Flugzeuge nördlich der Donau zu, sie endeten aber ab 1. September – nach Interventionen des österreichischen Botschafters in Moskau. Da trotz des Einmarsches die Grenzen der Tschechoslowakei vorerst nicht gesperrt wurden, konnten Emigranten mit einem Visum – so sie über einen Pass verfügten – nach Österreich ausreisen. Bis zum 17. September 1968 wurden in 93.653 Fällen für tschechoslowakische Staatsbürger, die vorerst in Österreich die Entwicklung der Situation abwarten wollten, Quartier und Verpflegung zur Verfügung gestellt.[165] In diesem Zeitraum stellten nur 1.355 Personen Asylanträge. Auch 1968 fungierte Österreich wie schon 1956 eher als Transitland: 160.000 Tschechen und Slowaken blieben bloß kurze Zeit in Österreich, nur rund 10.000 suchten um Asyl an und nur 600 wurden bis 1970 eingebürgert. Insgesamt gesehen hatte die zögerliche Politik der Bundesregierung bei dem

»

Wir erinnern uns heute hier, an der österreichischen Grenze, an die Ereignisse vor 30 Jahren. Ich vertrete eine tschechische Familie, die diese Grenze vor 30 Jahren passierte, und möchte ihren Dank an unsere österreichischen Nachbarn für ihre uns damals geleistete, großzügige Hilfe und ihr Entgegenkommen zum Ausdruck bringen. Tausende andere Familien erinnern sich genauso dankbar mit uns.

Als unsere Familie im August 1968 nach Wien kam, hatten wir zwei kleine Kinder, kein Geld, dafür Angst vor dem Unbekannten. Wir kamen in der Nacht an, und schon auf der Straße nahmen sich Menschen unser an, Freiwillige, die uns empfingen und halfen, eine Unterkunft zu finden. Erstaunt lasen wir am folgenden Tag eine über einige Häuserfronten im Stadtzentrum hängende riesengroße Aufschrift ›Wir heißen unsere tschechoslowakischen Cousins willkommen!‹ Wir

Grenzeinsatz des Bundesheeres einen schweren Imageschaden für Regierung und Heer mit sich gebracht.

1968 wurde auch in Österreich – teilweise um etwaige Vergleiche mit den Jugend- und Studentenbewegungen in Frankreich und der BRD zu vermeiden – stets die systemerodierende Rolle von jungen TschechInnen und SlowakInnen ignoriert und der Prager Frühling auf eine Revolution »von oben« reduziert. Schon ein Blick in Karel Vacheks Dokumentarfilm »Spřízněni volbou« (Elective Affinities)[166] genügt, um die Bedeutung der Jugend mit ihren Forderungen nach Freiheit, freier Presse und Mehrparteiensystem zu untermauern. Vachek hatte im Stile des »cinema direct« interne Diskussionen, ZK-Sitzungen und Demonstrationen der ersten Jahreshälfte dokumentiert.

Ähnlich wie schon 1956 – nur wenige Monate nach der Verabschiedung des Neutralitätsgesetzes – während der Intervention der Sowjetunion in Ungarn, war diese besondere Rolle der österreichischen Neutralität 1968 in dieser Form nicht vorhersehbar gewesen. Ungeachtet der westintegrativen Entwicklungen, bedeutete 1968 aber das vorläufige Ende des Versuches, an die Europäische Wirtschaftsgemeinschaft, die spätere EU, zumindest als assoziiertes Mitglied anzudocken.

hatten 30 Jahre Zeit, um über unsere Verwandtschaft nachzudenken. Cousins können Kinder von Eltern sein, die sich sehr nahe stehen. Sie können aber auch Eltern haben, die gegeneinander wetteifern, womöglich können sie mal auch streiten. Wie auch immer diese Eltern sind, ihre Kinder sind alle Cousins – Enkel der gemeinsamen Großeltern. Und wer würde seinen Opa und seine Oma nicht lieben?[186]

«

Jaroslav Kyncl zur Enthüllung des Denkmals »Familie« am Grenzübergang in Mikulov, 2016

Kyncl war 1968, eine Woche nach dem sowjetischen Einmarsch, gemeinsam mit seiner Frau und zwei Kindern aus der Tschechoslowakei geflohen. Die Familie verbrachte daraufhin kurze Zeit in Wien, bevor sie nach Heidelberg ging.

So signalisierte Frankreich nach dem Rücktritt de Gaulles 1968 plötzlich, dass der Alleingang Österreichs nicht nur ein Problem im Verhältnis zur Sowjetunion darstelle, sondern auch hinsichtlich des Kräftespiels zwischen Frankreich und der Bundesrepublik Deutschland unerwünschte Auswirkungen bezüglich der Stärkung eines »deutschen Blocks« haben könnte. Zwar war es das Veto Italiens, das aufgrund der Südtiroler Terrorattentate die Verhandlungen über den »Alleingang Österreichs« beendete; letztlich jedoch hätte Italien diese Position ohne Kenntnis der französischen Haltung nicht eingenommen. Auch in Frankreich spielte die sowjetische Formel »Der Anschluss ist der Krieg« aus den Jahren 1938 und 1939 eine wichtige psychologische Rolle.

Post-1968er-Protest als Folge der geopolitischen Lage

Typisch für Österreich ist, dass die »Revolution« 1968, wie es der Historiker Fritz Keller treffend formulierte, im universitär-studentischen Umfeld höchstens eine »heiße Viertelstunde« war. Als nachhaltiger und durchaus auch mit politischen Folgewirkungen stellte sich hingegen – aufgrund der geopolitischen Lage und der militärischen Neutralitätsverpflichtung aus 1955 – die Auseinandersetzung mit der Remilitarisierung Österreichs heraus. Das »Volksbegehren zur Auflösung des österreichischen Bundesheeres« wurde seit 1969 von links-katholischen und links-sozialdemokratischen Aktivisten um den Publizisten Wilfried Daim und den Eigentümer und Chefredakteur der Zeitschrift *Neues Forum* Günther Nenning, der auch als Vorsitzender der Gewerkschaftssektion Journalisten aktiv war, getragen.[167] Es sollte zwar nicht erfolgreich sein, aber doch als öffentliches Unterfutter für den höchst gemäßigten Wahlkampfslogan der SPÖ-Jugend dienen, den Bruno Kreisky schließlich übernahm: »Sechs Monate sind genug«.

Die Auflösung des Bundesheeres war den Österreichern und Österreicherinnen zu radikal, eine Verkürzung der Wehrpflicht sollte aber der SPÖ eine Mehrheit bei den männlichen Erstwählern 1970 und damit einen wichtigen Bestandteil zum Wahlerfolg bringen. Daim, der Ideenbringer des Volksbegehrens, argumentierte damals: »Die strategische Lage Österreichs, seine ökonomische Potenz und die staatsvertraglichen Beschränkungen seiner Rüstung machen eine ernsthafte Verteidigung des Landes unmöglich. Der Rüstungswettlauf der Supermächte ist eine so ernste Gefährdung des Lebens auf unserem Planeten, dass kleine Staaten wenigstens durch dramatische Gesten einen Druck auf die großen Staaten zu ernstlichen Abrüstungsbemühungen ausüben sollten [...]. Auch in Österreich gibt es sehr viele soziale und kulturelle Aufgaben zu lösen, die sinnlose Budgetposten unverantwortlich erscheinen lassen.«[168]

Es sollten heftigste Auseinandersetzungen mit den Militärs über die Wehrdienstzeitverkürzung folgen und eine jahrelange politische Debatte um eine neue demokratische Wehrdoktrin, um die »Umfassende Landesverteidigung« (ULV) – teilweise nach schwedischem Modell (ohne aber die hohen Rüstungsausgaben Schwedens zu übernehmen). 1975 wurde – durchaus noch mitgetragen von dem gesellschaftlichen Post-1968er-Diskurs – der Zivildienst von der SPÖ-Alleinregierung beschlossen und ein Wehrersatzdienst für jene eingeführt, die den Dienst mit der Waffe aus Gewissensgründen verweigerten.

Eine zweite, kaum bekannte Facette gesellschaftlichen Wandels infolge der europäischen Auseinandersetzungen mit der Stellung von jungen Menschen in hierarchisch-autoritär gestalteten Gesellschaften war der »Kampf« um die Öffnung der extrem brutalen und rigid geführten »Jugenderziehungsheime«. Der Linzer Historiker Michael John leistete mit einer Ausstellung zu diesem Thema am Beispiel von Wegscheid in Linz Pionierarbeit: »Stacheldraht, Korrektionsräume und körperliche Züchtigung gehörten zum pädagogischen Repertoire der Anfangszeiten und sind wohl auch Ausdruck dessen, wie man in der Gesellschaft mit Außenseitern umging. Es herrschte ein Klima der Gewalt, physisch ebenso wie strukturell. Ein professionelles Berufsbild des ›Erziehers‹ oder ›Sozialpädagogen‹ existierte lange Jahre nicht. Als Reflex auf die Studenten- und Jugendrebellion von 1968 kann gedeutet werden, dass 1971 unter der Mitwirkung von Günther Nenning von linksgerichteten Aktivisten versucht wurde, das Heim zu besetzen, um auf die problematische Situation hinzuweisen. Mittlerweile hat sich Wegscheid zu einem modernen sozialpädagogischen Jugendwohnheim entwickelt, in welchem durch die Kooperation diverser Expertinnen, Experten und erfahrenen

Personals Konzepte zur Bewältigung der Lebenssituation männlicher und weiblicher dissozialer Jugendlicher erstellt werden.«[169]

Ähnliche Erfahrungen machten die Jugendlichen in der Bundeserziehungsanstalt Kaiser-Ebersdorf[170] und im Niederösterreichischen Landeserziehungsheim Eggenburg[171] – auch hier versuchten Aktivisten des Spartakus, etwa Michael Genner, punktuell, konkrete Gegen- und Hilfsmaßnahmen zu setzen.[172] Diese Heime waren vor allem bei Berufsschülern gefürchtet. Es sollte Jahrzehnte dauern, ehe die autoritären und menschenverachtenden Erziehungsmethoden, die in die Zeit des NS-Regimes und früher zurückreichten, reformiert wurden.

Eine wichtige politische Weichenstellung, die ebenfalls mit Verzögerung von 1968er-Aktivistinnen initiiert wurde, war die Diskussion um die Abschaffung der strafrechtlichen Verfolgung der Abtreibung. 1972 etablierte sich das Aktionskomitee zur Abschaffung des § 144 – darunter Eva Kreisky, Irmtraud Goessler, Rosemarie Fischer und Gertrud Edlinger. Gegen den Willen zentraler SPÖ-Funktionäre – unter ihnen Bruno Kreisky, der fürchtete, die Wahlen 1975 wegen der »Abtreibungssache« zu verlieren – setzte sich diese Frauenbewegung, die von Justizminister Christian Broda unterstützt wurde, durch. In dieser Frage hatte sich längst ein gesellschaftlicher Mehrheitskonsens gebildet. Das erkannte weder die katholische Kirche noch die ÖVP, die eine heftige Gegenbewegung mit der »Aktion Leben« startete – aber auch nicht Bundeskanzler Kreisky.

Politische Debatten zu 1968 an Österreichs Universitäten

Bereits im Jänner 1968 entstand eine erste Debatte über die autoritären und rückschrittlichen Strukturen an österreichischen Universitäten. So berichtete die sozialdemokratische *Arbeiter-Zeitung* am 13. Jänner 1968 über eine ORF-Diskussion, in der drei österreichische Professoren (der Physiker Hans Tuppy, der Soziologe Erich Bodzenta und der Mathematiker Rudolf Inzinger) mit zwei deutschen Kollegen (dem Germanisten Walther Killy und dem Altgermanisten Peter Wapnewski) sowie zwei Studentenvertretern – Werner Vogt vom ÖVP-nahen Wahlblock und Peter Kreisky vom VSStÖ (Verband Sozialistischer Studenten Österreichs) auftraten. Tenor der Berichterstattung war: »Universität: Wie im Mittelalter! Deutsche Professoren sind über Verhältnisse an Österreichs Hochschulen entsetzt. Erschütternder Eindruck von dem reaktionären Geist, von der Missachtung der demokratischen Grundprinzipien.«[173]

Doch derartige Kontroversen wurden in der Öffentlichkeit kaum wahrgenommen und führten nicht zu strukturellen Änderungen, jedenfalls nicht kurzfristig. Selbst Demonstrationen – wie etwa jene anlässlich des Vortrags eines Diplomaten des autoritären griechischen Regimes – lassen sich hinsichtlich ihrer Wirksamkeit mit dem an den damaligen Rektor Fritz Schwind gerichteten Bonmot eines Pedells zusammenfassen: »Magnifizenz, im Audi Max is' a Wirbel« (12. März 1968). Magnifizenz seinerseits befand sich auf einem Ball im Großen Festsaal der Universität.

»

Eine beliebte Taktik bei der Ausschaltung nonkonformistischer Elemente ist deren verletzende Zurücksetzung bei der Bewerbung um ein Lehramt. Diese Methode wurde zum Beispiel im Fall Stegmüller angewandt, dem ein – gelinde ausgedrückt – minder qualifizierter, aber dafür linientreuer Bewerber demonstrativ vorgezogen wurde.

Professor Stegmüller ist ein Philosoph und Logiker, der sich in Hochschulkreisen des In- und Auslandes größter Wertschätzung erfreut und der seinerzeit an der Universität Innsbruck als Privatdozent wirkte. Als vor einiger Zeit ein außerordentlicher Professor ernannt werden sollte, war es geradezu selbstverständlich, daß Dr. Stegmüller in der Vorschlagsliste der Fakultät an die erste Stelle gesetzt wurde. An dritter Stelle wurde ein gewisser Dr. Windischer lanciert, der in Österreich kaum, im Ausland überhaupt nicht bekannt war.

Auch die am Beispiel deutscher Vorbilder ab Oktober 1967 operierende »Kommune Wien«[174] um den Schriftsteller Robert Schindel und den ehemaligen sozialistischen Studentenfunktionär Günther Maschke konnte weder durch Regelverletzungen noch durch *Love-ins* oder Sitzstreiks gegen die Abschiebung von Maschke wirklich den öffentlichen Raum erreichen.

Das allgemeine Desinteresse der Bevölkerung an Hochschulfragen war evident. Negative öffentliche Meinungsmache wurde aber von Boulevardmedien vor allem aus der »Aktion Kunst und Kultur« von Otto Mühl, Günter Brus, Oswald Wiener und anderen am 6. Mai 1968 im Hörsaal I des Neuen Institutsgebäudes lanciert. Die Aktion erregte nicht nur die Boulevardpresse, sondern wurde auch gegen den Willen der Mehrheit des Veranstalters eines *Teach-in* über »Kunst und Revolution«, des Sozialistischen Österreichischen Studentenbunds (SÖS), durchgeführt.[175]

ÖVP-Vizekanzler Hermann Withalm reagierte am 20. April 1968 auf die heftigen Auseinandersetzungen in Deutschland und versuchte, mit der Headline »Österreich ist kein Nährboden für Extreme [...]. Unser Volk hat sich Besonnenheit bewahrt« »Besonnenheit« zu suggerieren.[176] Unter Hinweis auf die Demonstrationen in Deutschland – aber ohne dabei das Attentat auf Rudi Dutschke zu erwähnen und die Konfrontationen Anfang April in den USA zu thematisieren – plädierte er unter Hervorhebung der leidvollen Geschichte der 1920er und 1930er Jahre für eine geordnete Auseinandersetzung: »Man darf sich über berechtigte Kritik nicht einfach hinwegsetzen, sondern man soll versuchen, ihr durch gründliche Aussprache und Diskussion zu begegnen. Hier gilt der Grundsatz: Nichts gegen die Gewalt des Geistes, auch wenn dieser sich sehr kritisch äußert, aber alles gegen den Geist der Gewalt!«[177]

Eine Universitäts- und Bildungsreform stand aber nicht im Zentrum der ÖVP-Politik, sondern die Modernisierung der Wirtschaft. Der gesellschaftspolitische Druck der jungen Menschen, der zum Teil von Kernschichten der eher konservativen StudentInnen mitgetragen wurde, sollte durch die politische Beruhigungspille »Mitgestaltung unserer Jugend« reduziert werden, ohne tiefgreifende Reformen an den Universitäten umzusetzen.[178] Auch materiell waren Universitäten und Forschung politisch völlig marginalisiert: Erst 1968 richtete die

Nach dem bisher Gesagten wird es kaum überraschen, daß nicht Stegmüller, sondern Windischer vom Unterrichtsministerium ernannt wurde. Damit war man aber noch nicht zufrieden, denn gerade der übergangene Stegmüller wirkte als hochqualifizierter Wissenschaftler wie ein Dorn im Fleisch der konservativen Hierarchie. Als Stegmüller eine Einladung für eine Gastprofessur nach Deutschland erhielt und deshalb um Beurlaubung ansuchte, machte man ihm größte Schwierigkeiten mit dem unüberhörbaren Hinweis, daß er ja ›ganz gehen könne‹.

Auf diese Weise ist es schließlich ›geglückt‹, Stegmüller endgültig aus Österreich zu vertreiben: Er wirkt heute als hochangesehener Ordinarius in München.[185]

«

Heinz Fischer zur Situation an den österreichischen Hochschulen, 1962

ÖVP-Alleinregierung Klaus eine Forschungsstatistik ein. 1966/67 hatten die Mittel für Forschung und Entwicklung nur 0,6 Prozent des Gesamtbudgets der Republik Österreich betragen. 1970 sollte die ÖVP aber den Zuspruch bei ErstwählerInnen, der ihr noch 1966 zur absoluten Mehrheit verholfen hatte, verlieren.

Die SPÖ-Opposition und 1968, erfolgreiche Schaukelpolitik

Flugblatt des Sozialistischen Österreichischen Studentenbundes zur Veranstaltung »Kunst und Revolution« am 7. Juni 1968

Oppositionschef Bruno Kreisky versuchte in einem Balanceakt einerseits Sympathie für die Öffnung der autoritären Strukturen zu signalisieren, andererseits distanzierte er sich sehr heftig und häufig polemisch von den potenziellen linksradikalen Extremen, um politisch nicht angreifbar zu sein.

Noch Anfang April signalisierte er, die StudentInnen zu verstehen – so in einem Interview in der *Frankfurter Rundschau*.[179] Auch vor sozialistischen Gewerkschaftern der Polizeidirektion Wien wiederholte er Anfang April diese Linie: »Man könne nicht auf der einen Seite die Studenten von Warschau und Prag loben, weil sie gegen das kommunistische System demonstrieren, und auf der anderen Seite die westlichen Intellektuellen unterschiedslos verdammen. Die Studentenbewegung in den westlichen Industrieländern stütze sich auf eine neue Philosophie. Diese mag falsch sein, ihre Methoden mag man verurteilen. Mit Gewalt aber werde wenig auszurichten sein«.[180] Bereits hier signalisierte er die Berechtigung der studentischen Kritik an der Situation der Hochschulen. Im selben Atemzug stellte er sich freilich vor die Polizei.

Nur wenige Wochen später verschärfte Kreisky die Kritik an den Studentenprotesten. Als die traditionelle Feier des 1. Mai von 200 bis 300 DemonstrantInnen gestört wurde und es auch Verletzte nach einem Polizeieinsatz auf beiden Seiten gegeben hatte, forderte Kreisky den VSStÖ zu einer Stellungnahme auf.[181] Kreisky hatte sich bereits Tage zuvor mit dem VSStÖ kritisch auseinandergesetzt: Schon am 19. April hat er in einer Betriebsrätekonferenz eindeutig Partei ergriffen, nachdem der VSStÖ-Sprecher Peter Kowalski die tendenziöse Berichterstattung in österreichischen Medien – insbesondere in der *Kronen Zeitung* und im *Wiener Montag* – über westdeutsche Studentendemonstrationen gegen den Springer-Konzern nach dem Attentat auf Rudi Dutschke kritisiert hatte.[182] Kreisky erwiderte postwendend: »Ich habe immer wieder erklärt, dass man die studentische Opposition nicht ignorieren darf. Ich kann verstehen, dass die Erregung der Studenten groß war, als man Rudi Dutschke niederschoss. Aber eines muss ich – auch den eigenen Studenten – mit aller Deutlichkeit sagen: Wir werden uns die Vernichtung der Demokratie durch eine Handvoll Menschen, die nicht wissen, was aus dem allen werden kann, nicht gefallen lassen. Mit den Methoden des Terrors kann man keine Politik machen.«[183]

Gleichzeitig setzte die SPÖ inhaltlich auf studentische Fragen und Anliegen – so in einer parlamentarischen Debatte und der Kritik am geringen Anteil von Studentinnen (25 %) sowie Bauern- und Arbeiterkindern und den kargen staatlichen Investitionen in Studentenheime.[184]

1968 bedeutet für die Österreicher und Österreicherinnen in ihrer Erinnerung primär die militärische Gefährdung durch die Invasion des Warschauer Paktes und der Sowjetunion in der Tschechoslowakei und die nachfolgende Flüchtlingswelle. Keine Erinnerungsorte gibt es für die in Frankreich und der Bundesrepublik Deutschland so heftigen Proteste von Studenten und Studentinnen. Nur eine Kunstaktion sorgte für öffentliche nachhaltige Aufregung. Aber tief im Inneren der gesellschaftlichen Gemütslage hat sich doch zunehmend der Wunsch nach Veränderung der autoritären Strukturen und nach mehr Demokratie durchgesetzt, der dann auch in einzelnen Bereichen unter heftigen Debatten in den 1970er und 1980er Jahren umgesetzt und realisiert wurde.

Weiterführende Literatur

Stefan Karner/Natalja Georgievna Tomilina/Alexander Tschubarjan u. a. (Hg.), Prager Frühling. Das internationale Krisenjahr 1968, 2 Bde., Wien 2008.

Horst Pleiner/Hubert Speckner, Zur Verstärkung der nördlichen Garnisonen ... Der »Einsatz« des Österreichischen Bundesheeres während der Tschechenkrise im Jahr 1968, Wien 2008.

Oliver Rathkolb/Friedrich Stadler (Hg.), Das Jahr 1968. Ereignis, Symbol, Chiffre, Wien 2010.

Kurt Tozzer/Günther Kallinger, August 1968. Österreich am Rande des Krieges, St. Pölten 1993.

Kurt Tozzer/Max Tozzer, Das Netz der Schattenmänner. Geheimdienste in Österreich, Wien 2003.

Maria Wirth/Elisabeth Röhrlich

»Für ein modernes Österreich«. Die Ära Kreisky (1970–1983)

Die 1970er Jahre stellen in Österreich eine Periode des politischen, gesellschaftlichen und ökonomischen Umbruchs dar. Eingerahmt von den »wilden« 1960er und den eher als technokratisch wahrgenommenen 1980er Jahren, waren sie durch gesellschaftspolitische Reformen und wirtschaftliche Krisenerscheinungen, eine Entspannung des Kalten Krieges und das Aufbrechen neuer Konfliktlinien geprägt. Die bestimmende Politikerpersönlichkeit war Bundeskanzler Bruno Kreisky, nach dem die 13-jährige Alleinregierung der SPÖ von 1970 bis 1983 auch als »Ära Kreisky« bezeichnet wird. Die Grundlagen dafür wurden bereits in den 1960er Jahren gelegt.

Politische und ökonomische Rahmenbedingungen

Nach dem Wahlsieg der ÖVP 1966 befand sich die SPÖ in einer schweren Krise, konnte die Jahre in der Opposition aber in mehrfacher Hinsicht zu einer Erneuerung nutzen. Der wichtigste Schritt erfolgte 1967 mit der Wahl Bruno Kreiskys zum Parteivorsitzenden. Mit dem ehemaligen Staatssekretär für Auswärtige Angelegenheiten im Bundeskanzleramt und späteren Außenminister trat ein charismatischer und rhetorisch begabter Politiker an die Spitze der Partei, der es verstand, auf internationalem Parkett wie im Austausch mit KünstlerInnen und im Gespräch mit der Bevölkerung zu punkten. Er konnte geschickt mit den Medien, vor allem dem immer wichtiger werdenden Fernsehen, umgehen und die Themen der Zeit leicht verständlich ansprechen. Die Grundlage dafür boten mehrere Programme »für ein

Wahlplakat der SPÖ für die Nationalratswahl am 1. März 1970

modernes Österreich«, bei denen ähnlich wie bei der »Aktion 20« der ÖVP die Zusammenarbeit mit ExpertInnen im Vordergrund stand. Das Ziel war, eine Demokratisierung und Liberalisierung weiter Gesellschaftsbereiche zu erreichen sowie Aufstiegsmöglichkeiten für alle zu schaffen. Damit gelang es der SPÖ nicht nur, Reformkompetenz für sich in Anspruch zu nehmen. Sie traf auch den Zeitgeist, den ein beschleunigter gesellschaftlicher Wandel und die Forderung nach mehr Partizipation prägten. Hinzu kam, dass Kreisky gezielt für eine Entwicklung der SPÖ hin zu einer Partei der linken Mitte eintrat, was im Wahlkampf 1970 in der Aufforderung, »ein Stück des Weges« mit der SPÖ zu gehen, deutlich wurde. Damit bot er allen WählerInnen an, die SPÖ zu unterstützen, auch wenn sie der Partei zuvor nicht nahegestanden waren.

Bei den Nationalratswahlen 1970 gewann die SPÖ in der gebildeten Mittelschicht, bei den Jungen, Frauen und der Landbevölkerung dazu. Dies brachte ihr zunächst die Stimmen-, nicht aber die absolute Mandatsmehrheit, worauf sie mit Unterstützung der FPÖ eine Minderheitsregierung bildete. Im Gegenzug wurde der FPÖ eine Wahlrechtsreform in Aussicht gestellt, die bessere Bedingungen für kleine Parteien bei der Mandatsberechnung schaffen sollte. Mit Ausnahme der kurzen Amtszeit Karl Renners als Chef der provisorischen Staatsregierung im Jahr 1945 wurde mit Kreisky damit erstmals ein Sozialdemokrat Bundeskanzler der Zweiten Republik. Der »Startschuss« für die Ära Kreisky war gefallen. Die folgenden Monate wurden intensiv zur Umsetzung erster Reformen genutzt, da niemand wissen konnte, wie lange sich die Minderheitsregierung halten würde. Zudem sollten positive Maßnahmen wie eine Bundesheerreform, die eine im Wahlkampf 1970 angekündigte Verkürzung des Grundwehrdienstes brachte, die Akzeptanz der SPÖ erhöhen.

Als 1971 vorgezogene Nationalratswahlen auf der Tagesordnung standen und die SPÖ die WählerInnen aufforderte, »Kreisky und sein Team arbeiten zu lassen«, erreichte die sozialistische Partei die absolute Mandatsmehrheit. Damit konnte sie ihr innenpolitisches Reformprogramm fortführen und neue Akzente in der Außenpolitik setzen. Eine gute Wirtschaftslage sorgte zunächst für den nötigen Rückenwind. Nach den Wahlen von 1975, bei denen die SPÖ die absolute Mehrheit verteidigte, wurde der Anspruch, eine Reformpartei zu sein, zwar beibehalten, die innenpolitischen Prioritäten begannen sich jedoch zu verschieben und der Zukunftsoptimismus früherer Jahre schwand.

Der sogenannte Ölpreisschock von 1973 – der gravierende Preisanstieg des Erdöls – stürzte die westlichen Industriestaaten in eine schwere Krise. Sowohl in Österreich als auch in anderen Staaten wurde der Energiehaushalt zu einem wichtigen Thema. Zugleich trat die Wirtschafts- und Beschäftigungspolitik in den Vordergrund, wobei in Kombination verschiedener Instrumente, auch durch verstärkte Staatsausgaben, versucht wurde, die Wirtschaft anzukurbeln. Später wurde diese Politik als Austrokeynesianismus bezeichnet. Eine Belastung des Budgets nahmen die Verantwortlichen dabei in Kauf, da sie von einer kurzen Rezession ausgingen. Insbesondere für Kreisky, der von den Entwicklungen der 1930er Jahre – der ökonomischen und dann auch der politischen Krise – geprägt war, hatte die Vollbeschäftigung Priorität. Manifest wurde dies in seiner Aussage, dass ihm »ein paar

Milliarden Schulden weniger schlaflose Nächte bereiten« würden »als ein paar hunderttausend Arbeitslose«. Diese Beschäftigungspolitik brachte der SPÖ bei den Nationalratswahlen 1979 ihren größten Wahlsieg ein. Als im selben Jahr eine zweite Ölpreiskrise folgte, wurde jedoch sichtbar, dass es mit einem kurzen Durchtauchen nicht getan war. Auch in Österreich begannen nun die Arbeitslosenzahlen und die Staatsverschuldung zu steigen, wenngleich es im europäischen Vergleich auch weiterhin gut dastand und die Staatsverschuldung erst in den nächsten Jahren massiv zunahm.

Zudem machte die Volksabstimmung über die Inbetriebnahme des Atomkraftwerks in Zwentendorf deutlich, dass sich neue Bruchlinien in der Gesellschaft entwickelt hatten. Obschon sich große Teile der SPÖ und Kreisky für die Atomkraft ausgesprochen hatten, entschieden sich die ÖsterreicherInnen 1978 mehrheitlich, wenn auch knapp, gegen das Kraftwerk. Das Wachstumsdenken war in Konflikt mit neuen Anliegen wie Umweltschutz und Friedenserhaltung geraten, was zur Bildung neuer sozialer Bewegungen führte. Die sozialliberale Wählerkoalition, die die Ära Kreisky ermöglicht hatte, wurde brüchig. Und auch der ÖVP als großer Oppositionspartei gelang es nun, die SPÖ unter Druck zu setzen, auf die wachsende Staatsverschuldung hinzuweisen und neokonservative Politikmuster als Alternative zu präsentieren.

Schwerpunkte der Reformpolitik

In der Reformpolitik der Regierungen Kreisky nahmen die Bildungs- und Rechtspolitik, später auch die Frauenpolitik und der Ausbau des Wohlfahrtsstaats Schlüsselrollen ein. Wichtige Schwerpunkte wurden mit der Bundesheerreform und der Einführung des Zivildienstes 1974 zudem in Richtung Jugend gesetzt.

Die zentralen Anliegen in der Schul- und Hochschulpolitik waren es, die Bildungswege unabhängig von der sozialen Herkunft für alle zu öffnen und Mitspracherechte sämtlicher betroffener

Demonstration von Frauen für das Recht auf straffreie Abtreibung und für Gleichberechtigung in Wien-Mariahilf, 7. Mai 1971

Gruppen zu etablieren. Wichtige Schritte wurden bereits 1971/72 mit der Einführung der Schülerfreifahrt in öffentlichen Verkehrsmitteln, der Ausgabe von kostenlosen Schulbüchern, der Abschaffung der Aufnahmeprüfungen an Allgemeinbildenden Höheren Schulen und der Beseitigung der Studiengebühren gesetzt. Zudem wurden das vorhandene Schulnetzwerk und die Hochschulen erweitert, nachdem bereits in den 1960er Jahren mit dem Ausbau der Gymnasien begonnen wurde und in Salzburg, Linz und später auch Klagenfurt neue Universitäten entstanden waren. Mit dem Schulunterrichtsgesetz 1974 wurde die Mitbeteiligung von Eltern und SchülerInnen am schulischen Leben geregelt und mit dem Universitätsorganisationsgesetz 1975 die drittelparitätische Mitbestimmung von Studierenden und Mittelbau an den universitären Entscheidungsprozessen eingeführt. Damit wurden in der bereits vor 1970 gestarteten Hochschulreform wichtige Schritte gesetzt, nachdem es schon 1970 zur Einrichtung eines eigenen Wissenschaftsministeriums mit Hertha Firnberg an der Spitze gekommen war, um der gestiegenen Bedeutung von Wissenschaft und Forschung Rechnung zu tragen.

In der Rechtspolitik wurden unter der Federführung von Justizminister Christian Broda wichtige Akzente mit einer Straf- und Familienrechtsreform gesetzt, womit Rechtsbereiche geändert wurden, die in ihrem Kern auf das frühe 19. Jahrhundert zurückgingen. Als Vorgriff auf die »große Strafrechtsreform« von 1973/74 wurden bereits in der Zeit der Minderheitsregierung Homosexualität unter Erwachsenen und »Ehestörung« straffrei gestellt, auch Ehebruch wurde zumindest teilweise entkriminalisiert. Mit der »großen Strafrechtsreform« folgte nach einem heftigen innenpolitischen Kulturkampf die Einführung der Fristenregelung, für die sich vor allem eine neue Frauenbewegung eingesetzt hatte, die außerhalb der Parteien entstanden war. Das Herzstück der Familienrechtsreform stellte nach einer Besserstellung der unehelichen Kinder die Etablierung des Partnerschaftsgedankens im Eherecht dar. Damit war von 1975 an der Mann nicht mehr das gesetzliche Oberhaupt der Familie. 1977/78 wurde auch die »väterliche Gewalt« über die Kinder beseitigt. Vater und Mutter wurden die gleichen

»

Herr Präsident! Herr Bundespräsident! Hohes Haus!

[…] Die Bundesregierung wird ein großes Reformprogramm in Angriff nehmen, dessen Ziel die Wohlfahrt und der Fortschritt des freien Menschen in der Gesellschaft ist. […]

Die Bundesregierung wird die Familienrechtsreform zur Verwirklichung der verfassungsgesetzlich garantierten Rechtsgleichheit der Ehegatten […] fortführen. […]

Die Bundesregierung ist überzeugt, daß die langjährigen Bemühungen um eine Gesamtreform des österreichischen Strafrechts in dieser Gesetzgebungsperiode ihren erfolgreichen Abschluß finden werden. Die Reform wird sich insbesondere auch auf die Anpassung des Strafrechts an die moderne gesellschaftliche Entwicklung erstrecken […].

Die Bundesregierung ist festentschlossen, die Wissenschaftspolitik zu einem ihrer zentralen Anliegen zu machen […].

Die Bundesregierung sieht eine ihrer vornehmsten Pflichten in der Verbesserung der Lebensbedingungen der Menschen in der Industriegesellschaft. Zwischen der Sozial-und Wirtschaftspolitik bestehen enge Zusammenhänge. […]

Österreich wird die Zusammenarbeit mit allen Mitgliedsstaaten der Vereinten Nationen pflegen,

Rechte und Pflichten gegenüber den Kindern eingeräumt, womit die Stellung der Frau in der Familie ein weiteres Mal verbessert wurde.

Die Institutionalisierung einer eigenen Frauenpolitik erfolgte 1979, kurz nachdem ein erstes Gleichbehandlungsgesetz für die Privatwirtschaft verabschiedet worden war. Mit der Einrichtung eines Staatssekretariats für allgemeine Frauenfragen wurde die Frauenpolitik erstmals von der Familienpolitik entkoppelt und als eigenständiger Politikbereich definiert. Die Bestellung von vier neuen Staatssekretärinnen bei der Regierungsumbildung 1979, darunter Johanna Dohnal als Staatssekretärin für allgemeine Frauenfragen, wurde nicht nur in der österreichischen Öffentlichkeit, sondern auch in der noch immer männlich dominierten SPÖ als Paukenschlag wahrgenommen.

Zur Schaffung eines »Staates der Wohlfahrt für alle« gehörten eine Ausweitung des staatlichen Beihilfensystems, die Einrichtung des Mutter-Kind-Passes und der Gesundenvorsorge. Hierzu zählte auch der Übergang von den veralteten Fürsorgebestimmungen zu einem neuen System der Sozialhilfe, das zwischen 1973 und 1975 in neun Ländergesetzen verankert wurde. Wichtige Maßnahmen für mehr soziale Sicherheit und eine Verbesserung des Arbeitslebens wurden zudem mit dem Ausbau des Arbeiternehmerschutzes, der Verankerung eines Anspruchs auf Pflegeurlaub, der Einführung der 40-Stunden-Woche oder dem Arbeitsverfassungsgesetz von 1973 gesetzt, das die Mitbestimmung des Betriebsrats im Aufsichtsrat von Kapitalgesellschaften verankerte. Wie in anderen

es wird um die Entwicklung konstruktiver Beziehungen zu seinen Nachbarstaaten ohne Ansehung ihrer gesellschaftlichen Ordnungen bemüht sein und die freundschaftlichen Beziehungen mit allen Völkern ausbauen. […] [Die Bundesregierung] ist sich auch der Bedeutung bewußt, die die paktfreien Staaten […] für die Entspannung in Europa haben. Die Bundesregierung wird daher alle Bestrebungen, deren Ziel es ist, diese Entspannung nicht nur aufrechtzuerhalten, sondern weiterzuführen, unterstützen […]. Es mag sein, daß der Versuch, die Fülle der Probleme zu lösen […] manchem als utopisches Unterfangen erscheint. […] In diesem Zusammenhang wäre es in hohem Maße nützlich, sich einmal zu vergegenwärtigen, was alles in Zeiträumen von fünf und zehn Jahren […] der Verwirklichung zugeführt werden konnte. Bedenken Sie doch, daß von dem Tag der Deklaration Kennedys, die da mit dem Satz ›In Promising the Moon‹ umschrieben wurde, bis zur Erreichung des gesetzten Zieles kaum zehn Jahre vergangen sind.[187] «

Regierungserklärung Bruno Kreiskys, 1970

Gesellschaftsbereichen sollte damit auch im Wirtschaftsleben »mehr Demokratie« ermöglicht werden.

Internationalisierung Österreichs und engagierte Außenpolitik

In der Außenpolitik nahm Österreich eine zunehmend selbstbewusste und engagierte Rolle ein, die oft als »aktive Neutralitätspolitik« bezeichnet wurde. Das bis heute sichtbarste Ergebnis dieser neuen österreichischen Außenpolitik war die Eröffnung des Vienna International Centre (VIC) an der Donau. Von der österreichischen Bevölkerung meist salopp »UNO-City« genannt, knüpfte die Errichtung des VIC an frühere Initiativen an, internationale Organisationen in Wien ansässig zu machen. Beispiele dafür sind die Gründung der Internationalen Atomenergiebehörde (IAEA) 1957 und der Organisation für industrielle Entwicklung (UNIDO) 1966. Wien wurde damit nach New York und Genf zum dritten Amtssitz der Vereinten Nationen (UNO).

Das neutrale Österreich sollte Treffpunkt und Begegnungsort der Weltpolitik werden. Aus der Sicht Kreiskys, der die Außenpolitik zur Chefsache erklärt hatte, ergaben sich aus der Neutralität jedoch auch klare Grenzen für die österreichische Außenpolitik. Während er die Idee der europäischen Integration grundsätzlich unterstützte, sah er einen Beitritt Österreichs zur Europäischen Wirtschaftsgemeinschaft (EWG) – der Vorläuferin der heutigen Europäischen Union (EU) – nicht mit der österreichischen Neutralität vereinbar. Einer der ersten außenpolitischen Erfolge der Regierung war 1972 der Abschluss eines Freihandelsabkommens zwischen Österreich und der EWG sowie der Montanunion (EGKS). Damit sollte Österreich vom gemeinsamen europäischen Markt profitieren, ohne seine Neutralität zu gefährden.

Kreiskys außenpolitisches Engagement entstand vor dem Hintergrund weltweiter Entwicklungen, war aber auch geprägt von innerösterreichischen Trends. So war die Eröffnung des UNO-Sitzes in Wien bereits von der vorausgegangenen ÖVP-Regierung

Bundeskanzler Bruno Kreisky besichtigt die Baustelle der UNO-City in Wien, Juli 1975

unter Josef Klaus initiiert worden. Hinzu kamen Kreiskys biografische Erfahrungen. Nach dem sogenannten »Anschluss« 1938 hatte er ins schwedische Exil flüchten müssen – aufgrund seiner Herkunft aus einer jüdischen Familie und wegen seines politischen Engagements als Sozialist war er gewissermaßen doppelt verfolgt. Die Jahre in Stockholm waren wichtige politische

Lehrjahre, in denen Kreisky viele seiner später in die Praxis umgesetzten politischen Ideen erstmals skizzierte. Auf diese Jahre ging auch seine Freundschaft mit Willy Brandt zurück, der von 1969 bis 1974 – und damit teilweise parallel zu Kreiskys Regierungszeit – Bundeskanzler der Bundesrepublik Deutschland war. Beide Politiker standen zudem an der Spitze der Sozialistischen Internationale, die für Kreisky ein wichtiges Forum war, um seine Außenpolitik zu gestalten.

Die geografische Nähe zum »Eisernen Vorhang« machte Österreich im Kalten Krieg zu einem wichtigen Akteur, um die einsetzende Entspannung zwischen Ost und West zu fördern. Im Rahmen der Konferenz für Sicherheit und Zusammenarbeit in Europa (KSZE) nahm Österreich seit 1973 eine vermittelnde Position zwischen Ost und West ein. Kreisky setzte dabei auch auf die Unterstützung seiner Außenminister Rudolf Kirchschläger und Erich Bielka, die als Parteilose dem Kabinett angehörten. Im Frühjahr 1978 war Bruno Kreisky der erste westliche Regierungschef, der die Deutsche Demokratische Republik (DDR) im Rahmen eines offiziellen Staatsbesuchs bereiste. Im November 1980 folgte der Gegenbesuch durch den DDR-Staatsratsvorsitzenden Erich Honecker.

Wie in der Innenpolitik begann auch in der Außenpolitik ab Mitte der 1970er Jahre ein Wandel. Kreisky besetzte nun zunehmend auch umstrittenere internationale Themen und engagierte sich besonders in der Nahostpolitik. KritikerInnen warfen ihm vor, er vermische seine Rolle in der Sozialistischen Internationale mit seinem Amt als österreichischer Bundeskanzler – etwa als er im Juli 1979 Willy Brandt und den Chef der Palästinensischen Befreiungsorganisation (PLO) Yassir Arafat zu einem gemeinsamen Treffen nach Wien einlud. Der Nahostkonflikt hatte aber auch für Österreich eine unmittelbare Relevanz. Bereits 1973 kam es im niederösterreichischen Marchegg zu einer Geiselnahme durch palästinensische Terroristen, um die Schließung des Flüchtlingslagers für jüdische AuswanderInnen aus der Sowjetunion in Schönau zu erzwingen. In Verhandlungen konnte Kreisky zwar eine Freilassung der Geiseln erwirken, sah sich jedoch auch der

Kritik ausgesetzt, das Prinzip gebrochen zu haben, nicht mit Terroristen zu verhandeln. In den folgenden Jahren wurde Österreich noch mehrmals Opfer des zunehmenden internationalen Terrorismus, so etwa im Zuge einer Geiselnahme in der Organisation erdölexportierender Länder (OPEC) im Jahr 1975.

In der Entwicklungspolitik wollte Kreisky nicht nur mit dem von ihm mitorganisierten Gipfeltreffen im mexikanischen Cancún 1981, sondern auch mit einem »Marshallplan für die Dritte Welt« neue Akzente setzen. Wie er es bereits in den 1960er getan hatte, wollte er damit beim US-amerikanischen Wiederaufbauprogramm für das zerstörte Nachkriegseuropa anknüpfen.

Bilanz: Erfolg – Versäumnisse – Kritik

Mit der Nationalratswahl vom 24. April 1983 wurde die SPÖ zwar wiederum zur stimmenstärksten Partei, eine Alleinregierung konnte sie jedoch nicht mehr bilden. Ein wesentlicher Faktor für den Stimmenverlust war, dass Kreisky unmittelbar vor der Wahl sein »Mallorca-Paket« – benannt nach seinem Urlaubsdomizil – bekannt gegeben hatte. Dieses sah zahlreiche Steuererhöhungen vor und wurde von der Bevölkerung als Belastungspaket empfunden. Gleichfalls war im Wahlkampf auch die angegriffene Gesundheit des Bundeskanzlers und die Frage, ob er für eine neue Amtszeit geeignet sei, öffentlich breit diskutiert worden. In der Folge trat Kreisky als Bundeskanzler zurück. Sein Nachfolger Fred Sinowatz bildete eine noch von Kreisky eingeleitete Koalition mit der FPÖ. Damit ging die Ära Kreisky zu Ende, die nachhaltige Spuren in Politik und Gesellschaft hinterließ.

Während der Regierungszeit Kreiskys wurde Österreich zu einem moderneren und weltoffeneren Land, das an das Wirtschafts- und Wohlstandsniveau Westeuropas anschließen konnte. Zahlreiche Initiativen konnten – mit wenigen Ausnahmen wie bei der Anbringung zweisprachiger Ortstafeln in Kärnten – umgesetzt werden. Bildungs- und Rechtsreformen sowie der Ausbau des Sozialstaates sorgten für mehr Gerechtigkeit und

Chancengleichheit in der österreichischen Bevölkerung. Die als Globalisierung bezeichnete wirtschaftliche, gesellschaftliche und politische Vernetzung der Welt wurde in den 1970er Jahren auch in Österreich immer deutlicher. Das lange nur schwach ausgeprägte Österreichbewusstsein stieg auch aufgrund der aktiven Rolle an, die Österreich in der Weltpolitik spielte.

Doch in die Bilanz des von den Medien als Sonnenkönig titulierten Bundeskanzlers fallen auch Schattenseiten wie eine Reihe großer politischer Skandale, die von einem neuen Aufdeckerjournalismus rund um die 1970 gegründete Wochenzeitung *Profil* publik gemacht wurden. Hierzu gehörten etwa ein massiver Konflikt zwischen Kreisky und Finanzminister Hannes Androsch sowie Korruptionsvorwürfe im Zusammenhang mit dem Bau des Wiener Allgemeinen Krankenhauses (AKH). Dabei war die Kreisky-Androsch-Kontroverse nicht nur mit sachpolitischen und persönlichen Faktoren verknüpft, sondern auch mit dem Vorwurf der Steuerhinterziehung und der Frage nach der Vereinbarkeit von Androschs Amt als Finanzminister mit seiner Beteiligung an der Steuerberatungskanzlei Consultatio verbunden. Hinsichtlich des Wiener AKH wurden hingegen Schmiergeldzahlungen und eine angebliche Parteienfinanzierung im Zusammenhang mit Auftragserteilungen thematisiert, was Bundespräsident Rudolf Kirchschläger dazu bewog, 1980 eine »Trockenlegung der Sümpfe und sauren Wiesen« in der politischen Landschaft zu fordern. Der versuchte Versicherungsbetrug um den Frachter Lucona sowie Waffenlieferungen der österreichischen Firma Noricum an die sich Anfang der 1980er Jahre im Krieg gegeneinander befindenden Staaten Irak und Iran weiteten sich zu politischen Skandalen aus, die die Ära Kreisky lange überdauerten.

Im Umgang mit ehemaligen Nationalsozialisten agierte Kreisky oft pragmatisch. In der Minderheitsregierung waren sogar vier ehemalige Nationalsozialisten gleichzeitig vertreten. Als Simon Wiesenthal 1975 die SS-Vergangenheit des FPÖ-Vorsitzenden Friedrich Peter aufdeckte, stellte Kreisky den Holocaust-Überlebenden Wiesenthal, der seit Jahren aktiv in der Ausforschung von NS-Verbrechern war, in öffentlichen

Äußerungen als »Nazi-Kollaborateur« dar. Der Ausgangspunkt war, dass die FPÖ nicht nur 1970 die Minderheitsregierung gestützt hatte, sondern dass sie für Kreisky auch ein potenzieller Koalitionspartner war, falls die SPÖ bei den Nationalratswahlen 1975 die absolute Mehrheit verlieren sollte. In Folge ging der Konflikt mit Wiesenthal, der politische und persönliche Aspekte umfasste und Kreisky massiv Kritik eintrug, jedoch weit über den »Fall Peter« hinaus. Und auch der Umstand, dass Mitte der 1970er Jahre die Prozesse wegen NS-Verbrechen eingestellt wurden, verstärkt den Eindruck, dass die SPÖ-Regierung eher eine »Schlussstrichpolitik« verfolgte als eine umfassende Aufarbeitung von Österreichs Verantwortung für den Nationalsozialismus. Während viele Reformen der Ära Kreisky bis heute äußerst positiv rezipiert werden, stößt somit besonders der Umgang der SPÖ-Regierung mit der NS-Vergangenheit auf Kritik. Der Opfermythos, der die österreichische Erinnerungspolitik lange dominierte, wurde erst im Zuge der Waldheim-Debatte 1986 aufgebrochen.

Weiterführende Literatur

Hans Eder, Politik in der Ära Kreisky, in: Reinhard Sieder/Heinz Steinert/Emmerich Tálos (Hg.), Österreich 1945–1995. Gesellschaft – Politik – Kultur, Wien 1995, 186–200.

Robert Kriechbaumer, Die Ära Kreisky. Österreich 1970–1983 in der historischen Analyse, im Urteil der politischen Kontrahenten und in Karikaturen von Ironimus, Wien–Köln–Weimar 2004.

Wolfgang Petritsch, Bruno Kreisky. Die Biografie, St. Pölten 2010.

Oliver Rathkolb, Die Kreisky-Ära 1970–1983, in: Rolf Steininger/Michael Gehler (Hg.), Österreich im 20. Jahrhundert, Bd 2: Vom Zweiten Weltkrieg bis zur Gegenwart, Wien–Köln–Weimar 1997, 305–355.

Elisabeth Röhrlich, Kreiskys Außenpolitik. Zwischen österreichischer Identität und internationalem Programm, Göttingen 2009.

Maria Wirth, Christian Broda. Eine politische Biographie, Göttingen 2011.

Verena Winiwarter/Sophia Rut

Österreich ergrünt. Die Besetzung der Hainburger Au

Vorgeschichte einer Besetzung: BürgerInnen werden initiativ

Der 4. Mai 1979 war ein kalter Tag. In Eisenstadt wurden sogar Minusgrade gemessen. Doch in der Erinnerung von Valerie Fasching spielt das Wetter keine Rolle. An diesem Tag erfährt die im Hainburger Krankenhaus tätige Frau aus vertraulicher Quelle, dass die Österreichische Donaukraftwerke AG ein Kraftwerk in den Auwäldern bei Hainburg plant. Bestürzt wendet sie sich noch am selben Tag an den Hainburger Gemeindearzt und den Bezirksrichter mit der Bitte um Unterstützung. Schnell formulieren die drei einen Brief, doch das Landwirtschaftsministerium beantwortet ihn nicht. Valerie Fasching schaltet die Medien ein – der zivilgesellschaftliche Aufbruch bleibt zunächst aber lokal begrenzt.

1980 wird die Bürgerinitiative gegen das DOKW Hainburg an der Donau gegründet, besorgte BürgerInnen aus den Nachbargemeinden machen mit. Die HainburgerInnen scheuen sich allerdings, öffentlich gegen ein Kraftwerksprojekt zu stimmen. Der Informationsstand am samstäglichen Wochenmarkt, den Valerie Fasching und ihre MitstreiterInnen betreiben, bleibt spärlich besucht, die geplante Sammlung von Unterschriften gegen das Kraftwerk gelingt nicht. Die Vollzeit berufstätige Mutter eines kleinen Buben gibt nicht auf: Wenn die Menschen nicht in der Öffentlichkeit unterschreiben wollen, dann vielleicht bei Hausbesuchen? Gemeinsam mit einer Freundin aus Bad Deutsch-Altenburg zieht Valerie Fasching von Tür zu Tür. Die Initiative will eine »qualifizierte Mehrheit« der HainburgerInnen gewinnen, um dem Bürgermeister zu beweisen, dass die lokale Bevölkerung gegen das Kraftwerk ist. Am 1. Juli 1983 ist es so weit:

Im Rahmen einer Pressekonferenz im Bürgermeisterzimmer von Hainburg werden ihm die Stimmen übergeben. Eine Mehrheit der Stimmberechtigten ist dagegen, dass ihre Heimat verbaut wird. Der Bürgermeister aber bleibt unbeeindruckt, er zieht die Zustimmung der Gemeinde nicht zurück. Auch daran erinnert sich Valerie Fasching.

Fast auf den Tag genau fünf Jahre nach der vertraulichen Information, am 7. Mai 1984, fand im Wiener Presseclub Concordia die später so genannte »Pressekonferenz der Tiere« statt. Dieser erste Kulminationspunkt des – auch medialen – Interesses an der Hainburger Au war nach Monaten öffentlicher Aufmerksamkeit erreicht. Spätestens seit dem August dominierten die Auen die innenpolitische Debatte. Die österreichische Bundesregierung unter Bundeskanzler Fred Sinowatz (SPÖ) und Vizekanzler Norbert Steger (FPÖ) führte wirtschaftliche und umweltpolitische Gründe für den Bau ins Treffen, Arbeitsplätze wurden ebenfalls zum Thema. Der Gewerkschaftsbund unter seinem mächtigen Chef Anton Benya und die Industriellenvereinigung zogen in gut geübter sozialpartnerschaftlicher Tradition am selben Strang: Sie waren fortschritts- und wachstumsorientiert.

Die Vorgänge hingen mit längerfristigen energiepolitischen Prozessen zusammen. Die Energiepreiskrisen 1973 und 1979, auf die Österreich unter anderem mit der Einführung eines autofreien Wochentags reagiert hatte, hatten ganz Europa für das Thema sensibilisiert und deutlich gemacht, dass Volkswirtschaften empfindlich auf Verteuerungen von Erdöl und Erdgas reagieren. Kernkraft und Wasserkraft als Lösungen zielten auf nationale Energieautarkie, doch waren sie dem Nachkriegsparadigma des Wiederaufbaus und des Wirtschaftswachstums verhaftet. Die Proponenten des Konrad-Lorenz-Volksbegehrens entwickelten sich zu SprecherInnen der Bewegung gegen das Kraftwerk Hainburg. Sie forderten ein Umdenken in Energiefragen statt weiterer großer Kraftwerksprojekte. Ein österreichweites Programm zur besseren Primärenergienutzung, Emissionsbegrenzung und Beschäftigungssicherung sollte ausgearbeitet werden. Für den Universitätsdozenten Bernd Lötsch, der sich als Naturwissenschaftler für die Hainburger Au einsetzte und dem überparteilichen Personenkomitee des Volksbegehrens angehörte, machten Projekte wie Hainburg Fehlplanungen der Energiewirtschaft deutlich. Es werde weiterhin versucht, der Bevölkerung landschaftszerstörende Wasserkraftwerke einzureden. Doch diese Rechnung gehe nicht mehr auf: »Die frierenden Umweltschützer in der Kälte der Au denken klarer über Wärmeverlust und Energienutzung als die Kraftwerksplaner in den überheizten Direktionsetagen. Energiepolitik ist mehr als Kraftwerksbau – sie wird angesichts des erreichten Verschwendungsniveaus mehr denn je zur Suche nach besseren Verbrauchsstrategien und Nutzungsformen«.[188]

Die Parteien hatten die innenpolitisch motivierte Krise um das Kernkraftwerk Zwentendorf zwar ad acta gelegt, als die Proteste gegen Hainburg begannen, doch die Erinnerung war noch frisch. Erst am 5. November 1978 hatte die SPÖ-Regierung unter Bruno Kreisky die von ihr initiierte Volksabstimmung für das Kernkraftwerk Zwentendorf verloren.[189]

Umweltthemen gewannen in den 1970er Jahren an gesellschaftlicher Bedeutung, der Energiebedarf aber stieg. Die Donaukraftwerke AG (DOKW) als mächtiger Promotor wollte den Ausbau der Donau zu einer Kette von Stauwerken, der seit Jahrzehnten voranschritt, mit den aus ihrer Sicht fehlenden Staustufen Wachau, Wien und Hainburg abschließen. Am 22. Dezember 1983 wurde das Hainburger Kraftwerk von Landwirtschaftsminister Günter Haiden (SPÖ) für die Oberste Wasserrechtsbehörde zum »bevorzugten Wasserbau« erklärt. Das sollte Enteignungsverfahren vereinfachen. Damit war das Kraftwerk allerdings noch nicht bewilligt. Ohne naturschutzrechtliche Genehmigung und wasserrechtliches Verfahren war ein Baubeginn nicht möglich.

Zunächst verhallte der zivile Widerstand ungehört, obwohl – oder vielleicht gerade, weil – sich auch internationale Akteure zu Wort gemeldet hatten, neben UmweltschützerInnen aus Deutschland und der Schweiz war es vor allem der World Wildlife Fund (seit 1986 World Wide Fund For Nature, WWF), der 1983 mit prominenter Unterstützung durch den britischen Prinzgemahl Philip eine Kampagne »Rettet die Auen« gestartet hatte. Die inzwischen

»Pressekonferenz der Tiere« im Presseclub Concordia Wien mit Maria Bill, Günther Nenning, Herbert Rainer und Jörg Mauthe (v. l. n. r.) , 7. Mai 1984

gegründete Aktionsgemeinschaft gegen das Kraftwerk Hainburg präsentierte im Jänner 1984 ein Rechtsgutachten, demzufolge der Bau das niederösterreichische Naturschutzgesetz sowie internationale Verträge verletze, und kündigte Individualklagen an.

Der ins kollektive Gedächtnis eingegangenen »Pressekonferenz der Tiere« war also einiges vorausgegangen. Gerhard Heilingbrunner, Leiter des Alternativ-Referats der Österreichischen Hochschülerschaft (ÖH), und der Journalist Günther Nenning traten als Initiatoren des Konrad-Lorenz-Volksbegehrens in Erscheinung, dessen medienwirksamen Auftakt besagte Pressekonferenz bildete. Die VertreterInnen der »Tiere der Au« kamen aus nahezu allen politischen Lagern, auch Persönlichkeiten aus Wissenschaft, Kunst und Kultur waren beteiligt, was im weiteren Verlauf der Ereignisse typisch für die »Anti-Hainburg-Bewegung« blieb. Nenning trat bei der Pressekonferenz als Rothirsch verkleidet auf, der Wiener Stadtrat Jörg Mauthe

(ÖVP) als Schwarzstorch, der Schriftsteller Peter Turrini als Rotbauchunke, Othmar Karas (Junge ÖVP) als Kormoran, Hubert Gorbach (Vorsitzender der FPÖ-Jugend) als Blaukehlchen und Bernd Lötsch als Purpurreiher. Auch die Schauspielerin Maria Bill nahm an der »Pressekonferenz der Tiere« teil, die einzige kostümierte Frau war allerdings die Journalistin Freda Meissner-Blau als Laufkäfer. Sie hatte sich bereits gegen Zwentendorf engagiert und dabei auch eine gewisse mediale Bekanntheit erlangt.

Das Bewilligungsverfahren schritt indes weiter. Die Bewilligung war in erster Instanz aufgrund negativer Gutachten und des strikten niederösterreichischen Naturschutzgesetzes verweigert worden. Da Naturschutz in Österreich Landessache war (und ist), war der niederösterreichische Landtag für diese Entscheidung zuständig. Die Abgeordneten übertrugen einstimmig die alleinige Entscheidung für die naturschutzrechtliche Bewilligung in zweiter Instanz dem Landesrat für Naturschutz, Ernest Brezovsky (SPÖ). Er hatte festzustellen, ob das Kraftwerk Hainburg mit dem niederösterreichischen Naturschutzgesetz vereinbar sei. Am 26. November 1984 erteilte Brezovsky die naturschutzrechtliche Baubewilligung. Diese stellte aus der Sicht der NaturschützerInnen einen Bruch nicht nur des niederösterreichischen Naturschutzrechts, sondern auch der kurz zuvor von der Bundesregierung unterzeichneten internationalen Naturschutzabkommen, der Berner Konvention und des Ramsar-Abkommens, dar. Mit wütender Kritik der KraftwerksgegnerInnen konfrontiert, verwies Brezovsky auf zwölf Expertengutachten, die er herangezogen habe. Es gab durchaus positive Expertenmeinungen, in Erinnerung mag Otto König, wie Konrad Lorenz Verhaltensforscher, geblieben sein. Am 5. Dezember 1984 erteilte – nun war wieder die Bundesebene gefragt – Landwirtschaftsminister Günter Haiden die wasserrechtliche Bewilligung. Damit konnte die DOKW mit den Rodungen im Auwald beginnen.

Neue Formen des Widerstands: Die Besetzung der Au

Der Widerstand hatte indessen nicht abgenommen. Schon im Vorfeld des Entscheids hatten die Gegner eine Versammlungsanzeige bei der Bezirkshauptmannschaft Gänserndorf eingebracht, und am 8. Dezember, dem Samstag vor dem für Montag angesetzten Baubeginn, fand ein federführend von der Österreichischen Hochschülerschaft organisierter Sternmarsch in die Stopfenreuther Au statt. 5.000 bis 8.000 Menschen nahmen an der Abschlusskundgebung, die als Adventfeier gestaltet war, teil. Damit wurde auch eine wichtige Prämisse des Protests öffentlich gemacht: Der Widerstand sollte gewaltfrei erfolgen, er war weder konfessionell noch politisch eingeschränkt. Von UniversitätsprofessorInnen über Pfadfinder und andere »Outdoor«-Begeisterte bis zu Punks fanden sich Menschen ein, um für ein Stück Natur einzustehen, das die wenigsten von ihnen zuvor gekannt hatten. Nach Sternmarsch und Kundgebung blieben die ersten AktivistInnen in der winterlichen Au.

Die nächsten Tage gestalteten sich zunehmend dramatisch. BesetzerInnen bauten zunächst Lager mit Zelten und Hütten und improvisierten Küchenstände, wärmende Lagerfeuer brannten. Alles, bis hin zu Botendiensten, war weitgehend selbstorganisiert. Die AubesetzerInnen blockierten Baufahrzeuge und umarmten Bäume, damit diese nicht gefällt werden konnten. Dazu hatte sie die indische Chipko-Bewegung inspiriert, wie Freda Meissner-Blau erinnert. Der »gütige, weise alte Chipko-Inder, Sunderlal Bahuguna, [...] war es, der uns in Hainburg gelehrt hatte, wie man Bäume umarmt, um sie zu beschützen, und wie man der (Staats-)Gewalt gewaltlos begegnet: Gewaltlosigkeit als radikalste Form des Widerstandes, weil sie die Macht ihrer Ziele beraubt«.[190]

Annemarie Höferle war ab 1981 dabei gewesen, hatte gemeinsam mit der Leopoldsdorfer Rauchfangkehrermeisterin Sylvia Leitgeb Unterschriften gesammelt und stellte nun einen Teil ihres gerade renovierten Bauernhofs in Stopfenreuth, der kleinen Ortschaft gleich neben der Au, als Zentrale zur Verfügung. Ihr

Demonstration gegen das Wasserkraftwerk in der Hainburger Au/Stopfenreuther Au, 1. Dezember 1984

Mann Bruno kochte in einem – heute im Niederösterreichischen Landesmuseum ausgestellten – Kessel tagelang Tee, Milchkannen der Bauern dienten als Transportgefäße. Günter Schobesberger, Aubesetzer der ersten Stunde, arbeitete von der Zentrale aus engagiert an der Organisation der Lager. Auch Dieter Bogner, einer der vielen Unterstützer aus dem Kulturbereich, wirkte dort mit, für die BesetzerInnen in der Au und die Medien größtenteils unsichtbar. Seine Rolle ist, wie die von unzahligen anderen Beteiligten, im Mythos Hainburg wenig präsent. Doch vielen AktivistInnen, ob in der Au, in Stopfenreuth oder in Wien tätig, blieb das Gefühl der Gemeinschaft und des gemeinsamen Ziels in Erinnerung.

Die lokale Vorgeschichte, in der neben Valerie Fasching, Sylvia Leitgeb und dem Ehepaar Höferle auch Margarete und Robert List aus Bad Deutsch-Altenburg eine wichtige Rolle spielten, erwies sich als entscheidend, denn ohne lokale Ressourcen wäre die elf Wintertage währende Massenbesetzung nicht möglich gewesen. Die Bevölkerung der Umgebung versorgte die AubesetzerInnen mit Essen, Wasser, Tee, Schlafsäcken und Decken.

Es gab auch direkte lokale Beteiligung am Widerstand. Schon 1980 hatte Sylvia Leitgeb begonnen, die Bauern des Marchfelds auf die Grund- und Trinkwasserprobleme hinzuweisen, die das Kraftwerk mit sich bringen würde. Wegen ihres großen Engagements wurde sie auch »Johanna der Au« genannt. Aufgrund ihrer persönlichen Kontakte zu den Bauern der weiteren Umgebung ließen sich etliche zur Unterstützung mobilisieren: Sie blockierten mit Traktoren, Anhängern und Strohballen die Zufahrtswege zur Au, um deren Räumung zu verhindern.

Hainburg: Mythos und Wendepunkt österreichischer Politik

Im Morgengrauen des 10. Dezember rollten erstmals Bagger in den Auwald bei Hainburg. Dieser Rodungsversuch wurde verhindert, indem sich die AktivistInnen unter Bäume stellten und die Bagger blockierten. Weitere Rodungsversuche folgten. Wieder übernachteten viele in der Au; der zivile Ungehorsam gewann an Dynamik. Immer mehr Menschen kamen und blieben, die Österreichische Hochschülerschaft organisierte stündliche Bustransfers von Wien nach Stopfenreuth. Über 1.000 ständige DemonstrantInnen befanden sich nun im Rodungsgebiet. Anfangs ließ sich die Regierung davon nicht beeindrucken. Die BesetzerInnen wurden als »Extremisten« bezeichnet, mit Haft und Geldstrafen bedroht. Dann willigte die Regierung in Gespräche mit VertreterInnen des Volksbegehrens ein. Während am 12. Dezember in der Au Hütten, Erdhöhlen und Tipis gebaut wurden und der Zustrom an BesetzerInnen nicht nachließ, verhandelten VertreterInnen des Volksbegehrens mit der Regierung – auch das war eine für Österreich neue Form des Widerstandes. Ein vier Tage andauernder »Waffenstillstand« wurde ausgehandelt, während dessen die Au weder geräumt noch gerodet werden sollte. In diesen vier Tagen entspannte sich die Lage, weitere BesetzerInnen reisten an. Am 18. Dezember aber kündigte die Gewerkschaft Bau-Holz an, Aufmärsche von Arbeitern gegen die NaturschützerInnen zu organisieren. Die Regierung konnte die Gewerkschaft gerade noch von dieser Eskalation abbringen, der Preis dafür war allerdings ein Räumungsbefehl für die Au. In den Morgenstunden des »Schwarzen Mittwoch« genannten 19. Dezember begann der Großeinsatz der Exekutive. Das zu rodende Waldgebiet wurde mit Stacheldrahtrollen gesichert. Die örtliche Gendarmerie sowie Polizeieinheiten aus Wien, unter anderem die Spezialeinheit »Cobra«, gingen gegen die AubesetzerInnen vor, zum Teil auch auf brutale Weise mit Schlagstöcken, Schilden und Wasserwerfern. Insgesamt 2.000 Polizisten waren im Einsatz. Es gab Verletzte und Festnahmen – kein einziger Polizist wurde laut Medienberichten verletzt.

Die Regierung verhandelte indessen mit Delegierten aus der Au, unter anderem mit Freda Meissner-Blau, Günther Nenning, Bernd Lötsch, Peter Weish und dem Biologenpaar Gustav und Elfrune Wendelberger. Während des Polizeieinsatzes fand sich die Delegation der KraftwerksgegnerInnen bei Bundespräsident Rudolf Kirchschläger ein. Als Bundeskanzler Fred Sinowatz ebendort sagte, wenn das Kraftwerk nicht gebaut werden könne, müsse man die Republik zusperren, antwortete Günther Nenning: »Herr Bundeskanzler, die Republik ist keine Baufirma!«[191]

»

Die Donau ist unsere große Liebe, wenn man so sagen kann. Die Donau – wer das nicht erlebt hat – man muss sehr respektvoll mit ihr umgehen. Und man muss sich absolut anpassen. Aber wenn man so ins Boot steigt und dann ein bisschen vor ruckelt und dann kommt man in die Strömung und die nimmt einen mit – das ist wunderschön! Deshalb haben wir geschaut, ob wir an der Donau ein Haus finden. Und dann hat sich Stopfenreuth ergeben. Durch reinen Zufall eigentlich und gerade zur richtigen Zeit. Wir haben gerade zu renovieren begonnen, haben drei Jahre lang renoviert, Fußboden abgeschliffen, gestrichen – und dann ist die Besetzung gekommen.
Begonnen hat es schon Anfang November, da waren die ersten Aubeschützer da. Am 8. Dezember 1984, bei diesem Sternmarsch, hat man gesehen, es tut sich was, die Leute sind wach geworden, sie lassen sich das nicht mehr so gefallen. Da ist eine Bewegung, eine Widerstandsbewegung, wenn man es brutal ausdrücken will. Und es wird nicht so leicht werden wie die anderen Kraftwerke. Wir

Diese Anekdote aus den Verhandlungen zeigt, wie verschieden die Wirklichkeits- und Problemwahrnehmung im Konflikt um Hainburg war. Während Energiewirtschaft, Regierung und Sozialpartner ihrer Wiederaufbaumentalität entsprechend den Kraftwerksbau als Zeichen des »produktiven« Wirtschaftsfortschrittes sahen, der zur Sicherung von Arbeitsplätzen dringend nötig sei, sah sich die andere Seite mit dem »destruktiven« Projekt eines umweltzerstörerischen Monsterbaues konfrontiert, der den letzten Auwald Mitteleuropas vernichten würde.

Freda Meissner-Blau erfuhr während der Verhandlungen durch einen Boten aus der Au, dass die Polizei gewaltvoll gegen BesetzerInnen vorging. Sie entschied spontan: »Mit einer Prügelregierung verhandeln wir nicht weiter!«[192] Das Echo der Räumung in den Massenmedien wurde als »Kriegsberichterstattung« bezeichnet, die *Kronen Zeitung* titelte: »Die Schande von Hainburg«, JournalistInnen wurden in der Au von Polizisten bei ihrer Arbeit behindert. Doch die Fotos von mit Schlagstöcken gegen friedliche, Bäume umarmende BesetzerInnen vorrückenden Polizisten rüttelten die Öffentlichkeit auf.

Österreich war und ist wie wenig andere europäische Länder durch eine hohe Konzentration im Printmedienbereich geprägt. Die zwei größten österreichischen Tageszeitungen *Kurier* und die schon erwähnte *Kronen Zeitung* spielten eine wichtige Rolle in der Mobilisierung gegen das Kraftwerk. Der *Kurier* hatte bereits 1983 die Kampagne »Rettet die Donauauen« des WWF unterstützt, die *Krone* wurde im weiteren Verlauf jedoch zur Protagonistin einer regelrechten Medienkampagne gegen den Kraftwerksbau.

In Wien kam es am Nachmittag und frühen Abend des 19. Dezember 1984 zu einer spontanen Solidaritätskundgebung mit den AuschützerInnen. Auf der Ringstraße versammelten sich etwa 40.000 Menschen, um friedlich zu protestieren. Am 21. Dezember rief Bundeskanzler Sinowatz einen »Weihnachtsfrieden« aus, dem eine »Nachdenkpause« folgte. 1985 hob der Verwaltungsgerichtshof den Wasserrechtsbescheid auf

haben das ganze Dorf mobilisiert. Unsere Tochter und noch eine vom Dorf haben 52 Österreich-Fahnen genäht. Dann haben wir Transparente geschrieben. Bei der Kirchturmuhr haben wir geschrieben: ›Es ist fünf vor zwölf‹. Und vorne beim Kindergarten ein großes Transparent: ›Liebes Christkind komme bald, rette unsern Auenwald!‹ Dann haben wir in einem Kessel damals 1.600 Liter Tee gekocht. Es war ein Aufbruch und so eine positive Stimmung. Da war das Wir, wirklich das Wir. Es war ein Auflehnen gegen diese Art der Demokratie. Weil die sind einfach ›drübergfahrn‹. Sie sind der Donau nachgekrochen, ein Kraftwerk nach dem anderen. Und das ist das letzte Stückerl Frei-Au, freie Fließstrecke, wie's so schön heißt. Wir haben viele Paddel-Freunde, und wenn die nach Freudenau einsteigen in die Donau, dann sagen sie immer ›Willkommen Paradies!‹.[195]

«

Die Zeitzeugin Annemarie Höferle über die Aubesetzung, 2016

DemonstrantInnen gegen das Wasserkraftwerk Hainburg in der Stopfenreuther Au, 21. Dezember 1984

und untersagte damit den Baubeginn; 1996 wurde der Nationalpark Donau-Auen gegründet.

Anfänge der österreichischen Ökologiebewegung: Natur wird zum Sehnsuchtsort der Spätmoderne

Das nie in Betrieb genommene Kernkraftwerk Zwentendorf steht für den Beginn einer neuen Ära, Hainburg steht für den zweiten Schritt des langsamen Niedergangs der Sozialpartnerschaft, die die Zweite Republik so lange geprägt hatte. Mit Hainburg konnten sich die alten Entscheidungsstrukturen nicht mehr behaupten, das mit Kreisky 1970 begonnene sozialdemokratische Modernisierungsprojekt kam an sein Ende. Der dem »Wiederaufbau« nach Ende des Zweiten Weltkriegs folgende »Fortschritt« geriet in eine Krise. Mit Hainburg endete der

Nachkriegs-Wiederaufbau-Konsens in der Energiepolitik. Die beiden Kraftwerksverhinderungen standen am Beginn einer österreichischen Ökologiebewegung – Österreich ergrünte –, doch auch demokratiepolitisch waren Zwentendorf und Hainburg Meilensteine für die Zweite Republik. Mit der Forderung nach direkter Beteiligung an politischen Entscheidungen im Zuge der Proteste begann sich das zu bilden, was heute »Zivilgesellschaft« genannt wird.

Hainburg stellt daher einen Wendepunkt im Verhältnis von Gesellschaft und Natur in Österreich dar. Folgt man dem Soziologen Hartmut Rosa, so wird in der Spätmoderne – der vom globalen Wachstumszwang geprägten Epoche der Gegenwart – die Natur zu einer der wenigen verbleibenden »Resonanzsphären«, die den Menschen positive Erfahrungen ermöglichen, während die restliche Welt immer mehr »verstummt«. Anders formuliert: Natur kann als etwas erlebt und erfahren werden, das selbst belebt ist und einem »antwortet«. »Wenn Du den Baum schützt, schützt der Baum dich«, erklärte Sunderlal Bahuguna bei seinem Besuch in der Hainburger Au.[193] In Berichten der Aubesetzung beschreiben die BesetzerInnen diese Resonanz mit Natur, etwa als »Gespräch«. Die Au wurde häufig als »Heimat« oder als »Wildnis« erlebt, als aus sich selbst heraus wertvolle Natur, mit der eine Art Partnerschaft möglich ist.

In einer jüngst von Sophia Rut durchgeführten Serie von Interviews wird deutlich, dass in der winterlichen Au das Erleben von Gemeinschaft mindestens ebenso bedeutsam war. In der Au kam es zu resonanten, stimmigen Weltbeziehungen – zu Bäumen wie zu Menschen. Das Gedenkbuch zu Hainburg heißt nicht zufälligerweise »Die Schlacht der Bäume« und stellt damit Bäume als gleichberechtigte Akteure vor.

Die Umwelthistorikerin Ortrun Veichtlbauer sieht Hainburg als »Inszenierung von Gesellschaft als Natur«.[194] Denn für die Au wurde mit österreichischer Folklore und »revolutionärem Pathos« zugleich geworben. Sie wurde dabei so positiv aufgeladen, dass die VertreterInnen des Volksbegehrens in der »Pressekonferenz der Tiere« mit Haut und Haar zu den Tieren der Au werden konnten.

Diese Identifizierung mit der Au und ihren Geschöpfen war ein wichtiges Element für die Gruppenidentität der KraftwerksgegnerInnen. Sie wurde politisch und medial wirksam inszeniert, doch das Gemeinschaftserleben ging darüber hinaus. Für einen Teil der Grünen Bewegung wurde Hainburg der Motor zur Parteibildung und zum Einigungsprozess der ideologisch unterschiedlich ausgerichteten Grüngruppierungen – ein anderer Teil der Bewegung war gar nicht daran interessiert, Partei zu werden. Die Grüne Partei schaffte knapp zwei Jahre nach Hainburg mit der Aubesetzerin Freda Meissner-Blau als Galionsfigur den Einzug ins Parlament. Darin drückte sich ein neuer »starker Wert« (Hartmut Rosa) aus, in dessen Kern die Bewahrung der Natur stand.

Dabei ging es eben auch um die Bewahrung einer Sphäre, in der Menschen Resonanz erfahren. Natur wurde und wird als Sehnsuchtsort und als Gegenpol zur Entfremdung erlebt. Diese Aufladung drückt sich nicht zuletzt in der Schaffung des Nationalparks Donau-Auen aus. Im März 1985 forderten 353.906 Personen im Konrad-Lorenz-Volksbegehren das Verbot von Großkraftwerken wie Hainburg und die Errichtung eines Nationalparks im Gebiet von Hainburg.

Allerdings zeigt der Nationalpark auch, dass ökologische Prozesse in weiträumiger Vernetzung ablaufen, deren räumlich begrenzter Schutz nie völlig gelingen kann. Die 9.300 Hektar Donaulandschaft sind keineswegs ursprüngliche Natur. Die Herstellung und Erhaltung eines gewünschten, naturnahen Zustands unterhalb der Donaukraftwerkskette wird durch ein umfangreiches Managementkonzept abgesichert. Allein für die Stabilisierung der Donausohle muss permanent Schotter zugegeben werden.

Weiterführende Literatur

Robert Foltin, Und wir bewegen uns doch. Soziale Bewegungen in Österreich, Wien 2004.

Freda Meissner-Blau, Die Frage bleibt. 88 Lern- & Wanderjahre. Im Gespräch mit Gert Dressel, Wien 2014.

Bernhard Natter, Der »Bürger« versus die »Mächtigen«. Populistischer Protest an den Beispielen Zwentendorf und Hainburg, in: Anton Pelinka (Hg.), Populismus in Österreich, Wien 1987, 151–170.

Hartmut Rosa, Resonanz. Eine Soziologie der Weltbeziehung, Berlin 2016.

Martin Schmid/Ortrun Veichtlbauer, Vom Naturschutz zur Ökologiebewegung. Umweltgeschichte Österreichs in der Zweiten Republik, Wien 2006.

Michael Gehler

Der Fall des Eisernen Vorhangs. Ursachen, Strukturen, Verläufe und Wirkungen

Vorbemerkungen

Im Revolutionsjahr 1989 gaben kommunistische Herrschaftssysteme in Europa ihre Macht ab und lösten sich mit atemberaubender Rasanz nacheinander auf. Die gesellschaftliche und ökonomische Dauerkrise des Staatssozialismus sowie die Entspannungspolitik der Konferenz über Sicherheit und Zusammenarbeit in Europa (KSZE) hatten daran maßgeblichen Anteil. Die sowjetischen Reformbestrebungen unter Michail Gorbatschow gaben seit Mitte der 1980er Jahre den Andersdenkenden in den sozialistischen »Bruderstaaten« politische Motivation und moralische Legitimation. Die Umbrüche 1989 waren das Ergebnis der »›erfolgreich gescheiterten‹ Revolution der kommunistischen Selbstüberwindung«.[196] Die Deutschen machten bei den Umstürzen nicht den Anfang, sondern folgten Polen und Ungarn. Der »Fall« der Mauer am 9. November 1989 – konkret die Öffnung der Grenzanlagen an der Bornholmer Straße in Berlin – entwickelte allerdings eine eigene Dynamik und weitere Schubkraft für die Umwälzungen in der Tschechoslowakei wie auch in Rumänien.

Ursachen der Umbrüche

Die sich abzeichnende Niederlage der UdSSR in Afghanistan, die Entlassung der alten Garde von Partei- und Staatschef der Sowjetunion, Leonid Iljitsch Breschnew, der schleichende ideologische Erosionsprozess, das Entstehen »zweiter« oder sogenannter Schattenwirtschaften, die verstärkte Integration Mittel- und

Osteuropas in das westlich-kapitalistische Wirtschaftssystem mit Zunahme des Handels und der Auslandsschulden, die Unmöglichkeit, die von der »dritten industriellen Revolution« ausgehenden Innovationen der Mikroelektronik nachzuvollziehen sowie das Anwachsen einer *civil society* als »zweite Gesellschaft« führten zu einem Problemstau, der sich in den politischen Umstürzen 1989 äußerte.[197]

Für alle Staaten gilt insbesondere: Ohne Gorbatschows Politik, die mit der Breschnew-Doktrin der eingeschränkten Souveränität gebrochen hatte, wären die Umsturzbewegungen nicht möglich gewesen. Er war der Motor des Wandels, wenngleich er diesen weder steuern konnte noch dessen Resultate wollte. Die deutsche Einigung, voll eingebettet im atlantischen Bündnis, das Ende der Sowjetunion und die NATO-Mitgliedschaft aller ehemaligen Verbündeten in Mittel- und Osteuropa sind Beispiele unbeabsichtigter Wirkungen seiner Politik.

Angesichts notwendiger durchgreifender Reformen stellte sich für die Sowjetunion und ihre Verbündeten Ende der 1980er Jahre immer mehr die Frage der Existenzfähigkeit und Überlebensmöglichkeit ihrer Systeme. 1989 zeigten sich die Wettbewerbsunfähigkeit der gestürzten Regime und gleichzeitig der Überlebenswillen der beherrschten Völker. Eine echte Chance auf Regeneration der sozialistischen Einparteiensysteme und ihrer Kommandowirtschaften bestand Ende der 1980er Jahre nicht. »Selbsterneuerungsunfähigkeit« (Ludger Kühnhardt) kennzeichnete die kommunistischen Diktaturen: Mit permanenten Systemdefiziten waren mittelfristig Systemkrisen und langfristig Systemzerfall verbunden.[198]

Das Jahr 1989 ist auch im historischen Zusammenhang mit dem Volksaufstand vom 17. Juni 1953 in der DDR, dem Ungarn-Aufstand 1956, dem Prager Frühling 1968 und der polnischen Gewerkschaftsbewegung Solidarność zu sehen. Die unterschiedliche vorrevolutionäre Erfahrung und das gemeinsame kollektive Erlebnis der Niederwerfung der Volksbewegungen durch den sowjetischen Totalitarismus prägten 1989 sowohl das Handeln der Opposition als auch das Reagieren der Regime.

Unterschiedliche Strukturen und Verläufe

Der Historiker Ben Fowkes hat die »sogenannten Revolutionen« 1989/90 nicht als eine gleichzeitige Katastrophe, sondern eher als eine »Kettenreaktion« bezeichnet.[199] Die Gewerkschaftsbewegung in Polen und die sozioökonomische Liberalisierung in Ungarn bildeten Vorläufer und Pioniere der Umsturzbewegungen. Die Opposition in der DDR und der ČSSR profitierten von den Freiheitsbestrebungen in Polen und Ungarn. Rumänien eilte der Entwicklung gewaltsam nach, und in Jugoslawien setzten blutige Bürgerkriege ein. DDR und ČSSR erlebten demokratische Revolutionen mit einer starken nationalen Dimension: In der DDR hatte sie die Einigung mit Westdeutschland und in der ČSSR eine Sezession in die Tschechische und die Slowakische Revolution zur Folge. Im ersten Fall gab es rasche und substanzielle Hilfe von der Bundesrepublik, in den anderen Fällen fehlte zunächst ein großer helfender Bruder.

Polen: Langanhaltende und versandete Revolution

Die 1980 gegründete und dann verbotene Gewerkschaft Solidarność wurde nach landesweiten Streiks 1988 wieder zugelassen und erreichte, dass sich das unter Druck stehende Regime unter General Wojciech Jaruzelski zu Gesprächen mit der Opposition bereitfand. Von Februar bis April 1989 fanden am »Runden Tisch« Gespräche zwischen der neuen Regierung Mieczyslaw Rakowski (1989–1990), Kirche und Opposition statt, infolge derer die Kommunisten die Macht teilen und dann abgeben mussten. Rakowski wollte – im Gegensatz zu Gorbatschow – wirtschaftliche vor politischen Reformen durchführen.[200]

Am 4. und 18. Juni 1989 fanden halbfreie Parlamentswahlen statt. Sie führten zu einem großen Sieg der Opposition: Das aus der Gewerkschaftsbewegung hervorgegangene Bürgerkomitee Solidarność bekam im Sejm alle 161 Sitze der Opposition und in der zweiten Kammer 99 von 100. Gemeinsam mit ihr bildeten die Vereinigte Bauernpartei und Demokratische Partei eine Koalition. Am 24. August 1989 wurde der katholische Publizist und Oppositionspolitiker Tadeusz Mazowiecki als Nachfolger des Generals Czesław Kiszczak erster nicht kommunistischer Regierungschef Osteuropas seit 40 Jahren.

Parallel konstituierten sich neue Parteien. Antisowjetische Gewaltakte nahmen zu. Am 29. Dezember wurde die »führende Rolle« der Polnischen Vereinigten Arbeiterpartei (PVAP)/ Polska Zjednoczona Partia Robotnicza (PZPR) bei einer Gegenstimme aus der Verfassung gestrichen und die Staatsbezeichnung »Republik« wieder eingeführt. Die Begriffe »links« und »rechts« blieben unklar, wodurch die Entstehung eines bipolaren Parteienspektrums erschwert wurde. Der Zusammenhalt schwand dann mit Staatspräsident Wałęsa und der Spaltung von Solidarność. Dem raschen Systemwechsel 1989 folgte in den 1990er Jahren ein langanhaltender Systemwandel ohne durchgreifende Erfolge.

Ungarn: Rasche, stille und paktierte »Revolution«

Bereits vor Gorbatschow existierten ungarische reformkommunistische Bestrebungen. Sie bestanden aus Anpassung der Preispolitik an das Weltmarktniveau 1980, in der Aufnahme des Landes in den Internationalen Währungsfonds und die Weltbank 1982 sowie der Begründung einer ungarisch-dänischen Joint Venture 1984 und der Reform des Bankwesens 1987. Durch Glasnost und Perestroika organisierten sich zivilgesellschaftliche Kräfte stärker. Das Regime versuchte diese zu konterkarieren. 1988 nahm Ungarn als erster kommunistischer Staat Beziehungen mit Südkorea auf. Unter Ministerpräsident Károly Grósz kam es zu einer Steuerreform 1988 und zur Öffnung des politischen Systems.

Parallel zur Reformpolitik von oben entwickelte sich die Reformbewegung von unten weiter, die durch ihre Eigendynamik die Bemühungen der Regierung überflügelte. Infolge der schrittweise durchgeführten Reformen seit 1987/88 konnte der Transformationsprozess zwischen Regime und Opposition paktiert,

DDR-Flüchtlinge vor dem Grenzübergang Nickelsdorf am 11. September 1989

der Systemwechsel 1989/90 friedlich und rasch durchgeführt, gesetzlich und verfassungsmäßig mit Menschenrechten, Versammlungs-, Vereinigungs- und Pressefreiheit abgesichert sowie daraus entstehende wirtschaftliche Probleme reduziert werden. Die ökonomische Lage sollte sich dadurch aber mittelfristig nicht entscheidend verbessern. Nach dem erzwungenen Rücktritt Kádárs als Generalsekretär der Ungarischen Sozialistischen Arbeiterpartei (USAP)/Magyar Szocialista Munkáspárt (MSZMP) am 22. Mai 1988 übernahm Grósz die Parteiführung, musste jedoch aufgrund seiner mangelnden Reformbereitschaft sein Amt an Miklós Németh, dem Chef der letzten Regierung des kommunistischen Ungarn, abtreten.

Bereits am 27. September 1987 war das Ungarische Demokratische Forum (UDF) begründet worden; weitere Parteien sollten rasch folgen. Im Januar 1989 verzichtete die USAP auf ihre Führungsrolle in Staat und Gesellschaft. Ihre Machtstellung war vorher bereits gebrochen. Der »Oppositionelle Runde Tisch«

Die Außenminister Österreichs und Ungarns, Alois Mock (l.) und Gyula Horn (r.), zerschneiden den Grenzzaun in Sopron am 27. Juni 1989

sammelte Kritiker und löste das Regime ab. Der »Nationale Runde Tisch« führte Opposition und Kommunisten zusammen, um am 18. September 1989 die Republik zu proklamieren sowie die gesetzlichen Grundlagen für ein Mehrparteiensystem zu schaffen. Der Kompromiss ermöglichte auch die Direktwahl eines interimistischen Präsidenten, des Reformsozialisten Imre Pozsgay. Der Transformationsprozess kam im Wege politischer Verhandlungen und Pakte zwischen Regierung und Opposition zustande. Die Legalisierung der Demokratie erfolgte durch Übereinkünfte der Eliten. Der Übergang zum Verfassungsstaat verlief auf parlamentarischem Wege der Gesetzgebung so geräuschlos, dass von einer »stillen Revolution« gesprochen wird.

Vor dem Hintergrund des zerfallenden Systems der Satellitenstaaten orientierte sich das Land stärker nach Westen. Ab 2. Mai 1989 setzte der Abbau der Sperranlagen an der Grenze zu Österreich ein. Am 27. Juni folgte die symbolische Öffnung des Eisernen Vorhangs durch die Außenminister Ungarns und Österreichs, Gyula Horn und Alois Mock, die vor laufenden Kameras mit Drahtscheren den Zaun durchschnitten. Die Bilder gingen um die Welt und wurden zur Ikone des ausklingenden Kalten Kriegs. Horn ließ am 10./11. September 1989 offiziell die Grenze zur freien Ausreise öffnen, was binnen weniger Stunden rund 12.000 Ostdeutschen die Ausreise ermöglichte und den politischen Zusammenbruch der DDR einleitete.

DDR: »Revolution« nach Dienstschluss mit gesamtstaatlicher Einheit

Die bereits lange spürbaren gesellschaftlichen Spannungen verstärkten sich im Verlauf des Jahres 1989 zusehends. Im Mai 1989 registrieren Bürgerrechtler massive Fälschungen bei Kommunalwahlen. Die Unzufriedenheit mit dem sozialistischen Alltag, wirtschaftlicher Niedergang und Unmut gegen zusätzliche Beschränkungen der Reisefreiheit zählten dann zu den Auslösern des Protests, der sich zu einer breiten und gewaltlosen Bewegung auswuchs. Bestärkt durch Gorbatschow und die Veränderungen in den sozialistischen Nachbarstaaten führten die Demonstrationen zur Staatskrise und Demontage der Sozialistischen Einheitspartei Deutschlands (SED). Vorentscheidend für die »Wende« war, wie erwähnt, die Öffnung der ungarisch-österreichischen Grenze für DDR-Bürger sowie der Massenexodus Zehntausender DDR-Flüchtlinge zunächst über Ungarn und dann die ČSSR, die von dort ihre Ausreise in die Bundesrepublik erzwangen. Flankiert wurden diese Vorgänge durch den disziplinierten Massenprotest bei den Montagsdemonstrationen in Leipzig und anderen größeren Städten. Die »Urlaubsrevolution« außerhalb ergänzte die »Feierabend-Revolution« innerhalb der DDR.[201]

Die Feierlichkeiten zum 40. Jahrestag der Staatsgründung in Berlin-Ost am 8. und 9. Oktober 1989 begleiteten vehemente Protestaktionen und brutaler Polizeieinsatz. Erich Honecker trat aufgrund wachsender Kritik in der Parteiführung am 18. Oktober zurück. Nachfolger Egon Krenz kündigte eine »Wende« an. Es gelang jedoch nicht, die Verhältnisse zu stabilisieren. Am 21. Oktober demonstrierten in Leipzig 250.000 Menschen und am 4. November 500.000 auf dem Alexanderplatz in Berlin. Der Staatssicherheitsdienst war nicht mehr in der Lage, die Proteste einzudämmen. Die überraschende Maueröffnung in Folge der bekannten Pressekonferenz von Günter Schabowski, Mitglied des Zentralkomitees (ZK) der SED und Sekretär für Informationswesen, am 9. November, der neue großzügige Regelungen für Reisen ins westliche Ausland für DDR-Bürger ankündigte und meinte, dass diese »sofort« gültig seien, war die »unbeabsichtigte Selbstauflösung des SED-Staates«[202] und die »wirklich entscheidende Niederlage« für die DDR.[203]

»

Ich saß zu Hause und sah westdeutsches Fernsehen. Wir waren fast 500 Meter vom Übergang Bornholmer Straße entfernt, es wäre unmöglich gewesen, dorthin zu kommen, es waren Tausende von Menschen, die auf die Brücke gedrängt haben. Das hat man im Fernsehen viel besser gesehen, als wenn man dort gestanden wäre. Man hat fast alles übertragen und zwar wie sich die DDR-Grenzpolizisten und Zöllner zuerst gewunden haben, den Balken aufzumachen, aber dann gesehen haben, dass sie gegen diese Masse nicht ankommen. Die Telefonate mit den Vorgesetzten haben zu nichts geführt und letzten Endes haben sie kapituliert. Sie sind weg und haben die Masse gehen lassen.[215]

«

Erinnerungen von Franz Wunderbaldinger, 1989 Botschafter in der DDR

Die zahlreichen menschlichen Begegnungen führten zwar zu einer zwischenzeitlichen Entlastung des massiv unter Druck geratenen Regimes, nahmen aber gleichzeitig die staatliche Einheit vorweg. Zunächst war es der Ruf nach mehr Bürgerrechten und freien Wahlen sowie die Forderung nach Auflösung des SED-Regimes (»Wir sind *das* Volk«). Nach dem 9. November folgten die Leitsprüche »Deutschland einig Vaterland« und »Wir sind *ein* Volk«. Die politischen Forderungen wurden von nationalen Motiven überlagert und abgelöst – eine Parallele zum 17. Juni 1953. Weder das seit 13. November amtierende DDR-Übergangsregime unter Hans Modrow noch die zunächst vorsichtig agierende Regierung in Bonn konnten sich der nationaldemokratischen Sogwirkung entziehen. Der deutsche Bundeskanzler Helmut Kohl schlug am 28. November in einem »Zehn-Punkte-Plan« eine Konföderation vor, die in zehn bis fünfzehn Jahren die Wiedervereinigung ermöglichen sollte.

Der zunehmende Druck von der Straße und der Mauerfall bewirkten aber schon die Öffnung des Tors zur Einheit. Die Initiative ging von den Menschen im Osten aus, die Umsetzung erfolgte durch die Politik im Westen Deutschlands: Der zur Einheit entschlossene Kohl nutzte in den folgenden, von Dramatik und Ungewissheiten nicht freien Monaten die Chance zur raschen Vereinigung der über 40 Jahre getrennten Deutschen. Die anfängliche Ablehnung der Staats- und Regierungschefs der übrigen Mitglieder der Europäischen Gemeinschaft wich einer allmählichen Akzeptanz, die ihren Ausdruck im Zwei-Plus-Vier-Vertrag über die abschließende Regelung in Bezug auf Deutschland am 12. September 1990 fand. Teile der UdSSR-Führung, die noch im Jänner die Neutralität eines geeinten Deutschland angedeutet hatte, gaben den Widerstand gegen eine Einbeziehung des ehemaligen DDR-Territoriums in den NATO-Geltungsbereich auf.

ČSSR: Sanfte »Revolution« mit staatlicher Sezession

Seit Ende Oktober 1989 hielten in Prag und Brünn Demonstrationen an. Höhepunkt war die Kundgebung am 17. November 1989 zum Gedenken des 50. Jahrestages der Ermordung des Prager Studenten Jan Opletal durch die Nationalsozialisten, bei der »Freiheit«, »Gerechtigkeit«, die Freilassung politisch Gefangener, die Entlassung des Generalsekretärs der Kommunistischen Partei der Tschechoslowakei (KPTsch)/Komunistická strana Československa (kurz KSČ), Miloš Jakeš, und das Ende der kommunistischen Herrschaft gefordert wurden. Die Polizei knüppelte die Kundgebung nieder. Dies steigerte die Studentendemo zum Massenprotest, was zum Generalstreik und schließlich zum Einlenken der Regierung führte. Am 19. November sprach sich das Zentralkomitee der KPČ für den »Dialog« aus. Das am 19. November 1989 gegründete Bürgerforum (OF) mit Vertretern der Charta 77 um Havel und die slowakische Partnervereinigung Öffentlichkeit gegen Gewalt (VPN) wurden zu den Plattformen der demokratischen Protestbewegung. Am 20. November trat das Politbüro und am 24. November das gesamte ZK mit Jakeš zurück. Nachfolger wurde der farblose Apparatschik Karel Urbánek. Das OF begann mit dem als Reformer geltenden Ladislaw Adamec (KPČ), dem Ministerpräsidenten der Föderalregierung, zu verhandeln, der versprach, weder Gewalt anzuwenden, noch den Ausnahmezustand zu verhängen. Sein am 3. Dezember geäußerter Vorschlag einer Regierungszusammensetzung von Kommunisten und Vertretern der Opposition im Verhältnis 15 : 5 wurde jedoch abgelehnt. OF und VPN forderten Neuwahlen bis Juli 1990. Unter dem Druck der Öffentlichkeit trat Adamec am 7. Dezember zurück. Die Machtbasis der KPČ war damit rasch und vollständig zerfallen. Der Reformkommunist Márián Čalfa formte am 10. Dezember als Ministerpräsident erstmals eine nicht kommunistisch dominierte Koalitionsregierung der »nationalen Verständigung«. Nach der Reorganisation der nationalen Regierungen ging die Verantwortung vollends auf das OF über. Während die Legislative unangetastet blieb, kam es im Bereich der Exekutive zu Veränderungen. Kompromittierten Abgeordneten wurden ihre Mandate entzogen, führende KPČler wie Jakeš,

» Die Reformen von Gorbatschow waren zweifellos bedeutsam, wurden aber erst nach und nach spürbar. Wie weit sie gehen würden oder ob sie nicht gar widerrufen werden konnten, um einer neuen, repressiv-rückwärtsgewandten Ära zu weichen, sollte der Parteichef von konservativen Gegnern gestürzt werden, war nicht vorauszusehen. Als ich Mitte 1989 nach Prag kam, war der Reformprozess in Polen und Ungarn schon voll im Gange, während die ČSSR und die DDR zu stagnieren schienen. Man durfte damals lediglich hoffen, dass die Zügel dort behutsam gelockert würden, da sich unter der Oberfläche eine gewisse zögerliche Bewegung abzeichnete. Niemand sah voraus, dass die Ereignisse sich im Spätsommer und Herbst so rasant entwickeln würden, zunächst in Ostdeutschland, dann in der Tschechoslowakei und dass beide Länder noch vor Jahresende in einen Freiheitstaumel verfallen würden: Die Kommunisten hatten alle Machtmittel in der Hand und gaben sie faktisch freiwillig und kampflos auf. Das war das wahre Wunder dieses Annus mirabilis.[214] «

Erinnerungen von Jakob Forst-Battaglia, 1989 Botschaftsrat in Prag

Jan Fojtík oder Vasil Bilák von ihren Funktionen entbunden. Am 29. Dezember strich das Parlament den Führungsanspruch der KPČ aus der Verfassung. OF-Sprecher Vaclav Havel wurde nach dem Rücktritt von Staatspräsident Gustáv Husák am gleichen Tag vom Parlament einstimmig zu dessen Nachfolger gewählt.[204] Der Reformkommunist Alexander Dubček war am 28. November 1989 zum Parlamentspräsidenten gewählt worden.

Merkmale der Umbrüche im Vergleich

Die Forderung nach Freiheit und Volkssouveränität war eines der zentralen Anliegen der Protestbewegungen. Sie manifestierte sich durch »runde Tische«, kommunistische pseudo- oder semi-demokratisch legitimierte Parlamente. Über die transitorischen Artikulationsforen führte der Prozess unaufhaltsam zu pluralistischen Erscheinungen westlich-demokratischer Ausprägung. Freiheitserringung bedeutete allerdings nicht automatisch Demokratiesicherung und Rechtsstaatsgarantie. So ergaben sich neue Spannungsfelder: einerseits die Diskrepanz zwischen politischer Veränderung und wirtschaftlicher Neugestaltung, andererseits das Dilemma zwischen rascher institutioneller Reform im staatlichen Bereich und zäher Demokratisierung des politischen Lebens.

Die *Ancien Régimes* – außer das rumänische – gaben ohne größeren Widerstand auf und teilten die Macht mit der Opposition. Im Wandel von postkommunistischen zu neudemokratischen Herrschaftsverhältnissen mischten sich Altes und Neues. Nahezu überall zeigten sich alsbald Spannungen und Rivalitäten innerhalb der Opposition. Ihre starke Pluralisierung war nicht immer förderlich für die Demokratisierung der politischen Systeme. Wie Polen befreite sich Ungarn selbst, ohne dass durch die Machtverschiebungen schon demokratiepolitische Stabilität erzielt worden wäre.

Im Vergleich zu Polen (Lech Wałęsa) und der ČSSR (Václav Havel) gab es in der DDR keine herausragenden intellektuellen Führungspersönlichkeiten des Widerstands. Personen, die sich dafür geeignet hätten, verweilten entweder in innerer Emigration oder setzten sich in die Bundesrepublik ab. Es gab keine gewachsene organisierte Massenopposition wie die polnische Gewerkschaftsbewegung Solidarność und auch keine Plattform der Intellektuellen wie die tschechische Charta 77. Vielmehr wurden in der DDR vereinzelte Friedens-, Umwelt- und Dritte-Welt-Gruppen unter dem Dach der Evangelischen Kirche zum Träger der Umbrüche.

Im Unterschied zu Ungarn hatte die KPČ-Führung unter Gustáv Husák weder einen Kurs der nationalen Versöhnung eingeschlagen, noch sich von der Politik der Rache gegenüber den Exponenten des Prager Frühlings lösen können. Ohne Integration führte dies zu ihrer internen wie internationalen Isolation. Die Neubewertung der sowjetischen Intervention im Jahre 1968 markierte dann den Klimasturz in der Tschechoslowakei. Der Versuch einer Achsenbildung Berlin/Ost–Prag–Bukarest konnte nicht mehr gelingen. Im Unterschied zu anderen Ländern war die kommunistische Partei der ČSSR gleich am Anfang des Transformationsprozesses als politischer Faktor ausgeschaltet und kam als Verhandlungspartner mit der Opposition gar nicht mehr in Frage.

Wenngleich als Revolutionen umstritten, ein Prinzip traf zu: Die Entwicklung fraß in Polen, der ČSSR und der DDR ihre Kinder. Die polnische Solidarność zerbrach in Einzelparteien, das tschechoslowakische Bürgerforum zerfiel noch vor der Sezession der Slowaken von den Tschechen und das Neue Forum, die führende Bürgerbewegung der Wendezeit in der DDR, war im Frühjahr 1990 nur mehr eine Marginalie. Die Macht der Aufbegehrenden 1989 hat in der Beseitigung alter, nicht aber in der Herstellung neuer Machtverhältnisse bestanden: In der erreichten Delegitimierung des jeweils alten Regimes bestand ihre Stärke, in der ausgebliebenen Konstituierung neuer Ordnungen ihre Schwäche. Polarisierungen um Personen verhinderten die Profilierung und Schärfung von Programmen.

Folgen der Umbrüche

Aus der »Augenblicks-« und »Freiheitsrevolution«,[205] einer Ereignisverdichtung mit »Folgen einer unerhörten Begebenheit«,[206] wurde ein Transitorium mit unkalkulierbaren Folgen. Verbindlich war nur das Ende der russischen Hegemonie über Mittel- und Osteuropa. Insofern wurde ein Jahrhundert abgewählt.[207]

Der Kalte Krieg ging zu Ende, der Friede brach aber nicht aus: An die Stelle des alten Kommunismus trat neuer Nationalismus, der scheinbar vom sozialistischen Sowjetuniversalismus befriedet worden war. Nach dem Ausbleiben rascher Freiheitserfolge mündete vieles in die ebenfalls nicht schnell einlösbare Gleichheitsforderung. Diese doppelte Enttäuschung führte viele Menschen in den postkommunistischen Gesellschaften zu neuer politischer Gleichgültigkeit und Agonie sowie zur Wiederentdeckung der Nische des Privaten oder sozialistischer Nostalgie. 1989 bedeutete eine scheinbare Wiederkehr der Ereignisgeschichte. Tatsächlich bildeten sich in den Folgen der Geschehnisse unterschiedliche Strukturen ab. Die Demokratisierung der postkommunistischen Gesellschaften reichte nicht aus, um die im realexistierenden Sozialismus entstandenen Gewohnheiten und Mentalitäten zu überwinden, die Legitimation neuer Institutionen zu gewährleisten und die konstitutionelle Balance zu halten. Daraus resultierten Stabilisierungs-, Konsolidierungs- und Identitätskrisen. Vor einer Mythologisierung der »Revolutionen« von 1989 ist daher zu warnen: Es waren weder gewaltsame Umwälzungen, noch gab es substanziellen Widerstand der kommunistischen Regime. Dem Systemwechsel folgte nicht zwingend ein Elitenwechsel. Doch auch »weißer Terror« blieb aus: Das *Ancien Régime* kehrte nicht mehr zurück. Es waren Umsturzbewegungen, die Übergänge ermöglichten, die viele Jahre andauern sollten. In sehr kurzer Zeit waren die neuen Staatsformen gezwungen, die Jahrzehnte zurückreichenden Entwicklungen der westlichen Demokratien nachzuvollziehen. Die Umorganisation des ökonomischen Systems von einer Kommandowirtschaft zum Kapitalismus legte ideologische und mentalitätsspezifische Probleme auf beiden Seiten, in Ost wie West, offen. Damit hing auch in weiterer Folge das Fehlen einer integrierten Gesellschaft und festgefügten Ordnung zusammen.

Die 1990 gegründete Tschechische und Slowakische Föderative Republik (ČSFR) erlebte per 1. Jänner 1993 eine Sezession in die Tschechische und die Slowakische Republik. In Jugoslawien brach der Bürgerkrieg aus, der zu »ethnischen Säuberungen«[208] ungeahnten Ausmaßes führte. Die Sowjetunion hatte bereits 1991 ihr Leben ausgehaucht, es folgte die Gemeinschaft Unabhängiger Staaten (GUS). 1999 wurden Ungarn, Polen und Tschechien NATO-Mitglieder. Nachdem bereits 1991 Assoziierungen (Europaabkommen) mit der EG abgeschlossen worden waren, ließ ihr EU-Beitritt noch auf sich warten und erfolgte erst 2004. Wurde zwar 1989/90 Wandel durch Repräsentation bewirkt, so war »Repräsentation« als unbestrittenes Prinzip noch nicht gesichert, wie auch der demokratiepolitische Problemfall Slowakei und Rechtspopulismus in Polen, Tschechien und Ungarn zeigten. Das einmalige Experiment eines Transformationsprozesses der europäischen Geschichte verlief allerdings weitgehend friedvoll, war jedoch von einem ökonomischen Niedergang begleitet. Dem »annus mirabilis« 1989 folgten »anni miserabiles«.[209] Demokratie und Marktwirtschaft liefen Gefahr zur realitätsfernen Empfehlung zu gerinnen, das Ende der Machbarkeitsideologie zu signalisieren und aufgrund nur langsamer oder fehlender Umsetzungsmöglichkeiten fragwürdig zu werden. Daher wurde im Jahr 1989 auch die Entzauberung der demokratischen Fortschrittsidee gesehen. Die Grenzen des Parteien- und Sozialstaates sind deutlicher denn je geworden.[210]

Bereits die Europäischen Gemeinschaften starteten Unterstützungsmaßnahmen für die potenziellen Beitrittskandidatenländer. Das erste Hilfsprogramm für Länder Mittel- und Osteuropas lautete Poland and Hungary: Aid for Restructuring of the Economies (PHARE), bezog sich zunächst nur auf Polen und Ungarn, wurde dann aber auf die Tschechoslowakei und weitere Staaten ausgedehnt. PHARE wurde bereits 1989 aufgelegt. Hierbei spielte auch die dafür geschaffene European Bank for Reconstruction and Development (ERBD) in London eine Rolle. Die Weltbank, der Internationale Währungsfonds und ausländische Konzerne kamen noch hinzu und spielten ebenfalls eine sehr wichtige Rolle beim »Aufbau Ost«. Die EU-Maßnahmen stellten weniger eine »Friedens-« denn vielmehr eine »Wohlstandsmission« dar. Alles zusammen genommen waren diese Prozesse, die einer »nachholenden Modernisierung« gleichkamen[211] – einmalige, noch nie dagewesene historische Vorgänge. Die seit der EU-»Osterweiterung« (2004/07) geleisteten Transfers übertrafen bei Weitem das amerikanische Wiederaufbauprogramm European Recovery Program (ERP) nach dem Zweiten Weltkrieg (1948–1952/53) in absoluten Zahlen und im Verhältnis zum Bruttoinlandsprodukt der Empfängerländer, »ein ungeheurer Erfolg«[212] durch die europäische Integration, sodass von einem zweiten und stärkeren Marshall-Plan seitens der EU gesprochen werden kann. Dagegen wird im größeren historischen Zusammenhang die EU-»Osterweiterung« auch als ein »Ausgriff westeuropäischen Kapitals in Richtung Osten« gesehen, der mit dem »lange geträumten deutschen ›Drang nach Osten‹« von der Embargo-Politik der OEEC-Staaten bis zur Auflösung des Rates für gegenseitige Wirtschaftshilfe (RGW) 1991 zu deuten wäre. Dieser historische Vorgang wird auch mit Blick auf eine großangelegte geoökonomische und geostrategische Konzeption des Westens interpretiert, die mit Deregulierung, Neoliberalismus und einer der EU vorauseilenden NATO »Osterweiterung« zusammenhing.[213]

Bilanz und Gesamtinterpretation

Das Jahr 1989 erfordert und verdient eine globale Betrachtung und Reflexion. Das »Ende der Geschichte« (Francis Fukuyama) zu verkünden, war vordergründig. Nach einer euphorischen Aufbruchsstimmung über die sich angeblich auflösenden Konfrontationsmuster und Strukturen des Kalten Krieges zeigten sich differente Auswirkungen und Entwicklungen der Ereignisse dieses Jahres, die die Welt veränderten. Während sich der Osten Europas öffnete und die Demokratie mit allen Stärken und Schwächen Einzug hielt, erlebte China nur einen Monat den Traum des Wortes »Freiheit«, während die Mauer in Berlin bröckelte und schließlich fiel und damit die alten Diktatoren gezwungen waren, Rechenschaft abzulegen. Der Herbst der Völker hatte eine Realität aufgerollt, die fundamentale tektonische Veränderungen nach sich zog. Das Jahr 1989 findet keinen Vergleich mit Ereignissen der Geschichte des 20. Jahrhunderts, wenn man 1919, 1929 oder 1945 heranzieht. Das Jahr 1989 setzte einerseits die Globalisierung der Freiheit, aber auch das Bewusstsein von der Notwendigkeit der Humanisierung der Welt und der Klimaerwärmung der Erde ebenso in Gang wie erste Schritte zur Demokratie in Afrika. Das Jahr 1989 beförderte gleichzeitig eine Emanzipation älterer Nationalismen und eine Spirale der politisch-militärischen Gewalt mit dem blutigen Zerfall des ehemaligen Jugoslawien und den Kriegen in Liberia und Somalia sowie den Dschihad unter Führung Osama Bin Ladens, der nach seinem Kampf gegen die Sowjetunion eine neue antiamerikanische Strategie zu entwickeln begann. Das Jahr 1989 bedeutete nicht nur das scheinbare Ende des Kalten Krieges, der ein Dritter Weltkrieg war, sondern auch das tatsächliche Ende der bipolaren Welt. Der Hyperdominanz der USA wurde nach einem Jahrzehnt im Übergang zu einer Welt der Multipolarität mit neuen globalen Mächten abgelöst. Die USA ignorierten nach ihrem Siegestriumph des gewonnenen Kalten Krieges die Sicherheitsinteressen Russlands im Osten Europas, was zu einem neuen Kalten Krieg führte. Abkommen zwischen Moskau und Washington in den 1990er Jahren wurden mit einem neuen Jalta verglichen. Die unmittelbare Vorgeschichte von 1989 reicht zurück bis an das Ende der 1970er und Anfang der 1980er Jahre, als sich Höhepunkte der jeweiligen Machtverhältnisse ergaben sowie Stärken und Schwächen seitens der Supermächte im Kalten Krieg auftaten. Mit dem Jahr 1989 sind nicht nur demokratiepolitische Aufbrüche und Emanzipation möglich geworden, sondern auch neue nationale Bedrohungen und internationale Risiken entstanden.

Weiterführende Literatur

Helmut Altrichter, Russland 1989. Der Untergang des sowjetischen Imperiums, München 2009.

Andrea Brait/Michael Gehler (Hg.), Grenzöffnung 1989. Innen- und Außenperspektiven und die Folgen für Österreich, Wien–Köln–Weimar 2014.

Michael Gehler/Andrea Brait (Hg.), Am Ort des Geschehens in Zeiten des Umbruchs. Lebensgeschichtliche Erinnerungen aus Politik und Ballhausplatzdiplomatie vor und nach 1989, Hildesheim–Zürich–New York 2018.

Ludger Kühnhardt, Revolutionszeiten. Das Umbruchjahr 1989 im geschichtlichen Zusammenhang, München 1994.

Wolfgang Mueller/Michael Gehler/Arnold Suppan (Hg.), The Revolutions of 1989. A Handbook, Wien 2015.

Andreas Wirsching, Der Preis der Freiheit. Geschichte Europas unserer Zeit, München 2012.

Christoph Grabenwarter

Österreichs Weg in die Europäische Union

Einleitung

Das Jahr 2018 markiert für Österreich in Bezug auf die Europäische Union (EU) auf den ersten Blick kein Jubiläum. Bei genauerem Hinsehen lässt sich aber feststellen, dass vor einem Vierteljahrhundert entscheidende Teile der Beitrittsverhandlungen stattgefunden haben und Österreich vor 20 Jahren seine erste Präsidentschaft im Rat innehatte. Am 12. Juni 1994 hatten sich zwei Drittel der österreichischen Bevölkerung für den Beitritt Österreichs zur Europäischen Union ausgesprochen. Dem am 1. Jänner 1995 vollzogenen Beitritt gingen nicht nur jahrelange Verhandlungen – insbesondere mit den Organen und Mitgliedstaaten der EU – voraus, sondern auch andere Bemühungen zur Beseitigung von Beitrittshindernissen. Diese Prozesse, die zum Teil ihren Ausgang in der unmittelbaren Nachkriegszeit nahmen, werden im folgenden Beitrag nachgezeichnet.

Integrationsschritte während des Kalten Krieges und unmittelbar danach: Von der EFTA zum EWR

Unmittelbar nach dem Ende des Zweiten Weltkrieges erschien eine Teilnahme Österreichs an den sich bereits während der Besatzungszeit abzeichnenden westeuropäischen Integrationsbemühungen vor dem Hintergrund der Alliierten Kontrollabkommen der Jahre 1945/46 ausgeschlossen. Ein Beitritt zur Europäischen Wirtschaftsgemeinschaft (EWG), gegründet durch die Römischen Verträge 1957/58, war aufgrund der im Jahr 1955 übernommenen

Verpflichtung zur immerwährenden Neutralität Österreichs nach damals unbestrittener Auffassung auch rechtlich nicht möglich.

Ungeachtet dessen war die Republik Österreich nach 1945 von Anfang an um wirtschaftliche Integration in Westeuropa bestrebt. Österreich beteiligte sich von Anfang an am Marshallplan mit dem European Recovery Program (ERP) und gehörte zu jenen 16 europäischen Staaten, die am 16. April 1948 den Ausschuss für europäische wirtschaftliche Zusammenarbeit (OEEC), den Vorläufer der heutigen Organisation für wirtschaftliche Zusammenarbeit und Entwicklung (OECD), gründeten. Die noch nicht kommunistisch regierte Tschechoslowakei und die anderen osteuropäischen Staaten hingegen lehnten unter sowjetischem Druck die Teilnahme am Marschallplan ab.

Kurz nach Erlangen der Unabhängigkeit und in der ersten Zeit des Kaltes Krieges wurden weitere Integrationsschritte gesetzt, soweit sie zum damaligen Zeitpunkt rechtlich und politisch möglich waren: Im Jahr 1960 wurde Österreich ein Gründungsmitglied der Europäischen Freihandelsassoziation (EFTA), die im Gegensatz zu den Europäischen Gemeinschaften lediglich eine wirtschaftliche Integration zum Ziel hatte. Stand hier noch insbesondere der Abbau von Zollschranken im Vordergrund, sollte der nächste Schritt über das Ziel der Zollfreiheit hinausgehen: Österreich stellte schon im folgenden Jahr ein Assoziierungsgesuch an die EWG. Das dürftige Ergebnis dieser Bemühungen waren über Jahrzehnte lediglich zwei im Jahr 1972 abgeschlossene Freihandelsabkommen, welche die Zollfreiheit von gewerblich-industriellen Produkten bewirkten.

Die Beseitigung von Beitrittshindernissen

In der Folge wurden insbesondere zwei Themen als Kardinalprobleme einer weiteren Teilnahme Österreichs an der europäischen Einigung gesehen: Neben der bereits erwähnten Neutralitätsverpflichtung galt auch der schwelende Konflikt um Südtirol als Hindernis.

Die Beilegung des Südtirol-Streits

Ein heute nahezu vergessenes Kapitel der Beitrittsgeschichte Österreichs zur EU bildet der Konflikt zwischen Österreich und Italien um den Status von Südtirol. Die Vorgeschichte des Konfliktes beginnt mit der Angliederung Südtirols an Italien durch den Staatsvertrag von Saint-Germain im Jahr 1919. Nach dem Zweiten Weltkrieg einigten sich Österreich und Italien unter alliiertem Druck auf ein Autonomiestatut, in welchem auch die Rolle Österreichs als Schutzmacht für Südtirol festgelegt wurde (Gruber-De-Gasperi-Abkommen). Dieses Übereinkommen blieb jedoch größtenteils unerfüllt; Italien förderte etwa weiterhin die Arbeitsmigration aus den italienischen Nachbarregionen nach Südtirol. Diese Situation führte in den 1960er Jahren zu gewaltsamen Aktionen, insbesondere zu Bombenattentaten von Südtiroler Separatisten, die auf diese Weise eine Loslösung Südtirols von Italien erzwingen wollten. Der Zusammenhang dieser Vorgänge mit dem (zu diesem Zeitpunkt noch in ferner Zukunft liegenden) EU-Beitritt Österreichs liegt darin, dass die italienische Regierung den Südtirol-Konflikt mit dem Bestreben Österreichs nach stärkerer europäischer Integration junktimierte. Erst im Jahr 1969 kam es zu einer Einigung, welche in diesem und den Folgejahren von den Streitparteien auch formell akzeptiert wurde und 1972 in das Zweite Autonomiestatut mündete. Im Zuge dieser Entspannung zog Italien seine Vorbehalte gegen Österreichs Beitrittsbestrebungen bereits am 8. Dezember 1969 zurück.

Im Frühjahr 1992 überreichte Außenminister Alois Mock eine vom österreichischen Nationalrat beschlossene »Streitbeilegungserklärung« an Italien. Die italienische Regierung hatte zuvor nach bilateralen Verhandlungen zwischen Außenminister Mock und Ministerpräsident Giulio Andreotti und Außenminister Gianni De Michelis die endgültige Durchführung des 1969 vereinbarten Südtirol-Pakets beschlossen. In einer diplomatischen Note an Österreich wurde ausdrücklich Bezug auf die Pariser Verträge genommen. Damit wurde auch der Forderung Südtirols nach einer völkerrechtlichen Anordnung des Pakets

Die Außenminister Italiens und Österreichs, Alcide de Gasperi (l.) und Karl Gruber (r.), anlässlich der Unterzeichnung eines Handelsabkommens am 8. November 1948

Rechnung getragen. Die Südtirol-Frage war damit rechtzeitig vor Beginn der EU-Beitrittsverhandlungen ausgeräumt.

Der Wandel der Verpflichtung zur dauernden Neutralität

Ein zweites rechtliches und politisches Beitrittshindernis bildete Österreichs Verpflichtung zur immerwährenden Neutralität, die zwar nicht im Staatsvertrag von Wien enthalten war, aber dennoch von Österreich auch völkerrechtlich verbindlich eingegangen wurde. In der zweiten Hälfte der 1980er Jahre setzte zunächst in Österreich, später auch in einzelnen Mitgliedstaaten der damaligen EG, ein Umdenken im Hinblick auf die konkreten Konsequenzen der Neutralitätsverpflichtung für weitere Integrationsschritte ein. Dieses Umdenken zerstreute – ausgehend von wissenschaftlichen Studien und der Rechtsansicht des Außenministeriums (und hier wiederum von dessen Völkerrechtsbüro) – Bedenken gegen einen Widerspruch zwischen dauernder Neutralität und EG-Mitgliedschaft. Im kurz vor dem österreichischen

Beitrittsansuchen dem Parlament erstatteten Integrationsbericht der Bundesregierung vom 17. April 1989 wurde festgehalten, dass »eine EG-Mitgliedschaft Österreichs unter dem Gesichtspunkt der Aufrechterhaltung seiner dauernden Neutralität grundsätzlich möglich wäre«.

Dieser Wandel im Verständnis der Neutralitätsverpflichtungen schlug sich auch im Beitrittsprozess nieder: War zunächst gegenüber der EG noch der sogenannte Neutralitätsvorbehalt betont worden und sah auch die Europäische Kommission (EK) in der völkerrechtlichen Neutralitätsverpflichtung noch ein – wenngleich auszuräumendes – Problem, so wurde dieser Vorbehalt anlässlich der Eröffnung der Beitrittsverhandlungen am 1. Februar 1993 begründungslos zurückgenommen. Zwischen diesen beiden Daten lagen der Fall der Berliner Mauer und des Eisernen Vorhangs sowie der Zerfall der Sowjetunion. Der damalige Bundeskanzler Franz Vranitzky schilderte zwanzig Jahre später in einer launigen Tischrede anlässlich einer Abendveranstaltung in der Nationalbibliothek, der der Autor beiwohnte, wie er während eines Staatsbesuchs in Moskau 1991 nach anfänglichen Widerständen von Ministerpräsident Nikolaj Ryschkow letztlich von Präsident Michail Gorbatschow das Signal erhielt, dass die bereits in schwere interne Konflikte verwickelte Sowjetunion gegen einen EG-Beitritt Österreichs nicht vorgehen würde. Man kann daher im Abstand von knapp drei Jahrzehnten festhalten, dass der Beitritt Österreichs durch das Ende des Warschauer Pakts und den Zerfall der Sowjetunion begünstigt wurde.

Im November 1992 beschloss der Nationalrat eine Entschließung, wonach sich Österreich vollinhaltlich mit den Zielsetzungen der Gemeinsamen Außen- und Sicherheitspolitik (GASP) identifizierte. Die Bundesregierung wurde vom Gesetzgeber formell aufgefordert, »sicherzustellen, dass Österreich an der Entwicklung eines Systems der kollektiven Sicherheit in Europa teilnehmen kann«. Damit sollte – vor dem Hintergrund eines geänderten, reduzierten Neutralitätsverständnisses – zum Ausdruck gebracht werden, dass Österreich an der neuen Gemeinsamen Außen- und Sicherheitspolitik im Rahmen der

EU trotz formellen Weiterbestandes der Neutralität mitwirken kann. Den damaligen österreichischen Entscheidungsträgern war es wichtig, deutlich zu machen, dass der Wandel des Neutralitätsverständnisses im Einklang mit dem allgemeinen Völkerrecht die Folge von Erklärungen und der Praxis Österreichs war und nicht durch Verhandlungen mit anderen Staaten herbeigeführt wurde.

Die Beitrittsverhandlungen

Der eigentliche Prozess des Beitritts Österreichs zur Europäischen Union erstreckte sich unterdessen über rund fünf Jahre. Gemessen an der allgemeinen Bedeutung des Beitritts und der zu lösenden – nicht unerheblichen – politischen und rechtlichen Fragestellungen ist dies ein relativ kurzer Zeitraum. Die wichtigsten Stationen auf dem Weg in die EU seien im Folgenden in Erinnerung gerufen. Vorauszuschicken ist, dass Österreich bereits am 1. Jänner 1994 Mitglied des Europäischen Wirtschaftsraums (EWR) wurde und zu diesem Zeitpunkt in einer Art Vorstufe zur EU-Mitgliedschaft bedeutende Teile des Gemeinschaftsrechts übernahm.

Vorbereitung und Übergabe des Beitrittsansuchens

Das Jahr 1989 war das entscheidende Jahr, in dem alle wesentlichen Weichen für den späteren österreichischen EU-Beitritt gestellt wurden. Die bereits erwähnte »Beitritts-Option« vom 17. April 1989 kann als erster offizieller Schritt hin zu einem EU-Beitritt angesehen werden. Nach einer am 28. Juni 1989 abgeschlossenen Vereinbarung zwischen SPÖ und ÖVP über ein gemeinsames Vorgehen in der Integrationspolitik wurde am 29. Juni 1989 mit den Stimmen dieser Parteien sowie der FPÖ mit einer Mehrheit von 175 von 183 Stimmen ein Entschließungsantrag im Nationalrat angenommen, wonach »Verhandlungen mit den EG über eine Mitgliedschaft Österreichs aufzunehmen und die zu diesem

Zwecke erforderlichen Anträge bis zum Herbst 1989 zu stellen« waren.[216] In der Sitzung des Ministerrats vom 4. Juli 1989 wurde der formelle Beschluss über die Stellung der Beitrittsgesuche gefasst. Am 17. Juli 1989 übergab Außenminister Mock in Brüssel die österreichischen Beitrittsgesuche an den amtierenden Ratspräsidenten Roland Dumas. Mit diesem als »Brief nach Brüssel« bezeichneten Vorgang wurde das Beitrittsverfahren offiziell in Gang gesetzt.

Die Verhandlungen

Nachdem Österreich die Beitrittsgesuche übergeben hatte, dauerte es unüblich lange – nämlich über zwei Jahre –, bis die Kommission ihre den Verhandlungen regelmäßig vorangehende Stellungnahme (»avis«) ausgearbeitet hatte. Diese wurde am 31. Juli 1991 verabschiedet und ihr Inhalt war insgesamt positiv, sodass das Beitrittsverfahren rasch fortgesetzt werden konnte. Die Aufnahme der Beitrittsverhandlungen selbst wurde für den 1. Februar 1993 vereinbart. Die Verhandlungen wurden im Rahmen einer »Konferenz über den Beitritt zur EU« entweder auf Ministerebene oder durch ihre Stellvertreter (Ständige Vertreter) geführt. Als Verhandlungsleiter wurde auf österreichischer Seite Außenminister Mock bestimmt, an seiner Seite die Staatssekretärin im Bundeskanzleramt Brigitte Ederer.

Insgesamt wurden die Verhandlungspunkte in 29 Kapitel gegliedert, die in insgesamt 20 Verhandlungsrunden bearbeitet wurden. Die eigenen Positionen wurden von der österreichischen Bundesregierung am 26. Jänner 1993 definiert. Neben der bereits erwähnten Neutralitätsfrage standen insbesondere folgende Themenkreise als Problemfelder im Mittelpunkt: Transitverkehr, Landwirtschaft und Grundverkehr.

Beim Transitverkehr war fraglich, ob das mit der EWG im Jahr 1992 abgeschlossene Transitabkommen über die volle Laufzeit bewahrt werden konnte. Hier war vor allem die sogenannte Ökopunkteregelung zentral. Die Laufzeit des Abkommens wurde schließlich lediglich um ein Jahr reduziert und blieb ansonsten im Wesentlichen unverändert. Das Auslaufen der Vereinbarung mit 31. Dezember 2003 konnte Österreich jedoch nicht verhindern, was dem Land bis heute Probleme bei der Bewältigung des Transitproblems vor allem in Westösterreich beschert.

Bei der Landwirtschaft lag das Hauptproblem in der großzügigen öffentlichen Subventionierung des Agrarsektors. Eine Reform der Marktordnungsgesetze bewirkte zunächst, dass man die nationalen Regelungen an die europarechtlichen Vorgaben zumindest annäherte. In den Verhandlungen wurde schließlich erreicht, dass für einen Übergangszeitraum von vier Jahren die bäuerlichen Einkommen durch degressive Ausgleichszahlungen gestützt werden durften. Zudem wurden weitere Maßnahmen vereinbart, welche den Agrarsektor in verschiedener Weise begünstigen sollten (so förderte die EU die ökologische Landwirtschaft mit einem Betrag von 2,4 Milliarden Schilling).

In Zusammenhang mit dem Grundverkehr wurde insbesondere diskutiert, wie mit den in den (vor allem westlichen) Bundesländern vorgesehenen Beschränkungen des Grunderwerbs durch Ausländer (insbesondere bei Zweitwohnsitzen) umzugehen sei. Es wurde schließlich erreicht, dass die zum damaligen Zeitpunkt bestehenden Regelungen während einer Übergangszeit von fünf Jahren beibehalten werden durften.

»

Heute kann ich dem Hohen Haus berichten, daß diese Verhandlungen vor etwa zwölf Stunden – nach einem Verhandlungsmarathon von über drei Tagen und mehr als 70stündiger effektiver Verhandlungs- und Gesprächsdauer — auf politischer Ebene erfolgreich abgeschlossen werden konnten. [...] Konkret bedeutet das erzielte Verhandlungsergebnis insbesondere, daß Österreich jetzt die Chance hat, am Friedenswerk der europäischen Integration teilzuhaben. Ich betone, um in keiner Weise den Idealismus, den es auch früher gegeben hat, zu mißachten, daß es sich hier um ein konkretes Friedenswerk handelt und nicht nur um eine lobenswerte Vision, wie wir sie in Europa und in anderen Teilen der Welt schon immer vorgefunden haben.
Konkret bedeutet das erzielte Verhandlungsergebnis auch, daß Österreich jetzt die Chance hat, in die Stabilitäts- und Sicherheitsgemeinschaft der Europäischen Union eingebunden zu werden und Sitz und Stimme in jenen europäischen Institutionen zu erhalten, in denen die Zukunft Europas gestaltet wird. Über diesen Umstand freue ich mich umso mehr, als ich überzeugt bin, daß der Beitritt zu Bedingungen erfolgen kann, die den spezifischen Interessen unseres Landes entsprechend Rechnung tragen.[217]

«

Alois Mock, Bundesminister für auswärtige Angelegenheiten, 1994 im Nationalrat

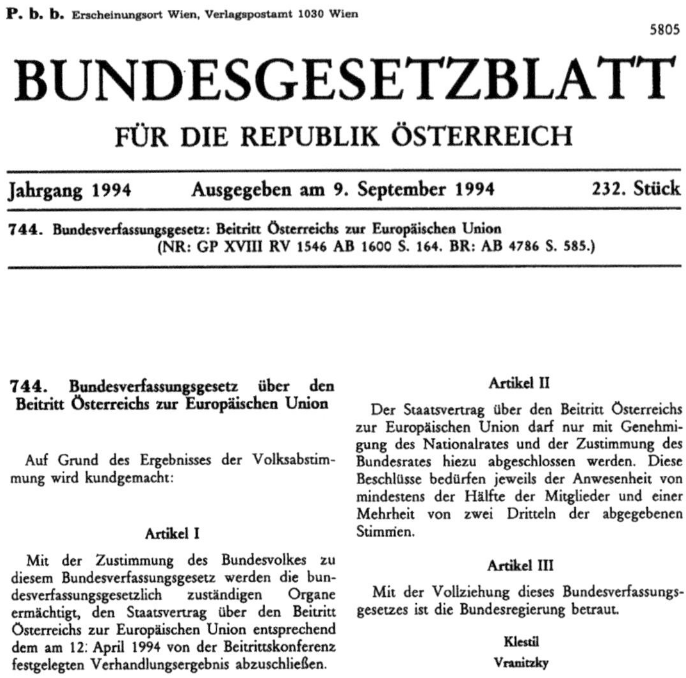

P. b. b. Erscheinungsort Wien, Verlagspostamt 1030 Wien

5805

BUNDESGESETZBLATT

FÜR DIE REPUBLIK ÖSTERREICH

Jahrgang 1994 Ausgegeben am 9. September 1994 232. Stück

744. Bundesverfassungsgesetz: Beitritt Österreichs zur Europäischen Union
(NR: GP XVIII RV 1546 AB 1600 S. 164. BR: AB 4786 S. 585.)

744. Bundesverfassungsgesetz über den Beitritt Österreichs zur Europäischen Union

Auf Grund des Ergebnisses der Volksabstimmung wird kundgemacht:

Artikel I

Mit der Zustimmung des Bundesvolkes zu diesem Bundesverfassungsgesetz werden die bundesverfassungsgesetzlich zuständigen Organe ermächtigt, den Staatsvertrag über den Beitritt Österreichs zur Europäischen Union entsprechend dem am 12. April 1994 von der Beitrittskonferenz festgelegten Verhandlungsergebnis abzuschließen.

Artikel II

Der Staatsvertrag über den Beitritt Österreichs zur Europäischen Union darf nur mit Genehmigung des Nationalrates und der Zustimmung des Bundesrates hiezu abgeschlossen werden. Diese Beschlüsse bedürfen jeweils der Anwesenheit von mindestens der Hälfte der Mitglieder und einer Mehrheit von zwei Dritteln der abgegebenen Stimmen.

Artikel III

Mit der Vollziehung dieses Bundesverfassungsgesetzes ist die Bundesregierung betraut.

Klestil
Vranitzky

Bundesgesetzblatt zum Bundesverfassungsgesetz über den Beitritt Österreichs zur Europäischen Union vom 9. September 1994

Zwar waren die Beitrittsverhandlungen Österreichs mit den EG die kürzesten, die zum damaligen Zeitpunkt jemals mit positivem Ausgang geführt worden waren, jedoch erwiesen sich die Anstrengungen als sehr groß. Insbesondere dem damals bereits gesundheitlich angeschlagenen Außenminister und Delegationsleiter Alois Mock kam hierbei eine Schlüsselrolle zu. Hervorzuheben ist vor allem auch der Beitrag des deutschen Bundeskanzlers Helmut Kohl, der nicht nur Österreich, sondern auch die skandinavischen Beitrittskandidaten in ihren Bemühungen maßgeblich unterstützte.

Der Abschluss der Verhandlungen

Nach einem vom 25. Februar bis zum 1. März 1994 dauernden Verhandlungsmarathon in Brüssel wurden die Beitrittsverhandlungen in der Nacht auf den 1. März 1994 inhaltlich abgeschlossen. In Anspielung auf den Ausruf Leopold Figls nach der Unterzeichnung des Staatsvertrages von Wien im Jahr 1955 (»Österreich ist frei«) formulierte Delegationsleiter Mock direkt im Anschluss an die Verhandlungen: »Österreichs Weg nach Europa ist frei!« Unvergessen bleibt seine offen zur Schau getragene Sympathiebekundung für die bei der Pressekonferenz neben ihm sitzende Staatssekretärin Brigitte Ederer. Der formelle Abschluss der Beitrittsverhandlungen erfolgte schließlich am 30. März 1994.

Volksabstimmung und Ratifikation

Am 4. Mai 1994 stimmte das Europäische Parlament (EP) mit einer überwältigenden Mehrheit von 374 gegen 24 Stimmen für den Beitrittsvertrag und die notwendigen Änderungen der Europäischen Verträge. Bereits einen Tag später wurde im österreichischen Nationalrat das Bundesverfassungsgesetz über den Beitritt Österreichs zur Europäischen Union (EU-Beitritts-BVG) mit der notwendigen Zwei-Drittel-Mehrheit beschlossen; die Abgeordneten der SPÖ, der ÖVP und des Liberalen Forums stimmten geschlossen dafür, jene der Grünen (mit einer Ausnahme) und der FPÖ stimmten geschlossen dagegen. Zwei Tage später stimmte auch der Bundesrat mit 51 gegen elf Stimmen zu. Es ist aus juristischer Sicht festzuhalten, dass nicht der »Beitritt zur EU« den Gegenstand des EU-Beitritts-BVG bildete, sondern eine verfassungsrechtliche Ermächtigung an die zuständigen Organe, den Beitrittsvertrag abzuschließen.

Nach nahezu einhelliger Auffassung war der EU-Beitritt (beziehungsweise die entsprechende Ermächtigung im EU-Beitritts-BVG) als Gesamtänderung der österreichischen Bundesverfassung zu qualifizieren. Darunter versteht man eine maßgebliche

Veränderung oder Abschaffung leitender Strukturmerkmale (Grundprinzipien) der Verfassung. Bereits in der Regierungsvorlage zum EU-Beitritts-BVG wurde festgehalten, dass das demokratische, das rechtsstaatliche und das bundesstaatliche Prinzip maßgeblich betroffen seien. Während einige dieser Fragen wohl überwiegend unter Juristen diskutiert wurden, dürfte der Einfluss auf das demokratische Prinzip auch weite Teile der Bevölkerung beschäftigt haben. Der Kern des demokratischen Prinzips besteht in der Gesetzgebungskompetenz der Volksvertretungen (Nationalrat und Landtage), in der Bindung der Verwaltung an die dort beschlossenen Gesetze und in der Verantwortlichkeit der obersten Organe der Verwaltung (zum Beispiel der Bundesminister) gegenüber der Volksvertretung (Nationalrat und Landtage). Die wesentliche Änderung durch den EU-Beitritt bestand darin, dass die Rechtsetzung in der EU durch Organe erfolgt, die nicht das österreichische Volk im Sinne des Artikel 1 Bundes-Verfassungsgesetz (BVG) repräsentieren, die beschlossenen Rechtsakte dennoch für Österreich mit Vorrangwirkung gegenüber nationalem Recht verbindlich sind.

Artikel 44 Absatz 3 BVG fordert für solche Fälle eine Volksabstimmung. Im Vorfeld der Abstimmung über das EU-Beitritts-BVG zeigte sich eine positive Grundstimmung gegenüber der EU, und auch nahezu alle maßgeblichen Medien befürworteten den Beitritt. Am 12. Juni 1994 stimmten 66,6 Prozent der Stimmberechtigten mit »Ja« – eine Zustimmung, die höher als erwartet ausgefallen war und die auch deswegen bemerkenswert ist, weil in keinem einzigen Stimmbezirk eine Mehrheit gegen den EU-Beitritt zustande kam.

Der Beitrittsvertrag wurde schließlich am 24. Juni 1994 in Korfu unterzeichnet. Die notwendige parlamentarische Genehmigung des Beitrittsvertrages sowie der die näheren Aufnahmebedingungen regelnden Beitrittsakte erfolgte im November 1994, wobei für die Regierungsparteien SPÖ und ÖVP aufgrund des Verlustes ihrer Zwei-Drittel-Mehrheit durch die Nationalratswahl vom 9. Oktober 1994 die Mitwirkung zumindest einer Oppositionspartei notwendig war. Schließlich stimmten auch

Unterzeichnung des EU-Vertrages von Bundespräsident Thomas Klestil (l.) und Bundeskanzler Franz Vranitzky (r.) am 22. November 1994

die Grünen sowie das Liberale Forum für die parlamentarische Genehmigung. Der Bundesrat stimmte im Dezember zu.

Die ersten Jahre in der Union

Österreich stellte als neuer Mitgliedstaat ein Mitglied in der Europäischen Kommission, nämlich den ehemaligen Landwirtschaftsminister Franz Fischler, der bis 2004 der Kommission angehörte. Seine Zuständigkeit umfasste die wichtigen Gebiete Landwirtschaft, Entwicklung des ländlichen Raumes und ab 1999 auch die Fischerei. Auch die zweite österreichische Kommissarin

Benita Ferrero-Waldner, zuvor Außenministerin, erwarb sich als Kommissarin für Außenbeziehungen und europäische Nachbarschaftspolitik (2004–2009) höchstes Ansehen.

Die ersten Wahlen für die österreichischen Abgeordneten zum Europäischen Parlament fanden am 13. Oktober 1996 statt, wobei ÖVP, SPÖ und FPÖ mit jeweils knapp unter 30 Prozent die meisten Stimmen für sich gewinnen konnten. Von den insgesamt 21 Abgeordneten zum Europäischen Parlament wurden sieben von der ÖVP, jeweils sechs von SPÖ und FPÖ sowie jeweils einer von den Grünen und dem Liberalen Forum gestellt.

Nachdem der im Jahr 1997 abgeschlossene Vertrag von Amsterdam ratifiziert worden war, stand mit der Übernahme der EU-Ratspräsidentschaft im zweiten Halbjahr 1998 die erste große Bewährungsprobe Österreichs auf europäischer Ebene bevor. Die Herausforderung wird unter anderem durch die Tatsache deutlich, dass innerhalb von sechs Monaten rund 1.800 Sitzungen organisiert werden mussten. Insgesamt wurde der österreichischen Ratspräsidentschaft ein positives Zeugnis ausgestellt, wobei zu berücksichtigen ist, dass aufgrund der am 27. September stattfindenden Wahlen zum deutschen Bundestag der Handlungsspielraum eingeschränkt war.

Im Jahr 2000 kam es zu einer Krise im Verhältnis zwischen Österreich und der EU: Nachdem eine aus ÖVP und FPÖ zusammengesetzte Koalitionsregierung unter Bundeskanzler Wolfgang Schüssel am 4. Februar 2000 von Bundespräsident Thomas Klestil angelobt worden war, ergriffen die EU-14 – auf bilateraler Basis, außerhalb des Unionsrechts und letztlich rechtswidrig – Maßnahmen, die für die Zeit der Teilnahme der FPÖ an der Regierungskoalition andauern sollten. Ein im September 2000 vorgelegter Weisenbericht stellte fest, dass die österreichische Regierung für europäische Werte eintrete und ein Fortdauern der Maßnahmen kontraproduktiv wirke. Wenig später wurden die Maßnahmen aufgehoben. Ein Vorschlag aus dem Weisenbericht wirkt bis heute nach: Der empfohlene Frühwarnmechanismus bei Gefährdungen bestimmter, im Vertrag über die Europäische Union festgelegter Werte durch einen Mitgliedstaat wurde umgesetzt und bildet heute einen zentralen Bestandteil des Europarechts.

Bilanz und Ausblick

Ein Rückblick auf über 20 Jahre EU-Mitgliedschaft fällt positiv aus. Österreich wurde, wenngleich ein kleines Land, in kurzer Zeit zu einem der am stärksten integrierten Mitgliedstaaten der Union, der von Anfang an eine hohe Bereitschaft zur Umsetzung von Unionsrecht zeigte. Auch die Bereitschaft aller Gerichtszweige einschließlich des Verfassungsgerichtshofes, Vorabentscheidungsersuchen an den EuGH zu richten, sticht hier positiv hervor.

Österreich wirkte auch positiv und konstruktiv an der Erweiterung der Union im Osten und Südosten nach 2004 mit. Diese Erweiterung beseitigte endgültig die lange Zeit vom Eisernen Vorhang bestimmte Randlage Österreichs in Europa und trug auch wesentlich zur guten ökonomischen Entwicklung des Landes bei.

Daneben wurden auch erfreuliche gesellschaftliche Veränderungen im Zusammenhang mit der Mitgliedschaft in der Europäischen Union sichtbar. Zu diesen gehört eine Migration aus anderen Mitgliedstaaten, die nicht nur auf den Arbeitsmarkt überwiegend positiv wirkte, sondern auch zu einer vielfältigeren Gesellschaft, insbesondere in den Bereichen Wissenschaft und Kunst beitrug. Die Herkunft der Studierenden an österreichischen Universitäten wurde internationaler, vereinzelte Maßnahmen beim Hochschulzugang zur Begrenzung eines übergroßen Anteils ausländischer Studierender sollten genügen.

Unbestritten steht die Europäische Union heute nach der Finanzkrise und der Flüchtlingskrise, verbunden mit dem Erfordernis der Wahrung der Balance in der Finanzierung der staatlichen Aufgabenfinanzierung in einem modernen Sozialstaat, aber auch angesichts anderer Entwicklungen in verschiedenen Teilen der Union – von Spanien über Großbritannien bis Polen – vor großen Herausforderungen. Die EU wird sich fortentwickeln müssen, um weiterhin als jenes Friedensprojekt gelten zu können, als das sie gegründet wurde. Auch in der unmittelbaren Nachbarschaft gilt es, Gefährdungen von Sicherheit und Frieden wirksam zu begegnen. Die Union wird dies mit starken Partnern tun und selbst ein verlässlicher Partner sein müssen. Innerhalb der Union besteht die Erwartung an Österreich, seinerseits in diesen Prozessen einen Beitrag zu leisten.

Weiterführende Literatur

Michael Gehler, Der lange Weg nach Europa. Österreich von Paneuropa bis zum EU-Beitritt, Bd. 2: Dokumente, Innsbruck–Wien–München–Bozen 2002.

Margaretha Kopeinig, Der dreizehnte Stern. Wie Österreich in die EU kam, Wien 2014.

Gerhard Kunnert, Österreichs Weg in die Europäische Union. Ein Kleinstaat ringt um eine aktive Rolle im europäischen Integrationsprozeß, Wien 1993.

Franz Heschl, Drinnen oder draußen? Die öffentliche österreichische EU-Beitrittsdebatte vor der Volksabstimmung 1994, Wien–Köln–Weimar 2002.

Manfred Scheich, Stationen auf Österreichs Weg zum EU-Beitritt. Die Lösung der Neutralitätsproblematik, in: Waldemar Hummer/Walter Obwexer (Hg), 10 Jahre EU-Mitgliedschaft Österreichs, Wien 2006, 3–16.

Helga Embacher

»Wiedergutmachungs«-Verhandlungen als Störfaktor des österreichischen Opfermythos

In Anlehnung an die Moskauer Deklaration ist es Österreich im Klima des Kalten Krieges schnell gelungen, sich als erstes Opfer von Nazideutschland zu stilisieren und zum anerkannten Partner der Westmächte aufzusteigen. Es war allerdings vielen Politikern bewusst, dass es sich dabei um eine Halbwahrheit handelt und die »Opferthese« vor allem für die Staatsvertragsverhandlungen und zur Minimierung von Entschädigungszahlungen instrumentalisiert wurde. Der Richtlinie folgend, dass Österreich als Staat zwischen 1938 und 1945 okkupiert gewesen sei und somit zu keinerlei »Wiedergutmachung« verpflichtet werden könne, lehnte die österreichische Bundesregierung jedes Eingeständnis einer Mitbeteiligung und moralischen Schuld vehement ab. Auf Druck der Alliierten, vor allem der USA, musste sie sich allerdings zu gewissen »Hilfsmaßnahmen« für NS-Opfer bereit erklären. Insgesamt gesehen zeigten die Alliierten jedoch wenig Interesse an Entschädigungs- und Rückstellungsfragen, denen im Vergleich zum Deutschen Eigentum und zur Neutralität auch in den Staatsvertragsverhandlungen sekundäre Bedeutung zukam. Die »Wiedergutmachungs«-Verhandlungen, deren erste Phase sich bis Anfang der 1960er Jahre hinzog, rührten allerdings immer wieder am wackeligen Konstrukt der »Opferthese«. Trotz vieler, vor allem von jüdischen Organisationen thematisierter Widersprüche, ist es Österreich bis in die 1980er Jahre gelungen, die »Opferthese« aufrechtzuerhalten. Erst im Bundespräsidentenwahlkampf 1986 brachte die sehr emotional geführte Debatte um Kurt Waldheims NS-Vergangenheit die »Opferthese« zum Zerfall. Damit wurde auch eine weitere Phase der »Wiedergutmachung« eingeleitet, die – unter Druck von außen – 2001 mit dem Washingtoner Abkommen auf Vertragsebene zu einem Abschluss gelangte.

Bei der »Wiedergutmachung« handelt es sich um ein äußerst komplexes Thema, das unterschiedliche Bereiche wie Hilfsleistungen an individuelle Opfer, die Rückstellung von enteignetem/»arisiertem« Besitz, Entschädigungszahlungen für Haftzeiten oder Ausbildungsunterbrechung bis hin zum erblosen Vermögen[218] umfasst. Bereits der Begriff »Wiedergutmachung« erweist sich als problematisch, da die Ermordung von Menschen, KZ-Haft und Vertreibung nicht wiedergutzumachen sind. Kein einheitliches Gesetzeswerk, sondern viele Gesetze, für die unterschiedliche Behörden zuständig waren, machten es den Betroffenen nicht einfach, zu ihrem Recht zu gelangen. Von der »Wiedergutmachung« sind zudem höchst unterschiedliche Opfergruppen betroffen, wobei jüdische Opfer beziehungsweise Menschen, die nach den Nürnberger Gesetzen als Juden definiert wurden, die größte Gruppe ausmachten und auch besonderen Verfolgungsmaßnahmen ausgesetzt waren. In der Opferhierarchie ganz oben standen allerdings Widerstandskämpfer und politisch Verfolgte; Juden und vor allem soziale Randgruppen ohne Lobby mussten um ihren Opferstatus und somit um Leistungen aus dem Opferfürsorgegesetz oft lange kämpfen. Ließen sich Widerstandskämpfer zur Untermauerung der »Opferthese« außenpolitisch instrumentalisieren, so riefen jüdische Opfer die Mitbeteiligung vieler Österreicher an deren Beraubung und Vertreibung in Erinnerung und hinterfragten den Mythos von Österreich als einer »Nation von Opfern«.

Das Opferfürsorgegesetz: Ausdruck einer Opferhierarchie

Die erste Fassung des Opferfürsorgegesetzes (OFG) wurde bereits 1945 beschlossen, war aber ursprünglich nur für »aktive Widerstandskämpfer« vorgesehen. Diese mussten das »aktive Verhalten« entweder »mit der Waffe in der Hand« oder durch »rückhaltlosen

Einsatz in Wort und Tat« für ein »unabhängiges, demokratisches und sich seiner geschichtlichen Aufgabe bewussten Österreich« demonstrieren. Der Zeitraum des Widerstandes bezog sich, wohl als Kompromiss der beiden Regierungsparteien SPÖ und ÖVP, auf die Jahre 1933 bis 1945. Explizit ausgeschlossen blieben Nationalsozialisten. Auch der Großteil der Vertriebenen konnte keine Leistungen aus dem Gesetz beanspruchen, da dies eine aufrechte österreichische Staatsbürgerschaft voraussetzte. Erst 1954 wurden Pensionen ins Ausland ausbezahlt, wobei vorerst nur ein kleiner Teil der Betroffenen Berücksichtigung fand. Die viel zu enge Definition von Widerstand schloss auch viele Opfer in Österreich von Hilfsmaßnahmen aus. Als beispielsweise die Ärztin Ella Lingens nach ihrer Rückkehr aus Auschwitz eine Amtsbescheinigung beantragen wollte, wurde ihr Ansuchen zuerst mit den Worten »Juden verstecken, das ist eine private Angelegenheit, das ist nicht Widerstand« abgelehnt.[219]

Wie die Historikerin Brigitte Bailer-Galanda in ihren grundlegenden Arbeiten zum OFG zeigt, musste das Gesetz immer wieder novelliert werden. Eine erste Erweiterung der Anspruchsberechtigten erfolgte 1947, indem auch Opfer aus Gründen der »Abstammung, Religion und Nation« als »passive Opfer« Berücksichtigung fanden. Die Anerkennung als »passives Opfer« berechtigte allerdings nur zum Bezug eines Opferausweises, »aktive Opfer« erhielten eine Amtsbescheinigung. Berechtigte diese zum Bezug von (mitunter guten) Renten, so verhalf der Opferausweis lediglich zu einer minimalen Unterstützung zur Existenzsicherung und einem geringen jährlichen Steuerabsetzbetrag. Viele Opfergruppen blieben nach wie vor vom OFG ausgeschlossen. Einem Zeugen Jehovas wurden Opferausweis und Amtsbescheinigung verwehrt, da dafür nicht allein der Aufenthalt in einem KZ ausschlaggebend sei, sondern »auch eine betonte Tätigkeit zugunsten eines freien Österreichs und nicht nur eine dem Nationalsozialismus gegenüber grundsätzlich feindliche Einstellung«.[220] Das Ansuchen einer Pinzgauer Bäuerin um Haftentschädigung für fast zwei Jahre Zuchthaus in Aichach wurde damit abgelehnt, dass ein »freundschaftliches Verhalten einem Kriegsgefangenen gegenüber

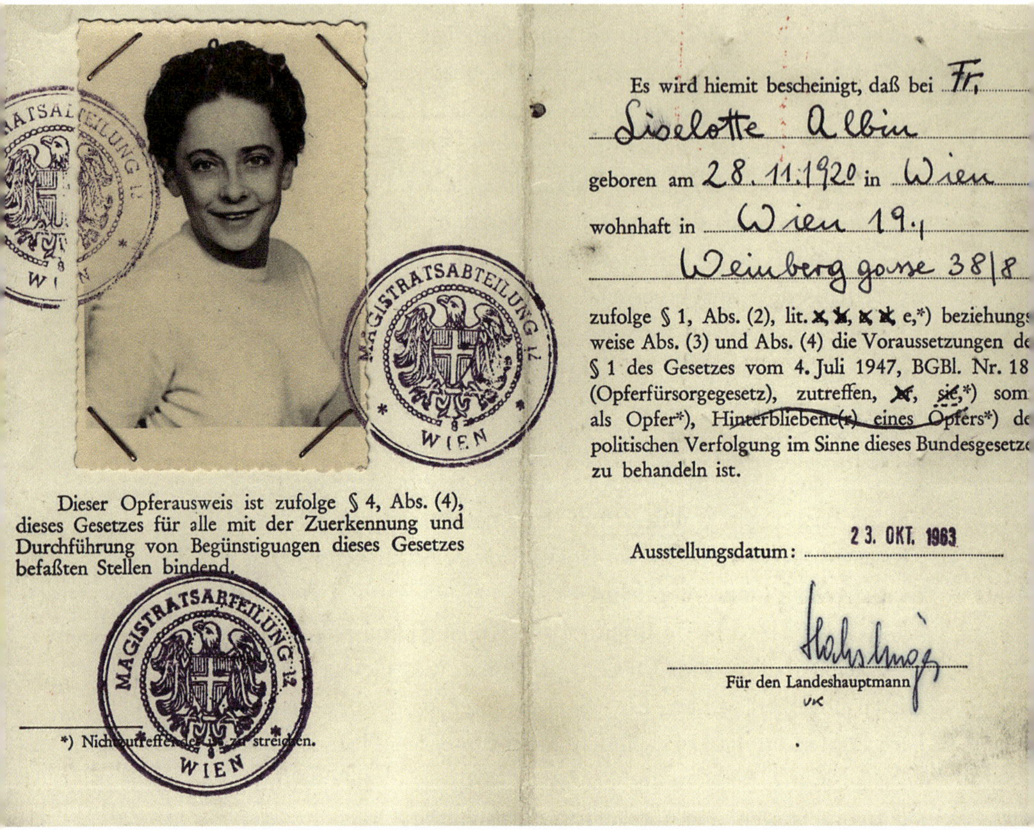

Dieser Opferausweis ist zufolge § 4, Abs. (4), dieses Gesetzes für alle mit der Zuerkennung und Durchführung von Begünstigungen dieses Gesetzes befaßten Stellen bindend.

*) Nichtzutreffendes ist zu streichen.

MAGISTRATSABTEILUNG 12 WIEN

Es wird hiemit bescheinigt, daß bei Fr. Liselotte Albin geboren am 28.11.1920 in Wien wohnhaft in Wien 19., Weinberggasse 38/8

zufolge § 1, Abs. (2), lit. ~~a~~, ~~b~~, ~~c~~, ~~d~~, e,*) beziehungs weise Abs. (3) und Abs. (4) die Voraussetzungen de § 1 des Gesetzes vom 4. Juli 1947, BGBl. Nr. 18 (Opferfürsorgegesetz), zutreffen, ~~er~~, ~~sie~~,*) som als Opfer*), ~~Hinterbliebene(r) eines Opfers~~*) de politischen Verfolgung im Sinne dieses Bundesgesetz zu behandeln ist.

Ausstellungsdatum: 23. OKT. 1963

Für den Landeshauptmann

Opferausweis von Liselotte Albin
vom 23. Oktober 1963

[…] keineswegs als Kampf für die Wiedererrichtung eines freien, demokratischen Österreich« bezeichnet werden könne.[221]

Ab 1949 waren »passive Opfer«, die einer besonders schweren Verfolgung ausgesetzt waren, zum Bezug einer Amtsbescheinigung berechtigt. Neben Juden profitierten davon beispielsweise Roma und Sinti. Diese mussten allerdings beweisen, dass sie nicht als »Asoziale«, sondern aus »rassischen Gründen« verfolgt wurden. Als weiteres Problem erwies sich, dass das OFG Menschen mit Vorstrafen ausschloss und manche Roma und Sinti Vorstrafen für Bagatelldelikte (etwa wegen eines nicht festen Wohnsitzes) nicht tilgen ließen. Mit der 12. Novelle zum OFG erhielten Roma und Sinti 1961 erstmals eine Entschädigung für die Haft in »Zigeunerlagern«. Bis dahin verwehrte man auch Juden, die zum Tragen des Sterns verpflichtet waren, in Verstecken überlebten oder in Schanghai von den Japanern in ein Ghetto gezwungen wurden, eine Entschädigung dafür. Unberücksichtigt blieben weiterhin Opfer der nationalsozialistischen Medizinverbrechen, »Asoziale«, Homosexuelle oder Opfer der Militärjustiz, denen in weiten Teilen der Gesellschaft das Image von »Vaterlandsverrätern« anhaftete. Da Homosexualität in Österreich bis 1974 als strafbar galt, wurden homosexuellen NS-Opfern für die Pensionsjahre nicht einmal Haftzeiten in Sachsenhausen oder Flossenbürg angerechnet. In den folgenden Jahrzehnten erfuhr das OFG insgesamt nur mehr kleinere Erweiterungen.

Ein wesentliches Problem, das sowohl »aktive« als auch »passive« Opfer betraf, stellte der Kausalzusammenhang dar, das heißt, die Opfer mussten den Nachweis erbringen, dass Haft und Verfolgung für Spätschäden verantwortlich sind. Nur zu oft trafen Antragsteller auf Ärzte, die unzureichend über den Charakter der nationalsozialistischen Verfolgung informiert waren oder allzu veralteten Lehrmeinungen folgten. Die Auschwitz-Überlebende Mali Fritz beispielsweise bekam von einem Arzt zu hören, dass es so schlimm schon nicht gewesen sein könne, denn sonst wäre sie nicht hier.[222] Vereinzelt stießen NS-Opfer auf Ärzte, die sich einst als bekennende und eifrige Nationalsozialisten hervorgetan hatten. Erst seit 1994 gibt es in Wien mit ESRA (auf Hebräisch: Hilfe) eine professionelle psychologische Betreuung für NS-Opfer.

Die Rückstellung von enteignetem und »arisiertem« Besitz

Auf Druck der Westalliierten, insbesondere der USA, beschloss der österreichische Nationalrat bis 1949 insgesamt sieben Rückstellungsgesetze (RStG). Am bedeutendsten war das Dritte RStG, das die Rückstellung von Vermögen regelte, das Einzelpersonen, Firmen oder Institutionen entzogen worden war. Neben den vielen jüdischen »Arisierungs«-Opfern betraf die Rückstellung die katholische Kirche, politische Parteien und Vereine, Kärntner Slowenen oder politisch Missliebige. Enteignungen waren zudem für den Bau der Reichsautobahn erfolgt, den Truppenübungsplatz in Döllersheim oder zur Errichtung einer Sicherheitszone um das enteignete Schloss Fuschl, das Reichsaußenminister Ribbentrop als Sommerresidenz diente.

Wurde das Dritte RStG von jüdischer Seite anfangs noch gutgeheißen, so zeigten sich in der Umsetzung bald gravierende Mängel. Neben der kurzen Anmeldefrist, die mehrmals verlängert werden musste, lag das Hauptproblem darin, dass »Arisierungs«-Opfer den »Ariseuren« jenen Betrag des Kaufpreises zahlen mussten, den sie zur »freien« Verfügung erhalten hatten. Der unter Druck zumeist viel zu niedrig festgesetzte Kaufpreis wurde jedoch auf ein Sperrkonto einbezahlt, wovon die NS-Finanzverwaltung speziell für Juden eingeführte diskriminierende Steuern (Reichsfluchtsteuer, Judenvermögensabgaben etc.) oder Steuerrückstände abzog. Rückstellungskommissionen entschieden in vielen Fällen, dass Zahlungen, die nie an die Opfer gelangten, als »freie Verfügung« zu betrachten seien. »Ariseure« forderten auch Entschädigung für Investitionen, die die ursprünglichen Eigentümer von sich aus nicht durchgeführt hätten. Für die oft komplizierten und langen Verfahren mussten häufig Anwälte engagiert werden. Für jene, die im Ausland lebten, erwiesen sich Rückstellungsverfahren als besonders schwierig. Aus all diesen Gründen endete etwa ein Drittel der Verfahren mit einem Vergleich.

Der Protest der Rückstellungsbetroffenen gegen das, wie es oft hieß, »Unrechtsgesetz« ließ nicht lange auf sich warten. Der 1948 gegründete Schutzverband der Rückstellungsbetroffenen fand vor allem im Wahlverband der Unabhängigen (WdU), dem Vorläufer der FPÖ, und in den *Salzburger Nachrichten* ein Sprachrohr. Oftmals war die Rede vom »redlichen Erwerber« oder von »Missbräuchen und Schwindeleien durch die Emigranten«, das Gesetz wurde als »krasser Gegensatz zum altösterreichischen und abendländischen Rechtsdenken« abgetan. Antisemitismus richtete sich ungeniert gegen »reiche Emigranten«, die im Krieg »bessere Jahre erlebt hätten als wir«, wie es beispielsweise in der *Hausbesitzerzeitung* hieß.[223] Der im Zuge der »Wiedergutmachungs«-Verhandlungen immer wieder manifestierte Antisemitismus beschränkte sich, wie ein Blick in die Ministerratsprotokolle zeigt, keineswegs auf das »einfache« Volk oder Repräsentanten des WdU. Auch Vertreter von SPÖ, ÖVP und selbst der KPÖ, unter ihnen Widerstandskämpfer, zeigten wenig Verständnis für die Entschädigung von »reichen Emigranten« und somit für das spezifisch jüdische Schicksal.

Internationale jüdische Organisationen sowie die Israelitische Kultusgemeinde (IKG) sahen in der Gründung des Verbandes der Rückstellungsbetroffenen eine insgesamt bedenkliche politische Entwicklung. Konkret gemeint war damit das Buhlen von SPÖ und ÖVP um die Stimmen der ehemaligen Nationalsozialisten, von denen 1948 mit der »Minderbelastetenamnestie«[224] rund 540.000 wieder wahlberechtigt waren. Der Wahlerfolg des WdU, der zwölf Prozent bei den Nationalratswahlen 1949 erhielt, alarmierte jüdische Organisationen, zumal zentrale Rückstellungs- und Entschädigungsforderungen noch unberücksichtigt waren. Dazu zählten die Entschädigung für etwa 60.000 »arisierte« Mietwohnungen und gemietete Geschäftslokale, für stillgelegte Betriebe, nicht mehr vorhandene Warenbestände, Mobiliar, Antiquitäten, Bücher, Schmuck und Kunstgegenstände. Vertriebene warteten im Ausland weiterhin auf Pensions- und Entschädigungszahlungen.

»

Wenn wir von der Erklärung der Siegermächte absehen, bleibt immer noch die entscheidende Frage, wieso nicht das österreichische Volk selbst und seine führenden Männer von der Volkspartei und den Sozialdemokraten die Verpflichtung fühlten, ein so grauenhaftes Unrecht in fairer und liberaler Wiese wiedergutzumachen. Schließlich waren 80.000 österreichische Juden ermordet und viele der Mordkommandos von ›österreichischen Nazis‹ geführt worden, Existenz und Eigentum war den Juden und anderen Naziverfolgten geraubt worden. Vielleicht ist es eine noch größere österreichische Tragödie, dass es keine Stimmen gab, wie in Deutschland, die sagten wir haben eine moralische Verpflichtung, dieses furchtbare Verbrechen wiedergutzumachen.[232]

«

Kurt R. Grossmann, 1933 aus NS-Deutschland in die USA geflüchteter Journalist und Publizist, in einem Artikel 1966

Die IKG wiederum hoffte auf eine finanzielle Entschädigung für zerstörte Synagogen, Friedhöfe und Kultgegenstände.

»Wiedergutmachungs«-Verhandlungen zwischen Österreich und jüdischen Organisationen

Das Committee for Jewish Claims against Germany, das gemeinsam mit Israel erfolgreich an den »Wiedergutmachungs«-Verhandlungen mit der Bundesrepublik Deutschland beteiligt war, hat sich von Österreich aufgrund der schnell allgemein anerkannten »Opferthese« wenig erwartet. Entschädigungsforderungen für österreichische Juden sollten deshalb in die Verhandlungen mit der BRD einbezogen werden. Diese betrachtete die Österreicher allerdings als »nicht weniger schuldig als die Deutschen« und lehnte ab. Nach Abschluss der deutschen Verhandlungen im September 1952 (Luxemburger Abkommen) wandte sich das Claims Committee – erweitert durch österreichische Exilorganisationen und die IKG – Österreich zu. Israel war mittlerweile als Verhandlungspartner ausgeschieden, da es aus »realpolitischen Überlegungen«[225] auf österreichische Reparationszahlungen verzichtet und sich ebenfalls der »Opferthese« angeschlossen hatte. Israelische Medien hingegen hielten die Begeisterung vieler Österreicher für den »Anschluss« und die Mitbeteiligung an der Judenverfolgung in Erinnerung.

Auf Druck der westlichen Alliierten und wiederum vor allem der USA, zeigte sich Österreich 1953 zu »Gesprächen« mit dem Claims Committee bereit. Um jeden Charakter von Verhandlungen und somit den Eindruck eines Schuldeingeständnisses zu vermeiden, wurden die »Gespräche« nur auf Beamtenebene geführt und – im Unterschied zur BRD – dem Claims Committee der Status einer offiziellen Vertretung der jüdischen NS-Opfer verwehrt. Österreich beharrte auf dem Standpunkt, als Staat nicht existiert und somit für die Verfolgung und Beraubung der Juden keine Verantwortung zu haben. Vehement zurückgewiesen wurde die Zahlung einer Globalsumme für das erblose Vermögen, wohingegen man eine gewisse Bereitschaft zu Hilfeleistungen für »in Not geratene« NS-Opfer zeigte, wobei, wie es hieß, eine »positive Diskriminierung« der jüdischen Opfer vermieden werden sollte. Konkreter drückte es Karl Gruber, Widerstandskämpfer, Außenminister (ÖVP) und während der »Wiedergutmachungs«-Verhandlungen österreichischer Botschafter in Washington, aus: Er betrachtete eine Entschädigung von im Ausland lebenden Vertriebenen als »ungerechte Bevorzugung« gegenüber denjenigen, die »geblieben und in Konzentrationslager gesteckt worden sind«.[226] Um den Eindruck einer »Bevorzugung von NS-Opfern« zu vermeiden, wurden Maßnahmen für NS-Opfer oft in Verbindung mit Maßnahmen für die unterschiedlichen Kriegsopfer und teilweise auch ehemaligen Nationalsozialisten gesetzt.

Kurz zusammengefasst lag die österreichische Verhandlungsstrategie darin, die Sache in die Länge zu ziehen und die jüdischen Verhandlungspartner durch partielle Befriedigung ihrer Ansprüche zu spalten und zu schwächen. Dabei kam Österreich die teilweise unterschiedlichen Interessenlagen der jüdischen Organisationen zugute. Strebte beispielsweise die Führung des Claims Committe die Zahlung einer Globalsumme für das erblose Vermögen an, so zeigten sich österreichische Exilorganisationen primär an individuellen Entschädigungsleistungen interessiert. Wie bereits erwähnt, erfolgten Hilfsmaßnahmen für NS-Opfer zumeist auf Druck der westlichen Alliierten und insbesondere der USA. Diese zeigten sich in der »Wiedergutmachung« Frage auch zu Tauschgeschäften bereit, indem sie ihre Zustimmung im Alliierten Rat zu Gesetzen zugunsten ehemaliger Nationalsozialisten von österreichischen Maßnahmen für NS-Oper abhängig machten.

Mit den wachsenden Chancen auf einen Staatsvertrag wuchs der Druck auf Österreich, eine Lösung für das »jüdische Problem« zu finden. Kurz vor Vertragsunterzeichnung einigte man sich mit dem Claims Committee auf die Errichtung des mit 550 Millionen

Schilling dotierten Hilfsfonds, der im Ausland lebenden, bedürftigen NS-Opfern zukam. Im Staatsvertrag musste sich Österreich in Artikel 26 zudem zur Errichtung von Sammelstellen für das erblose jüdische Vermögen und für alle anderen NS-Opfer verpflichten. Entgegen aller Erwartungen konnten die Sammelstellen Tausende entzogene Liegenschaften, Geschäftsbetriebe, Wertpapiere sowie andere Vermögenswerte beanspruchen und über 300 Millionen Schilling lukrieren.

Aus österreichischer Sicht wären damit die Forderungen aus dem Staatsvertrag erfüllt gewesen. Die USA, Großbritannien und Frankreich drängten unter Berufung auf Artikel 26 des Staatsvertrags jedoch noch auf eine Entschädigung für diskriminierende Steuern sowie für den Verlust von Bankkonten, Wertpapieren und Bargeld. Der mit 155 Millionen Schilling dotierte Abgeltungsfonds konnte schließlich 1957 errichtet werden. Für einen Teil der Leistungen kam allerdings die BRD auf, die 1961 im Kreuznacher Abkommen Österreich einen Beitrag von 321 Millionen Deutscher Mark für »Umsiedler«, Vertriebene und politisch Verfolgte zusagte; 95 Millionen Deutsche Mark wurden davon für den Abgeltungsfonds, die zwölfte Novelle des OFG und für eine Aufstockung des Hilfsfonds verwendet.

Um sich gegen weitere jüdische Forderungen abzusichern, musste Nahum Goldmann als Vorsitzender des Claims Committee noch eine Endfertigungserklärung unterzeichnen. Dies ist insofern interessant, da dem Claims Committee zu Verhandlungsbeginn noch das Verhandlungsmandat abgesprochen wurde. Mit den Worten, es sei leichter gewesen, »Billionen von Deutschland als Millionen von Österreich« zu erhalten, kritisierte Goldmann die österreichische Verhandlungstaktik. Allerdings betonte er auch, dass Österreich von der international anerkannten »Opferthese« und Israels Verzichtserklärung stark profitiert habe.[227]

Die IKG erzielte erst 1960 einen ersten Verhandlungserfolg, indem ihr 30 Millionen Entschädigung für Kultuszwecke sowie eine jährliche Zuwendung von 900.000 Schilling für religiöse Einrichtungen sowie der Ersatz für Bezüge von 23 Bediensteten zuerkannt wurden. Überfordert von der Betreuung der oftmals kranken und arbeitsunfähigen KZ-Überlebenden und vielen betagten Remigranten, war sie bisher völlig auf die Unterstützung internationaler jüdischer Organisationen, vor allem des Joint Distribution Committee, angewiesen. Dies war unter anderem ein Grund für den Verkauf von Liegenschaften, die der IKG in Rückstellungsverfahren zugesprochen worden waren. Profitiert davon hatte vor allem die Stadt Wien. Bei der nunmehrigen Bereitschaft der österreichischen Regierung handelte sich um keine Sonderleistung für jüdische Opfer, als anerkannte Religionsgemeinschaft konnte die IKG lediglich dieselben Rechte einer finanziellen Zuwendung beanspruchen, wie sie seit 1958 den christlichen Religionsgemeinschaften gewährt wurden. Unter Berufung auf die »Opferthese« lehnte Österreich im Unterschied zur BRD noch bis zum Washingtoner Abkommen die Übernahme der Pflege der jüdischen Friedhöfe ab.[228]

Der Zerfall der »Opferthese« und die Erweiterung des Opferbegriffes

Wie einleitend erwähnt, löste Kurt Waldheim während des Bundespräsidentenwahlkampfes eine äußerst emotional geführte Debatte um Österreichs NS-Vergangenheit aus. Nachdem er in seiner offiziellen Biografie die Kriegsjahre am Balkan »ausgelassen« hatte, musste er sich der Kritik aus dem In- und Ausland – unter anderem den Vorwürfen des World Jewish Congress – stellen. Waldheim wurde zum Symbol für die österreichische Lebenslüge, die in sich zusammenzubrechen begann. Als positiver Effekt setzte auf vielen Ebenen eine Aufarbeitung der NS-Vergangenheit ein. Bundeskanzler Franz Vranitzky (SPÖ) sprach 1991 in seiner viel beachteten Rede vor dem Parlament erstmals von offizieller Seite die Mitbeteiligung vieler Österreicher an NS-Verbrechen an. Er forderte eine Mitverantwortung »für das Leid, das zwar nicht Österreich als Staat, wohl aber Bürger dieses Landes über andere Menschen und Völker gebracht haben« ein und präzisierte auch den Opferbegriff. Neben Kriegsopfern und Widerstandskämpfern hat er explizit »Juden, Zigeuner, körperlich und geistig Behinderte, Homosexuelle, Angehörige von Minderheiten, politisch und religiös Andersdenkende« in seine Rede miteinbezogen.[229]

Bereits im »Bedenkjahr« 1988 hatte eine neuerliche Novellierung des OFG allen Personen, die mindestens für ein Jahr einer Freiheitsbeschränkung unterworfen gewesen waren, zu einer Amtsbescheinigung verholfen. Anlässlich des »Bedenkjahres« gewährte die österreichische Bundesregierung auch allen Beziehern von Amtsbescheinigung und Opferausweis eine einmalige Zuwendung aus dem Fonds für »Ehrengaben«. Indem die Amtsbescheinigung zu einer höheren Zuwendung verhalf, wurde die hierarchische Abstufung innerhalb der Opfergruppen beibehalten. Eine offizielle Erweiterung des Opferbegriffes, womit bisher ausgeschlossene Opfergruppen berücksichtigt wurden, erfolgte 1995 mit der Installierung des Nationalfonds der Republik Österreich für Opfer des Nationalsozialismus.[230]

Einem Teil der österreichischen Gesellschaft fiel es jedoch nach wie vor schwer, den Zerfall der »Opferthese« zu akzeptieren. Während des Bundespräsidentenwahlkampfes 1986 drang ein für viele nicht mehr für möglich gehaltenes Ausmaß an Antisemitismus an die Oberfläche. Die – nicht besonders geglückte – Intervention des World Jewish Congress (WJC) animierte zu Vorstellungen einer »jüdischen Weltverschwörung«, Juden wurden als »ehrlose Gesellen«, »Christusmörder« oder »alttestamentarische Rächer« beschimpft. Kurt Waldheim selbst vermutete, dass die »internationale Presse vom jüdischen Weltkongress beherrscht wird«.[231] Ende der 1980er Jahre setzte auch der Aufstieg der FPÖ unter Jörg Haider ein, der nicht zuletzt als Fürsprecher der gesamten Kriegsgeneration, inklusive der SS, fungierte.

In den 1990er Jahren brachten Sammelklagen gegen bekannte österreichische Firmen, die Zwangsarbeiter »beschäftigt« hatten, das Thema »Wiedergutmachung« erneut aufs Tapet. Die Beschlagnahmung zweier Bilder von Egon Schiele aus der Sammlung Leopold in New York löste 1998 die Diskussion um »Arisierung«

Kurt Waldheim als Präsidentschaftskandidat in einem TV-Interview – unter anderem konfrontiert mit den Behauptungen zu seiner NS-Vergangenheit, 2. Juni 1986

und Rückstellung von Kunstgegenständen aus. Es folgten die Einrichtung der Kommission für Provenienzforschung und das Kunstrückgabegesetz. 1998 wurde auch die österreichische

Historikerkommission eingesetzt, um den gesamten Komplex des Vermögensentzugs auf dem Gebiet der Republik Österreich während der NS-Zeit sowie die Problematik von Rückstellung und Entschädigung zu untersuchen. Für viele unerwartet, installierte die schwarz-blaue Bundesregierung unter Wolfgang Schüssel – wohl auch unter Druck von außen – im Jahr 2000 den Versöhnungsfonds. Erstmals wurden damit 150.000 noch lebende Zwangsarbeiter entschädigt. Ein Jahr später verpflichtete sich die Bundesregierung im Washingtoner Abkommen zu weiteren Entschädigungszahlungen für »arisiertes« und enteignetes Vermögen.

Weiterführende Literatur

Gabriele Anderl/Christoph Bazil/Eva Blimlinger u. a. (Hg.), ... wesentlich mehr Fälle als angenommen. 10 Jahre Kommission für Provenienzforschung, Wien–Köln–Weimar 2009.

Brigitte Bailer-Galanda, Die Entstehung der Rückstellungs- und Entschädigungsgesetzgebung. Die Republik Österreich und das in der NS-Zeit entzogene Vermögen, Wien–München 2003.

Helga Embacher, Restitutionsverhandlungen mit Österreich aus Sicht jüdischer Organisationen und der israelitischen Kultusgemeinde, Wien–München 2003.

Clemens Jabloner/Brigitte Bailer-Galanda/Eva Blimlinger u. a. (Hg.), Schlussbericht der Historikerkommission der Republik Österreich. Vermögensentzug während der NS-Zeit sowie Rückstellungen und Entschädigungen seit 1945 in Österreich, Wien–München 2003.

Stefan Karner/Walter M. Iber (Hg.), Schweres Erbe und »Wiedergutmachung«. Restitution und Entschädigung in Österreich. Die Bilanz der Regierung Schüssel, Innsbruck–Wien–Bozen 2015.

Franz Stefan Meissel/Thomas Olechowski/Christoph Gnant, Untersuchungen zur Praxis der Verfahren vor den Rückstellungskommissionen, Wien–München 2004.

Hannah M. Lessing/Maria Luise Lanzrath

»Wiedergutmachung«? Das Unmögliche versuchen – Der Nationalfonds der Republik Österreich für Opfer des Nationalsozialismus

»Damit das Mögliche entsteht, muss immer wieder das Unmögliche versucht werden.«
(Hermann Hesse)

Als der Nationalfonds 1995 geschaffen wurde, stellte ein Holocaustüberlebender die Frage:

»Könnt ihr mir meine Jugend zurückgeben? Meine Mutter aus Auschwitz zurückbringen?«

Er fasste in Worte, was viele Überlebende fühlen, und was auch den MitarbeiterInnen des Nationalfonds stets bewusst ist: Da kann nichts wiedergutgemacht werden. Man kann die Zeit nicht zurückdrehen, nichts und niemanden zurückbringen. Wiedergutmachung ist unmöglich.

Aufgabe des Nationalfonds ist es, das Unmögliche immer wieder zu versuchen. Der Fonds wurde eingerichtet mit dem »Ziel, die besondere Verantwortung gegenüber den Opfern des Nationalsozialismus zum Ausdruck zu bringen«.[233] Die Republik setzte damit ein klares Zeichen – ein spätes Bekenntnis zur Mitverantwortung von ÖsterreicherInnen an den Verbrechen des Nationalsozialismus und zugleich die erste umfassende Anerkennung seiner Opfer. Heinz Fischer, damals Erster Nationalratspräsident und der erste Vorsitzende des Nationalfonds, betonte anlässlich der Einrichtung: »Durch die Errichtung des Nationalfonds soll die moralische Mitverantwortung und das Leid, das den Menschen in Österreich durch den Nationalsozialismus zugefügt wurde, anerkannt werden und den Opfern in besonderer Weise

Hilfe zukommen, wobei wir natürlich wissen, dass das zugefügte Leid nicht ›wieder gutgemacht‹ werden kann.«[234]

Die Schaffung des Nationalfonds – ein spätes Zeichen

»Der Schlaf der Ungerechten ist tief und sehr schwer zu stören.« (Helmut Qualtinger)

Der Umgang Österreichs mit den Opfern des Nationalsozialismus war über Jahrzehnte mehr als zögerlich; im Gefolge eines langwierigen und friktionsreichen Wandels des historischen Selbstverständnisses Österreichs[235] war 1991 das explizite Bekennen des damaligen Bundeskanzlers Franz Vranitzky zur historischen Mitverantwortung schließlich ein tragfähiges Fundament für die Schaffung des Nationalfonds. Der neue Fonds wurde beim Nationalrat eingerichtet – ein klares Signal, dass die Republik hinter seinen Zielen steht und die historische Verantwortung im Namen aller ÖsterreicherInnen an- und wahrnimmt.

Auch die Umsetzung des Nationalfondsgesetzes ist aufs Engste mit dem Parlament verbunden: Der/die NationalratspräsidentIn hat den Vorsitz über die Entscheidungsgremien – das Komitee sowie das oberste Organ des Nationalfonds, das Kuratorium. Im Kuratorium sind VertreterInnen aus maßgeblichen Bereichen von Politik und Gesellschaft versammelt.

Im Mittelpunkt die Menschen

Eine Geste für alle Opfer

Von Beginn an standen für den Nationalfonds die Menschen im Zentrum: Es ist seine erste und zentrale Aufgabe, alle Überlebenden zu erreichen, die während der Zeit des Nationalsozialismus Verfolgung ausgesetzt waren. Keiner Opfergruppe gebührt

Vorrang: Allen kommt gleichermaßen die offizielle Anerkennung Österreichs zu, ausgedrückt durch eine symbolische Gestezahlung von rund 5.000 Euro.

Archiv des Nationalfonds

Die überlebenden Opfer überhaupt zu erreichen – nach so vielen Jahren, in denen sie mehr oder weniger vergessen waren –, bedeutete eine besondere Herausforderung: Das anfänglich sehr kleine Team des Nationalfonds suchte und kontaktierte Menschen nicht nur in Österreich, sondern weltweit in mehr als 70 Ländern. Für viele Überlebende im Ausland bedeuteten die Briefe des Nationalfonds nach ihrer Flucht und Vertreibung den ersten Kontakt mit Österreich.

Manche entschieden erst nach langem Überlegen, sich an den Nationalfonds zu wenden. Die Konfrontation mit der Vergangenheit war oftmals belastend und weckte schmerzhafte Erinnerungen. Viele hatten seit der Zeit der Verfolgung nicht mehr über das Erfahrene gesprochen, das Leid in sich verschlossen – weil das Zurückdenken zu sehr quälte, weil sie ihre Familien schonen wollten oder weil ihnen einfach niemand zuhörte. Wenn sie nun beim Nationalfonds ihre Geschichte erzählten, dann geschah dies bisweilen zum ersten Mal. So bestand besonders in den ersten Jahren die Arbeit des Nationalfonds – neben der Vorbereitung der Auszahlungen – vor allem im Zuhören. »Der Akt des aktiven Zuhörens kompetenter und interessierter MitarbeiterInnen, die Erhebung der Biografie und der Anamnese sowie deren Dokumentation wird von den Überlebenden als Anerkennung erlebt, als Interesse an ihrem Leid und ihrer Geschichte durch Staat und Gesellschaft. Und gerade dies führt oft zum Aufbrechen der Sprachlosigkeit und des Schweigens als ersten Schritt zu anderen, neuen Bewältigungsstrategien für Überlebende.«[236]

Seit 1995 die ersten Anträge auf Gestezahlung einlangten, wurden beim Nationalfonds fast 30.000 Opfer des Nationalsozialismus anerkannt. Für viele Überlebende liegt der eigentliche Wert der Gestezahlung weniger in der ausbezahlten Summe, sondern vielmehr in ihrer Symbolik, die endlich sagt: »Es tut uns leid.« Es überrascht, mit welcher Größe diese Geste der Versöhnung von vielen Betroffenen angenommen wurde; zahlreiche positive Rückmeldungen, wie die folgenden Auszüge aus Briefen an den Nationalfonds, zeigen immer wieder, wie sehr selbst dieses späte Bemühen wahrgenommen und wertgeschätzt wird. So schrieb eine Betroffene diesen berührenden Satz an den Nationalfonds: »Mehr als die Geldsumme haben mich Ihre Worte bewegt, die tröstend mir bewiesen, dass es in Österreich Menschen gibt, die aus vollem Herzen die grausamen und fürchterlichen Ereignisse des Naziregimes nicht vergessen haben, die mir meine ganze Familie ermordeten, was ich natürlich nicht vergessen kann«. In einem anderen Brief heißt es: »Vergessen kann ich nicht, in welcher Art und Weise ich im Jahr 1939 aus meiner Heimat verstoßen wurde [...]. Durch Ihre Anteilnahme ist es mir jedoch möglich, den Verband von der Wunde zu lösen und auf eine eventuelle Heilung zu hoffen«.

Bis heute unterstützt der Nationalfonds Überlebende weltweit: Viele benötigen gerade im hohen Alter vermehrt Hilfe bei Pflege oder medizinischer Betreuung – durch ergänzende Auszahlungen kann der Nationalfonds bedürftigen Personen Unterstützung bieten. Zudem werden soziale und medizinische Projekte gefördert, die – wie der Verein ESRA in Wien – Betroffene bei der Bewältigung von traumatischen Erfahrungen und deren Spätfolgen unterstützen oder – wie das Zentralkomitee der Juden aus Österreich in Israel und die Vereinigung der Pensionisten aus Österreich in Israel – soziale Kontakte und Hilfestellung, etwa beim Kontakt mit österreichischen Behörden, bieten.

Opfergruppen

Wie im vorangehenden Beitrag von Helga Embacher dargestellt, waren nach 1945 nicht alle Opfergruppen gleich berücksichtigt worden. Mit der Einrichtung des Nationalfonds verband sich erstmals der Anspruch, die Verbrechen des Nationalsozialismus und die Vielzahl seiner Opfer in ihrer Gesamtheit zu begreifen und anzuerkennen. Aus diesem Verständnis heraus wurden ab 1995 unterschiedlichste Verfolgungsschicksale sukzessive anerkannt.

Im Nationalfondsgesetz ist der Begriff des Opfers sehr weit definiert[237] – nur so ist es möglich, die Vielzahl an Opfergruppen zu berücksichtigen und möglichst keine geschädigte Person auszuschließen. Berücksichtigt werden sowohl die zahlenmäßig großen beziehungsweise bekannteren Opfergruppen – aus Gründen der Abstammung Verfolgte wie beispielsweise Jüdinnen und Juden, Roma und Sinti oder Menschen, die aufgrund ihrer politischen oder religiösen Überzeugung verfolgt wurden. Explizit genannt sind aber auch Menschen, die infolge ihrer Nationalität, ihrer sexuellen Orientierung, einer körperlichen oder geistigen Behinderung, wegen des Vorwurfs sogenannter Asozialität Verfolgung ausgesetzt waren oder »auf andere Weise Opfer typisch nationalsozialistischen Unrechts geworden sind«.

Dies ermöglicht zahlreichen weiteren Verfolgtengruppen die Anerkennung – etwa Kärntner SlowenInnen; PartisanInnen; Wiener TschechInnen; Homosexuellen; Jenischen; Zeugen Jehovas; verfolgten KatholikInnen; Menschen, die infolge einer Behinderung verfolgt wurden; Opfern von Zwangssterilisation; Kindern, die als »schwer erziehbar« eingestuft und als »asozial« in Heimen untergebracht und misshandelt wurden; Familien, die im Zusammenhang mit der Errichtung des Truppenübungsplatzes Döllersheim aus ihren Dörfern ausgesiedelt wurden; und einigen mehr.

Die Entscheidungspraxis des Nationalfonds unterliegt einer kontinuierlichen Entwicklung, sie ist mit dem Wissensstand zum Nationalsozialismus und seinen Opfern gleichsam »mitgewachsen«: Der Nationalfonds war von Beginn an bestrebt, den

Opferbegriff entsprechend neuen historischen Erkenntnissen zu entwickeln. Eine wichtige Rolle in diesem Prozess kommt HistorikerInnen zu, die mit den Ergebnissen ihrer Forschungstätigkeit immer wieder Grundlage und Anstoß für Neubewertungen der Verfolgung einzelner Gruppen schaffen.

Die »Kinder vom Spiegelgrund« sind ein Beispiel solch später Anerkennung – noch bis vor einigen Jahren waren ihre Schicksale wenig bekannt: Sie waren in ihrer Kindheit Am Spiegelgrund auf dem Gelände der Heil- und Pflegeanstalt Am Steinhof in Wien misshandelt und zu medizinischen Versuchen missbraucht worden. Dennoch hatten sie nach dem Krieg lange als einfach nur »schwer erziehbar« gegolten, ihre Anhaltung im Heim war nicht weiter hinterfragt worden. Die Anerkennung durch den Nationalfonds bewirkte auch in der Gesellschaft eine veränderte Wahrnehmung ihres Schicksals.

Wehrmachtsdeserteure und Opfer der NS-Militärjustiz wurden ebenfalls erst spät als Opfer wahrgenommen. Insbesondere Deserteure waren bis in die Gegenwart Vorurteilen ausgesetzt und mussten mit dem Stigma des Eidbrechers und Kameradenmörders leben. Die Frage, wie eine Desertion aus der Wehrmacht zu bewerten sei, wurde erst nach der Jahrtausendwende auf breiterer Ebene öffentlich thematisiert. Seit 2002 sind Deserteure im Nationalfonds als Opfergruppe anerkannt – weil jede Desertion eines Österreichers aus der Deutschen Wehrmacht letztlich ein Akt des Widerstandes war, der unverhältnismäßig hart bestraft wurde. Wenn auch bis heute die alten Vorurteile nicht zur Gänze überwunden sind, blieb doch die Anerkennung der Deserteure nicht ohne Wirkung auf das öffentliche Bewusstsein. Seit 2014 erinnert in Wien auf dem Ballhausplatz ein Denkmal an die Verfolgten der NS-Militärjustiz.

Ein Wermutstropfen bleibt: Für viele Opfer kam die Anerkennung ihrer Leiden zu spät. Bei den Deserteuren waren es weniger als hundert Personen, die diese späte Gerechtigkeit noch erlebt haben. Doch die »Neuvermessung der Vergangenheit«[238] ist nicht nur für die betroffenen Opfer wichtig – sie hat auch Signalwirkung für die Gesellschaft: Sie trägt dazu bei, lange bestehende

Vorurteile aufzuweichen und die Wahrnehmung von Geschichte zu verändern.

Die Lernprozesse in Zusammenhang mit der Geschichte des Nationalsozialismus in Österreich sind auch nach mehr als 20-jährigem Bestehen des Nationalfonds nicht abgeschlossen. Das zeigt deutlich, dass Geschichtsverständnis nicht etwas Feststehendes ist, sondern einem permanenten Wandel unterliegt und beständig geprüft und kritisch hinterfragt werden will.

Aufgabenspektrum

1995, bei der Einrichtung des Nationalfonds, war man noch davon ausgegangen, dass er seine Aufgaben bald erfüllt haben würde. Doch im Laufe der Jahre wurde deutlich, dass die Ära des Nationalsozialismus in Österreich tiefe Spuren und damit einen nachhaltigen Bedarf an Aufarbeitung hinterlassen hat. Für den Nationalfonds folgte daraus eine sukzessive Erweiterung seines Arbeitsfeldes. Im Herbst 2017 verabschiedete der Nationalrat die letzte von mehreren Novellen, mit denen das Nationalfondsgesetz an die bestehenden Erfordernisse angepasst wurde.

Heute ist die Arbeit des Nationalfonds gleichermaßen den Opfern, die er unterstützt und an deren Schicksale er erinnert, als auch der Gesellschaft und dem Lernen aus der Geschichte für die Zukunft gewidmet. Für Überlebende in aller Welt und ihre Familien ist er eine Anlaufstelle, eine ausgestreckte Hand des heutigen Österreich; er bietet Unterstützung bei Recherchen und beantwortet Anfragen zur Zeit des Nationalsozialismus in Österreich. Das vom Fonds betriebene Online-Portal »Findbuch für Opfer des Nationalsozialismus«[239] ermöglicht die Suche nach Dokumenten in österreichischen Archiven.

Neben dem nationalen trägt der Nationalfonds auch das internationale Holocaust-Gedenken mit – nicht nur in der Kooperation mit Opfervertretungen im In- und Ausland, sondern auch in der International Holocaust Remembrance Alliance (IHRA). Dieses transnationale Netzwerk der Erinnerung verfolgt das

Ziel, durch die Weitergabe des Wissens um den Holocaust einen Beitrag zur internationalen Bewusstseinsbildung zu leisten und so »die Saat einer besseren Zukunft in den Boden einer bitteren Vergangenheit zu streuen«.[240]

Kunstrestitution

Seit 1998 bietet das Kunstrückgabegesetz in Österreich eine Grundlage für die Restitution von sogenannter Raubkunst aus öffentlichen Beständen. Der Nationalfonds unterstützt die Suche nach Rückstellungsberechtigten; in Kooperation mit den Museen des Bundes und der Stadt Wien, zahlreichen Sammlungen und Museen der Länder sowie Bibliotheken betreibt der Fonds eine Online-Kunst-Datenbank,[241] die eine Suche nach für eine Rückstellung in Frage kommenden Kunstobjekten unterstützt. In einigen Fällen konnten bereits ErbInnen gefunden und Kunstwerke restituiert werden. »Erblose«, nicht restituierbare Kunstgegenstände aus öffentlichem Besitz, werden durch den Nationalfonds verwertet, die Erlöse kommen Opfern des Nationalsozialismus zu.

Vermögensentschädigungen: Mietrechtsentschädigung und Allgemeiner Entschädigungsfonds für Opfer des Nationalsozialismus

2001, nach Restitutionsverhandlungen mit der Regierung der Vereinigten Staaten und verschiedenen Opfervertretungen, unterzeichnete Österreich das Washingtoner Abkommen, in dem sich die Republik zu Entschädigungszahlungen verpflichtete. Dem Nationalfonds wurden in der Folge die sogenannte Mietrechtsentschädigung sowie die Administration des Allgemeinen Entschädigungsfonds für Opfer des Nationalsozialismus und des Fonds zur Instandsetzung der jüdischen Friedhöfe in Österreich übertragen. Bei der Entschädigung für Mietrechte, Hausrat und

Buchrestitution – Übergabe in New Jersey durch Hannah Lessing und Österreichs Generalkonsul Georg Heindl

persönliche Wertgegenstände, die den meist jüdischen Opfern ab 1938 entzogen worden waren, kamen ab 2001 an über 20.000 Berechtigte rund 175 Millionen Euro in Form von Pauschalbeträgen zur Auszahlung.[242]

Der größte Teil der Restitutionszahlungen jedoch wurde im Rahmen des 2001 eingerichteten Allgemeinen Entschädigungsfonds für Opfer des Nationalsozialismus durchgeführt.[243] Entschädigt wurden verschiedenste Verluste wie entzogene Unternehmen, Wertpapiere, Immobilien, bis hin zu Ausbildungsschäden. Die Abwicklung, bei der rund 160.000 einzelne Forderungen zu prüfen waren, stellte eine komplexe und arbeitsintensive Aufgabe dar. Die Vermögensentschädigung durch den Entschädigungsfonds ist im Wesentlichen abgeschlossen; insgesamt gelangten über 213 Millionen US-Dollar zur Auszahlung. Da die zur Verfügung stehenden Mittel nicht ausreichten, um die Forderungen in ihrer Gesamthöhe abzudecken, mussten die Entschädigungszahlungen anteilig erfolgen. Parallel dazu wurde beim Entschädigungsfonds eine Schiedsinstanz für Naturalrestitution eingerichtet – sie hat bisher die Rückgabe von in öffentlichem Eigentum stehenden Liegenschaften mit einem geschätzten

Jüdischer Friedhof in Wien-Währing

Gesamtwert von rund 48 Millionen Euro empfohlen.[244]

Fonds zur Instandsetzung der jüdischen Friedhöfe in Österreich

In den Jahren des Nationalsozialismus wurden zahllose jüdische Gräber in Österreich zerstört; danach waren die jüdischen Friedhöfe meist dem Verfall preisgegeben – es waren nicht mehr genug Lebende hier, um sich um die Stätten der Toten zu kümmern. Die meisten der rund 60 jüdischen Friedhöfe in Österreich blieben geschlossen. Erst in den vergangenen Jahren werden die jüdischen Friedhöfe allmählich als Orte mit Geschichte und kulturhistorischem Wert begriffen, die es zu retten gilt. 2010 wurde beim Nationalfonds der Fonds zur Instandsetzung der jüdischen Friedhöfe in Österreich eingerichtet, der den Eigentümern der Friedhöfe über einen Zeitraum von 20 Jahren insgesamt 20 Millionen Euro an Bundesmitteln zur Verfügung stellt. Auch die österreichischen Gemeinden leisten einen wichtigen Beitrag, indem sie die weitere Pflege der Friedhöfe in ihrem Gemeindegebiet für 20 Jahre übernehmen. Die jüdischen Friedhöfe werden damit als besondere Gedenkorte für die Zukunft bewahrt.

Neugestaltung der österreichischen Ausstellung im Museum Auschwitz-Birkenau

Auf dem Gelände des ehemaligen Konzentrations- und Vernichtungslagers und nunmehrigen Museums Auschwitz-Birkenau wurden nach Kriegsende Länderausstellungen eingerichtet, darunter auch die österreichische Ausstellung im historischen Block 17. Die 1978 von Überlebenden mitgestaltete Ausstellung spiegelte als Kind ihrer Zeit die damals vorherrschende Opferthese wider. Sie war daher in den vergangenen Jahren zunehmend Gegenstand von Kritik. Dem Nationalfonds wurde die Koordinierung des anspruchsvollen und komplexen Projektes der Neugestaltung übertragen – es umfasst nicht nur die Entwicklung der neuen Ausstellung, sondern auch die Planung und Durchführung der Sanierung des Ausstellungsgebäudes.

Die neue Ausstellung[245] mit dem Titel »Entfernung. Österreich und Auschwitz« soll ein zeitgemäßer Erinnerungs- und Lernort sein, der wissenschaftlich fundiert und von einem breiten gesellschaftlichen Konsens getragen ist. Die Schau wird insbesondere auch die Verstrickung von ÖsterreicherInnen als TäterInnen und HelferInnen an den dort begangenen Verbrechen zeigen. Die Neugestaltung ist ein fordernder Auftrag – im Spannungsfeld von Erinnern und Vergessen, zwischen nationalem und europäischem Geschichtsverständnis. Im Zuge des Entstehungsprozesses wird immer wieder deutlich, wie viele Fragen in Zusammenhang mit der Aufarbeitung des Nationalsozialismus noch immer nicht abschließend beantwortet sind.

Aus der Geschichte lernen

Förderung von Projekten zu Forschung, Erinnern und Gedenken

Die Unterstützung von Gedenken und gesellschaftlichen Lernprozessen war seit Beginn eine zentrale Aufgabe des Nationalfonds:

»

Diese Zeit und meine Leiden am Spiegelgrund leben in mir noch immer unvergessen weiter, als ob es jetzt erst gewesen wäre und nicht vor 69 Jahren. Die Erlebnisse am Spiegelgrund waren menschenunwürdig […]. Wir wurden als ›Versuchskaninchen‹ gebraucht: Mittels diverser Spritzen wurden Medikamente an uns getestet, wir wurden kalten Duschen ausgesetzt und im Winter in nasse Decken gehüllt und vieles mehr. Dieser schmerzhafte einjährige Aufenthalt am Spiegelgrund hat meine Kindheit, meine Jugendzeit und auch meine Zukunft zerstört. Mein Aufenthalt war auch grausam, weil man meine Weiterbildung verhindert hat. Es gab keinen Schulbesuch. Geprägt vom Spiegelgrund, stand ich ohne Chance der Zukunft gegenüber. Mit der einmaligen Entschädigung […] durch den österreichischen Nationalfonds lässt sich das gar nicht gutmachen, was man an mir verbrochen hat. Ich war kein Lerngenie, aber auch kein Dummerl. Aber durch den Aufenthalt am Spiegelgrund nahm man mir die Chance, für die Zukunft besser gestellt zu sein. Beruflich und finanziell blieb ich benachteiligt.
Als Zeitzeuge bin ich fallweise in Schulen tätig, um darüber zu sprechen […]. Und ich finde es sehr gut, wenn Menschen […] mit viel Mühe und Zeitaufwand diese Verbrechen aus der NS-Zeit nie in Vergessenheit bringen und aufzeigen.[250]

«

Bericht eines Opfers der Jugendfürsorgeanstalt Am Spiegelgrund

Bereits seit 1996 fördert der Nationalfonds Projekte, »die Opfern des Nationalsozialismus zugute kommen, der wissenschaftlichen Erforschung des Nationalsozialismus und des Schicksals seiner Opfer dienen, an das nationalsozialistische Unrecht erinnern oder das Andenken an die Opfer wahren«.[246] Im Rahmen der Projektförderungen finden sämtliche Opfergruppen des Nationalsozialismus Berücksichtigung. Seit 1995 hat der Nationalfonds über 1.800 Projekte mit Mitteln von insgesamt über 28 Millionen Euro unterstützt.[247]

Die Bandbreite der Projekte ist vielfältig: Sie reicht von Gedenkveranstaltungen, Mahnmalen und Gedenkstätten, Forschungs- und Archivprojekten über Workshops und Symposien, Publikationen, Filme und Bildungsprojekte bis hin zu Konzerten, Ausstellungen und anderen künstlerischen Vorhaben. Alle geförderten Projekte sind in der Online-Projektdatenbank des Nationalfonds dokumentiert. Viele fördern ein Gedenken, das über die offiziellen Gedenkrituale hinausgeht und die breite Öffentlichkeit einbindet – denn: »Die offizielle Spitze der Erinnerungspyramide muss, um gesellschaftliche Legitimität zu genießen, getragen sein von vielfältigen Aktivitäten der Gesamtgesellschaft.«[248]

In ihrer Summe und Vielfalt haben die vom Nationalfonds unterstützten Projekte im Lauf der Jahre zu einem Wandel im öffentlichen Bewusstsein beigetragen: Forschungs- und Erinnerungsprojekte vermitteln mit ihren unterschiedlichen Schwerpunkten nicht nur Wissen um die Geschichte des Nationalsozialismus, sondern schaffen auch Verständnis für die Mechanismen von Diktatur und Gewaltherrschaft. Schulprojekte, bei denen SchülerInnen manchmal noch mit ZeitzeugInnen sprechen können, erreichen junge Menschen, denen die Ära des Nationalsozialismus mitunter schon fast so fern erscheint wie das Imperium Romanum. Sie machen Geschichte fühlbar und regen an, Fragen zu stellen: Wie konnte es an meiner Schule zur Verfolgung und Vertreibung jüdischer SchülerInnen kommen? Wäre etwas Vergleichbares auch heute möglich? Solche Überlegungen führen weiter zu grundsätzlichen Fragen um Ausgrenzung, Solidarität und persönliche Verantwortung und ermutigen zu kritischem politischen Denken.

Erinnerung braucht Namen und Orte, *lieux de mémoire*, die Ankerpunkte bieten: Projekte im öffentlichen Raum – wie die »Steine der Erinnerung« an Häusern und auf Gehsteigen österreichischer Städte – geben Orten überall in Österreich etwas von ihrer vergessenen Geschichte zurück. Mehr und mehr Projekte entstehen direkt aus Initiativen der Zivilgesellschaft, etwa wenn Menschen die Geschichte ihres Heimatortes, ihres »Grätzels« oder ihrer Straße erforschen. Manche Gedenkprojekte holen Opferschicksale und Opfergruppen, die lange zu wenig Berücksichtigung fanden, ins Bewusstsein der Öffentlichkeit – wie jene Menschen, die wegen ihrer sexuellen Orientierung verfolgt waren und deren Schicksal zu lange ein Tabu war. Umso wichtiger ist es, Gedenken und Bewusstseinsbildung hierzu verstärkt zu fördern.

Vom Bewahren der Erinnerung: Lebensgeschichten

»Wir Überlebende der großen jüdischen Katastrophe des Zwanzigsten Jahrhunderts, die heutzutage die Shoa oder der Holocaust genannt wird, sind sozusagen ein Auslaufmodell. Nur ganz wenige von uns gibt es noch […].«[249]
(Ruth Klüger)

Im Laufe seiner mehr als 20-jährigen Tätigkeit wurde dem Nationalfonds eine große Vielfalt an Lebensgeschichten und Verfolgungsschicksalen anvertraut. Jedes Schicksal ist einzigartig. In dem Kaleidoskop individueller Erfahrungen und persönlicher Erinnerungen treten die Menschen hinter den Zahlen, Daten und Fakten von Geschichte hervor. Die in den rund 30.000 Anträgen geschilderten Erfahrungen und Lebenswege sind ein wertvoller Teil österreichischer Geschichte.

Aus der ursprünglichen Aufgabe des Zuhörens erwächst dem Nationalfonds die Verpflichtung, das Gehörte sorgsam zu bewahren und als Vermächtnis der Opfer an kommende Generationen weiterzugeben. Die Veröffentlichung von Lebensgeschichten, die die unterschiedlichen Verfolgungsschicksale sichtbar und nachfühlbar machen und den Opfern eine Stimme geben, ist daher heute zu einer der wichtigsten Aufgaben den Nationalfonds geworden.

2018 ist ein Jahr des Gedenkens. Neben dem positiven Erinnern an das Ende des Ersten Weltkrieges steht das mahnende Erinnern an die Ereignisse des Jahres 1938: den »Anschluss« Österreichs an das Deutsche Reich und das Novemberpogrom – Vorboten des nahenden zweiten großen Krieges. 1938 liegt 80 Jahre zurück – das ist fast ein Menschenalter. Noch gibt es in Österreich einige wenige Menschen, die damals das gewaltsame Ende der Demokratie und die Jahre des Nationalsozialismus miterlebt haben. Doch wir stehen an einer Zeitenwende: Bald werden auch die letzten ZeitzeugInnen verstummt sein. Jedes Mal, wenn einer dieser besonderen Menschen geht, versinkt eine Welt an Erinnerungen. Es ist höchste Zeit, ihnen zuzuhören: Indem sie uns von der Vergangenheit erzählen, helfen sie uns ein Stück weit, auch die Gegenwart mit ihren Chancen und ihren Gefahren zu begreifen.

Weiterführende Literatur

Aleida Assmann, Der lange Schatten der Vergangenheit. Erinnerungskultur und Geschichtspolitik, München 2006.

Aleida Assmann, Das neue Unbehagen an der Erinnerungskultur. Eine Intervention, München 2013.

Brigitte Bailer-Galanda, Die Opfergruppen und deren Entschädigung, in: Forum Politische Bildung (Hg.), Wieder gut machen? Enteignung, Zwangsarbeit, Entschädigung, Restitution, Innsbruck–Wien 1999, 90–96.

Martin Sabrow, »Erinnerung« als Pathosformel der Gegenwart, in: Martin Sabrow (Hg.), Der Streit um die Erinnerung, Leipzig 2008.

Renate S. Meissner im Auftrag des Nationalfonds (Hg.), Erinnerungen. Lebensgeschichten von Opfern des Nationalsozialismus, Wien 2010–2015.

Anton Pelinka

2001–2010. Unruhe am Beginn – Beruhigung am Ende

Neue Faktoren im politischen System

Die Jahre von 2001 bis 2010 waren durch sich rasch ändernde Rahmenbedingungen des politischen Systems gekennzeichnet. Die seit Anfang 1987 regierende Große Koalition, bestehend aus SPÖ und ÖVP, hatte 2000 einer Kleinen Koalition Platz machen müssen, bestehend aus FPÖ und ÖVP, der (nach dem Wahlergebnis 1999) zweit- und drittgrößten Partei. Diese wurde auch nach der Nationalratswahl 2002 fortgesetzt, bis 2006 die »Große Koalition« wiederkehrte. Zwischen der regierenden Mehrheit und der opponierenden Minderheit gab es zwischen 2000 und 2006 intensive, auch außerparlamentarische Konflikte – in Form regelmäßiger Demonstrationen gegen die Regierung und einer Zunahme umfassender (freilich immer nur kurze Zeit dauernder) Streiks.

Ausdruck dieser Polarisierung war eine deutliche Steigerung der Wahlbeteiligung bei der Nationalratswahl 2002. 1999 hatten 80,4 Prozent der Wahlbeteiligten ihre Stimme abgegeben. 2002 betrug die Wahlbeteiligung 84,3 Prozent, um 2006 auf 78,5 Prozent zu sinken. Die politische Polarisierung hatte offenkundig in den ersten Jahren des Jahrzehnts einen Höhepunkt erreicht, nahm dann wieder ab. Die Jahre 2000 bis 2006 waren also eine Zeit politischer Polarisierung. Allerdings führte diese Polarisierung nicht zu einer Gefährdung des demokratischen politischen Prozesses. Demokratie und Rechtsstaat waren nicht in Gefahr.

Ein Aspekt der Polarisierung war eine Politik, die sich gegen den »Austro-Korporatismus« richtete, gegen die immer wieder (vereinfacht) als »Nebenregierung« titulierte Sozialpartnerschaft. Angesichts der Struktur der Koalitionsregierung unter Wolfgang Schüssel und Susanne Riess-Passer hatte dies eine nachvollziehbare Logik: Die Sozialpartnerschaft war ja auch die Fortsetzung

Wolfgang Schüssel nach dem Sieg bei der Nationalratswahl am 24. November 2002

der Großen Koalition mit anderen Mitteln. Die Verbände, die in der Sozialpartnerschaft den Ton angaben, waren entweder primär mit der ÖVP vernetzt (Wirtschaftskammer, Landwirtschaftskammern) – oder aber mit der SPÖ (Arbeiterkammer, Österreichischer Gewerkschaftsbund). Die FPÖ war im sozialpartnerschaftlichen Netzwerk durchwegs Außenseiter und musste daher im

Zurückdrängen der Sozialpartnerschaft den Abbau eines strukturellen Nachteils im politischen Wettbewerb sehen.

Es waren vor allem die im Österreichischen Gewerkschaftsbund (ÖGB) zusammengefassten Gewerkschaften, die gegen die Politik der Regierung Schüssel mobilisierten. Im Mai und Juni 2003 organisierten die Gewerkschaften Protestbewegungen, die den Charakter punktueller Generalstreiks annahmen – vor allem als Protest gegen die Pläne einer Pensionsreform, die nicht sozialpartnerschaftlich abgestimmt war. Die Regierung lenkte streckenweise ein, nur ein Teil der ursprünglichen Reformvorhaben im Pensionsbereich wurde auch von der regierenden Mehrheit im Nationalrat beschlossen.

Die Intensivierung der innenpolitischen Konflikte erhöhte auch die Wahrnehmbarkeit des Verfassungsgerichtshofes (VfGH) als eines zentralen Akteurs im politischen Gefüge der Republik. Als im Dezember 2001 der Verfassungsgerichtshof die Gesetzgebung zur Regelung der Aufstellung zweisprachiger Ortstafeln in Kärnten aufhob, weil sie die Rechte der slowenischen Volksgruppe nicht ausreichend gewährleistet hatte, kam es zu einer für die bisher in Österreich üblichen Verhältnisse völlig unüblichen, politisch motivierten Polemik gegen den Gerichtshof – von Seiten der FPÖ, insbesondere von Seiten ihrer Kärntner Landesorganisation. Jörg Haider, der freiheitliche Kärntner Landeshauptmann, griff den Präsidenten des Verfassungsgerichtshofes, Ludwig Adamovich, persönlich an und versuchte mit den Mitteln öffentlicher Dramatisierung (etwa der Verschiebung von Ortstafeln), die Umsetzung des Urteils des Verfassungsgerichtshofes zu verhindern. Es dauerte Jahre, bevor die Folgen dieser öffentlich ausgetragenen Konfrontation mit dem VfGH bereinigt werden konnten.

In diesem polarisierten Klima wäre es zu erwarten gewesen, dass ein Instrument verstärkt eingesetzt würde, das primär von der Opposition als Mittel zur Herstellung außerparlamentarischer Öffentlichkeit genutzt wird: das Volksbegehren. Zwischen 2001 und 2010 wurden insgesamt acht Volksbegehren durchgeführt – das bedeutete im Vergleich zu den zwei vorhergehenden

Großdemonstration gegen die geplante Pensionsreform am 13. Mai 2003

Jahrzehnten (1981 bis 2000) mit insgesamt 16 keine Steigerung. Freilich fanden diese acht Volksbegehren durchwegs in der Zeit der Regierung Schüssel (also zwischen 2000 und 2006) statt: Während der Regierungskoalition aus ÖVP und FPÖ war die Häufigkeit von Volksbegehren doch dichter als in den Perioden davor und auch danach. Das war Ausdruck der Polarisierung in Österreichs politischem System.

Die Wahlerfolge der SPÖ auf Länderebene vor 2006 (als sich die Sozialdemokratie auf Bundesebene in Opposition befand), war Teil einer Zunahme der politischen Beweglichkeit in den Ländern. Waren bis 2000 sechs von neun Bundesländern traditionell von zumindest relativen Mehrheiten der ÖVP bestimmt, die auch den Landeshauptmann (die Landeshauptfrau) stellte, veränderte sich dies signifikant: Am Ende der Ära der »Kleinen Koalition«, 2006, waren nur noch vier der neun Länder (Vorarlberg, Tirol, Oberösterreich, Niederösterreich) ÖVP-dominiert; vier hatten sozialdemokratische Länderchefs (Wien, Burgenland, Salzburg, Steiermark) und Kärnten hatte (wie schon vor 2000) einen freiheitlichen Landeshauptmann. Die Stärkung des Föderalismus in Form der Stärkung oder zumindest der Betonung der Länderrechte konnte nicht mehr a priori dem Interesse der Volkspartei zugeordnet werden.

»

Ursprünglich [...] war die Wahlkampfstrategie der SPÖ auf Verbreiterung hin zur Mitte und Richtung unzufriedener ÖVP- und vor allem Ex-FPÖ- und dann zur ÖVP abgewanderter Wähler ausgerichtet [...] Mit klaren Aussagen und einer Schwerpunktsetzung in Richtung ›Leistungsträger und Mittelstand‹ – selbstverständlich verbunden mit einem Bekenntnis zu mehr sozialer Gerechtigkeit – sollte das große Überschneidungspotential zwischen SPÖ und ÖVP angesprochen werden. Und wieder sorgte die BAWAG-Causa für Turbulenzen und letztlich dafür, dass nahezu die gesamte Vorbereitungszeit zunichte gemacht wurde. Denn allen Beteiligten, die sich am 21. April in der Löwelstraße zur Agenturpräsentation eingefunden hatten, war klar: So werden wir nach dem Skandal den Wahlkampf nicht bestreiten können. Und so musste das gesamte Team höchste Flexibilität an den Tag legen, rasch neue Dispositionen treffen, ständig die Berichte in den Medien und die Stimmungslage der Wählerschaft berücksichtigend, die Kampagne völlig neu aufstellen.[251]

«

Josef Kalina, damaliger Kommunikationschef der SPÖ, zur Werbelinie für den Nationalrats-Wahlkampf 2006

Dass der allmähliche Bedeutungsverlust des Austro-Korporatismus nicht nur eine Folge einer spezifischen Politik der ÖVP-FPÖ-Koalition war, zeigte sich an der erst am Ende dieser Koalition aufbrechenden Krise um die Gewerkschaftsbank BAWAG. Diese war, ohne dass die gesetzlich vorgesehenen Kontrollen gegriffen hätten, in eine schwere Krise geraten. Die Folge war eine teilweise Neuformierung der ÖGB-Struktur (vor allem auch deren Verschlankung) – und ein Verkauf der BAWAG an einen US-amerikanischen Fonds Ende 2006.

Die Krise der BAWAG war eine Krise im Gefolge der abnehmenden politischen und wirtschaftlichen Prägekraft des ÖGB – und damit, zumindest indirekt, der Sozialpartnerschaft insgesamt. Die zweite Bankenkrise, die in diesem Jahrzehnt ihren Anfang nahm, betraf jene der Hypo-Alpe-Adria-Bank, die de facto die Landesbank Kärntens war. Die Kärntner Landespolitik (unter Führung der FPÖ) nutzte diese Bank für eine Expansionspolitik in doppelter Hinsicht – für eine geopolitische Expansion in den Alpen-Adria-Raum und als Instrument politischer Einflussnahme in die verschiedensten Bereiche des wirtschaftlichen und gesellschaftlichen Lebens. Die Krise dieser Bank führte in den folgenden Jahren zum Verkauf und schließlich zur Verstaatlichung der Bank. Im Gefolge der Krise kam es auch zur strafrechtlichen Aufarbeitung der durch die Zahlungsunfähigkeit dieser Bank erkennbaren Verflechtung politischer, wirtschaftlicher und persönlicher Interessen.

Unabhängig von den Krisen um die beiden Finanzinstitutionen BAWAG und Hypo-Alpe-Adria-Bank konnte Österreich die ab 2008 einsetzende krisenhafte Entwicklung der Weltwirtschaft, insbesondere des globalen Finanzsektors, ohne größere Rückschläge für die wirtschaftliche Stabilität durchstehen. Österreichs ökonomische Entwicklung hatte trotz der vor allem am Beginn des Jahrzehnts zunehmenden innenpolitischen Polarisierung keinen erkennbaren Schaden genommen. Auch der Status Österreichs als stabiler Teil des Binnenmarktes der EU und der Europäischen Währungsunion (Eurozone) wie auch der vom Internationalen Währungsfonds, der Weltbank und der Welthandelsorganisation (WTO) repräsentierten globalen Wirtschafts- und Finanzordnung trug im ersten Jahrzehnt des Jahrhunderts keinen erkennbaren Schaden davon.

»

Ergänzt wurde die längerfristige, grundsätzliche strategische Planung durch das Momentum, das sich durch den BAWAG-ÖGB-Skandal im Netzwerk der österreichischen Arbeiterbewegung und Sozialdemokratie ergeben hat. Dadurch erst wurde der erste Platz für die ÖVP realistisch greifbar. Dadurch ergab sich auch erst die klare Polarisierungsmöglichkeit zwischen ÖGB und SPÖ rund um den Kontrast ›solider Staatshaushalt‹ versus ›Schuldenpolitik und unsoziale Misswirtschaft‹. Oder mit dem Slogan zugespitzt: ›Gusenbauer-SPÖ kann nicht wirtschaften.‹ Und: ›Wer nicht wirtschaften kann, schafft weder Arbeitsplätze noch soziale Sicherheit‹.[252]

«

Elmar Pichl, damaliger Leiter der Abteilung Politik in der ÖVP-Bundespartei, zum Nationalrats-Wahlkampf 2006

Das Parteiensystem

Das erste Jahrzehnt des 21. Jahrhunderts zeigte eine ungewöhnliche Volatilität des Parteiensystems, die sich in einer ungewöhnlichen Beweglichkeit des Wahlverhaltens ausdrückte. Die Nationalratswahlen von 2002 und 2006 waren von signifikanten Verschiebungen in gegensätzliche Richtungen gekennzeichnet. Hatte die letzte Wahl des 20. Jahrhunderts eine Verfestigung des Trends zu einem Dreiparteiensystem angezeigt, so brachte die Nationalratswahl 2002 die Rückkehr zu einem Parteiensystem, wie es für Österreich zwischen 1945 und 1986 signifikant war: ein Zweiparteiensystem, in dem sich zwei dominierende Parteien (ÖVP, SPÖ) mit einer oder einigen kleineren Parteien die Sitze im Nationalrat teilten.

Partei	1999		2002		2006		2008	
	Prozent	Mandate	Prozent	Mandate	Prozent	Mandate	Prozent	Mandate
SPÖ	33,2	65	36,5	69	35,3	68	29,3	57
ÖVP	26,9	52	42,3	79	34,3	66	26,0	51
FPÖ	26,9	52	10,0	18	11,0	21	17,5	34
Grüne	7,4	14	9,5	17	11,1	21	10,4	20
BZÖ					4,1	7	10,7	21

Tabelle 1: Ergebnisse der Nationalratswahlen 1999, 2002, 2006 und 2008

War 2002 die Wiederkehr eines stark konzentrierten Parteiensystems zu beobachten, so kam es 2006 zu einer Umkehr dieses Trends. Die Konzentration 2002 machte einer Dekonzentration Platz. Rückblickend kann gesagt werden, dass das Wahlergebnis von 2002 die Ausnahme eines lange wirkenden Trends darstellte – und 2006 eine Wiederaufnahme dieses Trends signalisierte.

Jahr	Prozent	Stimmenstärkste Parteien mit Stimmenanteil
1999	60,1	SPÖ: 33,2; FPÖ: 26,9
2002	78,8	ÖVP: 42,3; SPÖ: 36,5
2006	69,6	SPÖ: 35,3; ÖVP: 34,3
2008	55,3	SPÖ: 29,3; ÖVP: 26,0

Tabelle 2: Konzentration des Parteiensystems, ausgedrückt in den summierten Stimmenanteilen der beiden stärksten Parteien bei Nationalratswahlen

Dieses Auf und Ab des Konzentrationsgrades war durch den raschen Aufstieg der ÖVP zwischen 1999 und 2002 – und vom

Niedergang der FPÖ in ebendiesen Jahren – gekennzeichnet: 1999 hatte die ÖVP den zweiten Platz (gemessen an Stimmen) knapp an die FPÖ verloren. Aber zwischen 1999 und 2002 stürzte die FPÖ von 26,9 auf 10,0 Prozent ab. Die in Folge dieses Absturzes sich spaltende FPÖ stabilisierte sich 2006 mit 11,0 Prozent – addiert man den Stimmenanteil des BZÖ, einer von früheren FPÖ-Spitzenrepräsentanten getragenen Partei, so kam der aus FPÖ und BZÖ addierte Stimmenanteil mit 15,1 Prozent wieder annähernd an die FPÖ-Wahlergebnisse der 1990er Jahre heran. Erst recht wird dies deutlich, wenn man das Ergebnis von 2008 heranzieht, als FPÖ und BZÖ gemeinsam bereits über dem Anteil der FPÖ von 1999 lagen.

Dass der Aufstieg der ÖVP, der sich im Wahlergebnis von 2002 äußerte – das beste Resultat, das die ÖVP seit 1983 erzielen hatte können –, nicht zu einer länger anhaltenden Dominanz der ÖVP führen sollte, zeigte sich bei der Wahl des Bundespräsidenten 2004 und 2010: 2004 unterlag die ÖVP-Kandidatin, die als Außenministerin der Regierung Schüssel als repräsentativ für die 2002 so erfolgreiche ÖVP gelten konnte, dem SPÖ-Kandidaten.

Jahr	Kandidatinnen und Kandidaten	Prozent
2004	Heinz Fischer (SPÖ)	52,4
	Benita Ferrero-Waldner (ÖVP)	47,6
2010	Heinz Fischer (SPÖ)	79,3
	Barbara Rosenkranz (FPÖ)	15,2
	Rudolf Gehring (Christliche Partei Österreichs)	5,4

Tabelle 3: Ergebnisse der Bundespräsidentenwahlen 2004 und 2010

Wie wenig die Entwicklung insgesamt als eine Verfestigung eines lange anhaltenden Gesamttrends zu bewerten ist, zeigte sich auch bei den Wahlen für das Europäische Parlament: Die ÖVP hatte schon 2004 ihren Aufwärtsschwung von 2002 verloren; und die SPÖ konnte ihre 2006 wiedergewonnene Position als relative Mehrheitspartei 2009 nicht mehr halten. Die FPÖ wiederum hatte sich gegen Ende des Jahrzehnts vom Absturz des Jahres 2002 und der Parteispaltung bereits weitgehend erholt.

Partei	2004		2009	
	Prozent	Mandate	Prozent	Mandate
SPÖ	33,3	7	23,7	4
ÖVP	32,7	6	30,0	6
Liste Martin	14,0	2	17,7	3
Grüne	12,9	2	9,9	2
FPÖ	6,3	1	12,7	2

Tabelle 4: Ergebnisse der Europawahlen 2004 und 2009

Diese Beweglichkeit des Parteiensystems zeigte sich auch auf der Ebene der Länder: Offenbar unter Nutzung eines auf der Bundesebene erzielten »Oppositionsbonus« konnte die SPÖ in diesem Jahrzehnt sowohl in Salzburg als auch in der Steiermark die relative Stimmenmehrheit bei Landtagswahlen und infolge die Position der Landeshauptfrau beziehungsweise des Landeshauptmannes gewinnen. Diese SPÖ-Erfolge konnten nicht in das nächste Jahrzehnt weitergetragen werden – sie waren in diesem Sinne nicht nachhaltig. Aber die Umkehr der (relativen) Mehrheitsverhältnisse in zwei Bundesländern, die traditionell als von der ÖVP dominiert galten, ist ein weiterer Beleg für die wachsende Unberechenbarkeit eines Parteiensystems, das von 1945 bis 1986 eines der stabilsten in (West-)Europa gewesen war.

Dass im ersten Jahrzehnt des 21. Jahrhunderts die Sozialdemokratische Partei, von 1970 bis Anfang 2000 ohne Unterbrechung die Partei des Bundeskanzlers, sechs Jahre in Opposition war, kreierte den schon angesprochenen Oppositionsbonus: Die Partei gewann bei der Nationalratswahl 2006 die relative Mehrheit zurück, die sie (trotz Stimmen- und Mandatsgewinnen) 2002 verloren hatte. Der erkennbare Oppositionsbonus der SPÖ entsprach aber nur eingeschränkt einem Regierungsmalus: Die ÖVP konnte als Kanzlerpartei 2002 einen historischen Erfolg erzielen, während ihr Regierungspartner signifikant verlor. Dieser Absturz war auch der Hintergrund der bereits erwähnten Spaltung der Freiheitlichen Partei, in der eine Gruppe, die sich letztlich durchsetzte, auf einen wieder zu gewinnenden Oppositionsbonus setzte – während die sich als Bündnis Zukunft Österreich (BZÖ) neu formierende Gruppe den Absturz von 2002 nicht in einen Aufstieg umzuwandeln vermochte. Der Regierungsmalus war 2002 ein nur gegen eine der beiden Regierungsparteien wirkender Effekt. 2006 wurde der Oppositionsbonus noch einmal auf andere Weise deutlich: Das sich als Regierungspartei profilierende BZÖ erzielte einen deutlich geringeren Erfolg als die FPÖ, die sich wieder als Oppositionspartei aufgestellt hatte.

Die Entwicklung des österreichischen Parteiensystems im ersten Jahrzehnt des 21. Jahrhunderts erwies sich nicht als eine länger anhaltende Umkehr eines seit 1986 klar erkennbaren Trends abnehmender Konzentration. Dieser Trend – begründet in einer wachsenden Unberechenbarkeit des Wahlverhaltens – zeigte sich in der Stärkung ursprünglich kleiner Parteien (der FPÖ), in Erfolgen neuer Parteien (Grüne, Liberales Forum) und damit auch in einer langfristigen Schwächung der mit dem politischen System der Zweiten Republik insgesamt identifizierten Parteien (SPÖ und ÖVP).

Österreich und Europa

Von den österreichischen Parteien, die am Beginn des 21. Jahrhunderts im Nationalrat vertreten waren, galt für drei eine klare europäische Zuordnung, ausgedrückt in der Fraktionszugehörigkeit der Abgeordneten im Europäischen Parlament: Die Österreichische Volkspartei war Teil der Europäischen Volkspartei (EVP) und als solche Teil der Fraktion der EVP. Die Sozialdemokratische Partei Österreichs war Teil der Fraktion der Europäischen Sozialisten, die Grünen waren Teil der grünen Fraktion des Europaparlaments. Die Freiheitliche Partei Österreichs hingegen war hier fraktionslos – ihre wenige Jahre dauernde Zugehörigkeit zur

Jubelnde SPÖ-Anhänger in einem Festzelt vor der Wiener Parteizentrale nach der Nationalratswahl am 1. Oktober 2006

liberalen Parteifamilie hatte noch vor Österreichs EU-Beitritt ein Ende gefunden.

Als sich am Jahresbeginn 2000 eine Koalitionsregierung von FPÖ und ÖVP ankündigte (unter Ausschluss der relativen Mehrheitspartei SPÖ, aber auf der Grundlage einer den Ergebnissen der Nationalratswahl 1999 entsprechenden parlamentarischen Mehrheit), sahen bestimmende Kräfte in den verschiedenen EU-Staaten eine Regierung unter Einschluss der FPÖ als Bedrohung europäischer demokratischer Werte: Die FPÖ war in Europa als Partei ja nicht zufällig isoliert. Sie war eine Partei mit rechtsextremen Wurzeln (abgebildet in ihrer Frühgeschichte als Partei ehemaliger Nationalsozialisten) und sie galt als Prototyp eines die europäische Integration herausfordernden Rechtspopulismus.

Die Maßnahmen, die im Februar 2000 von den Regierungen der 14 anderen EU-Staaten (EU-14) gegenüber der Regierung Schüssel/Riess-Passer verhängt wurden, waren ein partieller bilateraler diplomatischer Boykott. Sie bedeuteten nicht Maßnahmen der EU. Österreichs Vertreter nahmen auch 2000 an allen Sitzungen des Europäischen Rates und der EU-Ministerräte teil, die österreichischen Mandatare im Europäischen Parlament übten ihre Funktionen aus – in ihren Fraktionen, in den Ausschüssen, im Plenum. Diese Maßnahmen wurden jedoch in Österreich von der Regierung und von einem Großteil der Medien mit der Etikette »EU-Sanktionen gegen Österreich« versehen. Damit war ein Begriff geprägt, der aus der bilateralen Isolierung der österreichischen Regierung eine Isolierung von Österreich insgesamt machte. Diese Wahrnehmung war der Grund dafür, dass die Regierung und die beiden Regierungsparteien ÖVP und FPÖ in ihrem politischen Widerstand gegen die Maßnahmen auf eine sehr breite gesamtösterreichische Unterstützung zählen konnten.

Nachdem eine von den EU-14 (mit Zustimmung der österreichischen Regierung) eingesetzte wissenschaftliche Kommission (Weisenrat) die Maßnahmen zwar grundsätzlich für begründet, aber auf lange Sicht als kontraproduktiv eingestuft hatte, wurden sie im September 2000 aufgehoben. Atmosphärisch wichtig für diese Aufhebung waren auch die Bemühungen der Regierung, die österreichischen Anstrengungen zur Aufarbeitung der lange politisch ausgeblendeten Folgen der NS-Herrschaft zu intensivieren. So wurde noch 2000 ein Gesetz beschlossen, das eine Entschädigung ehemaliger Zwangsarbeiter der NS-Zeit vorsah, und Verhandlungen mit den USA über die Restituierung geraubten (»arisierten«) Vermögens kamen etwas später zu einem erfolgreichen Abschluss.

Am Beginn des Jahrzehnts setzte die Regierung Schüssel/Riess-Passer einige Akzente, die auf eine Neuinterpretation der österreichischen Neutralität hinauszulaufen schienen. Schüssel sprach Anfang 2001 davon, dass Österreichs Neutralität infolge der Neuordnung Europas nach dem Ende des »Kalten Krieges« eher als Blockfreiheit und nicht mehr als traditionelle immerwährende Neutralität zu sehen sei. Der Beschluss der Bundesregierung von 2002, das österreichische Bundesheer mit neuen Abfangjägern vom Typus »Eurofighter« auszurüsten, schien ebenfalls – unabhängig von den diesem Beschluss folgenden Debatten und Untersuchungen – einen Schritt in Richtung einer »postneutralen« Orientierung österreichischer Verteidigungspolitik anzudeuten. 2004 erklärte die Bundesregierung, Österreich werde sich an der Aufstellung von EU-Kampftruppen (»battle groups«) beteiligen.

Diese erkennbare Orientierung setzte sich auch nach der Bildung der neuen Regierung 2007 fort. Der sozialdemokratische Verteidigungsminister erklärte 2007, Österreich werde sich an der militärischen EU-Friedensmission im Tschad beteiligen – ein Engagement, das über die traditionelle Rolle Österreichs im Rahmen der Friedensmissionen der Vereinten Nationen zumindest qualitativ hinausging.

Ungeachtet dieser erkennbaren Vertiefung einer auch eine militärische Dimension umfassenden Bindung von Österreichs Außen- und Sicherheitspolitik an die Europäische Union, führte der Anstoß, den Schüssel 2001 versucht hatte, nicht zu einer formalen Relativierung des Status der immerwährenden Neutralität. In der offiziellen Rhetorik wurde nach 2001 nicht das von Schüssel verwendete Wort von der »Bündnisfreiheit« aufgenommen, die an die Stelle einer traditionell verstandenen Neutralität treten könnte. Schüssel setzte nicht fort, was 2001 begonnen schien – eine prinzipielle Debatte über die Funktion einer Neutralität, die sich aus dem Ost-West-Konflikt der Mitte des vergangenen Jahrhunderts herleitete. Die ÖVP-geführte Bundesregierung stellte die Neutralität nicht ernsthaft zur Diskussion – ebenso wenig wie die von den SPÖ-Bundeskanzlern Alfred Gusenbauer und Werner Faymann geführten Koalitionsregierungen.

Die 2000 deutliche Isolierung Österreichs im Europa der EU – eine Isolierung der Regierung, der regierenden Mehrheit – war Ende 2000 vorbei. Die bilateralen Boykottmaßnahmen der EU-14 waren aufgehoben. Und als die FPÖ – deren Regierungsbeteiligung der Grund für diese Maßnahmen war – 2002 wesentlich geschwächt war und nach der Nationalratswahl 2006 aus der Regierung ausschied, waren die Turbulenzen der ersten Monate des Jahres 2000 Geschichte.

2000 und in den folgenden Jahren war abermals klar geworden, dass – wie schon 1986 rund um die Wahl Kurt Waldheims zum Bundespräsidenten deutlich – Österreich mit einem ambivalenten Erscheinungsbild umzugehen hatte. Österreich, als Staat 1945 von den Alliierten befreit, hatte sich durch die Zuschreibung als befreites Landes nicht nachdrücklich genug herausgefordert gesehen, seine Verflechtung (als Gesellschaft) mit den nationalsozialistischen Verbrechen (selbst-)kritisch zu thematisieren. Die europäische Reaktion auf die Regierungsbeteiligung der FPÖ – einer Partei, die erkennbar in historischer Kontinuität mit der NSDAP stand – unterstrich, dass Österreich in Europa die ambivalenten Teile seiner Geschichte des 20. Jahrhunderts nicht einfach ignorieren kann. Das ist – auch – eine wesentliche Lehre, die Österreich aus dem ersten Jahrzehnt des 20. Jahrhunderts zu ziehen hat.

Weiterführende Literatur

Waldemar Hummer/Anton Pelinka, Österreich unter »EU-Quarantäne«. Die »Maßnahmen der 14« gegen die österreichische Bundesregierung aus politikwissenschaftlicher und juristischer Sicht. Chronologie, Kommentar, Dokumentation, Wien 2002.

Andreas Khol/Günther Ofner/Günther Burkert-Dottolo (ab 2007: Dietmar Halper)/Stefan Karner (Hg.), Österreichisches Jahrbuch für Politik, Wien 2000–2010.

Fritz Plasser/Peter A. Ulram (Hg.), Wahlverhalten in Bewegung. Analysen zur Nationalratswahl 2002, Wien 2003.

Fritz Plasser/Peter A. Ulram (Hg.), Wechselwahlen. Analysen zur Nationalratswahl 2006, Wien 2007.

Fritz Plasser (Hg.), Erfolgreich Wahlkämpfen in Österreich, Wien 2012.

Brigitte Entner

Ungeliebte, unsichtbare Minderheit. Zur Geschichte der Kärntner Slowenen bis in die Gegenwart

Der folgende Beitrag setzt sich mit dem nationalen Selbstverständnis der Republik Österreich, des Landes Kärnten und deren Umgang mit dem Minderheitenrecht auseinander. Der Kampf um zugesicherte Schutzbestimmungen brachte den Kärntner Slowenen sowohl in der Ersten als auch der Zweiten Republik den Vorwurf der Illoyalität ein. Ihre Forderungen standen der Illusion eines sprachlich homogenen Nationalstaates entgegen. Existenzbedrohend waren für die Kärntner Slowenen die Jahre von 1938 bis 1945. Ihr knapp drei Jahre währender bewaffneter Widerstand galt schließlich als wesentlich für den in der Moskauer Deklaration von 1943 eingeforderten eigenen Beitrag Österreichs zu seiner Befreiung.

Deutsches Österreich

Als am 12. November 1918 die Republik »Deutschösterreich« ausgerufen wurde, waren die Staatsgrenzen des neuen Staates noch nicht festgelegt. Es folgte ein mehrjähriger Prozess, der geprägt war von Gebietsabtretungen und -anbindungen, Grenzkämpfen und Abstimmungen und der erst 1921 mit der Eingliederung des ehemaligen Deutsch-Westungarn, des heutigen Burgenlandes, zum Abschluss kam. Doch schon mit der Wahl des Namens »Deutschösterreich« hatten sich die Vertreter der Provisorischen Nationalversammlung hinsichtlich der künftigen Ausrichtung des Staates festgelegt. Aus dem mehrheitlich deutschsprachigen Kerngebiet der multinationalen Monarchie sollte ein deutscher Nationalstaat entstehen, der, wie in Artikel 2 des Gesetzes über die Staats- und Regierungsform vom 12. November 1918 formuliert, als Bestandteil der Deutschen Republik gesehen wurde. Ungeachtet seiner dezidiert deutschen Ausrichtung beanspruchte der neue Staat sehr wohl auch Gebiete mit Bevölkerung nichtdeutscher Umgangssprache. In Kärnten hatte sich, anders als in der Steiermark, die Nationalitätenstruktur nach dem Zerfall der Monarchie nicht wesentlich verändert. Laut Volkszählung von 1910 sprachen hier (in den Grenzen von 1920 gezählt) 18 Prozent der Gesamtbevölkerung Slowenisch.

Entsprechend der Bundesverfassung vom 1. Oktober 1920 war die deutsche Sprache nun alleinige Staatssprache. Den Volksgruppen wurden im Bundesgesetz nur mehr in unzureichendem Maße besondere Rechte eingeräumt. Dies bedeutete für sie eine außerordentliche Schlechterstellung verglichen mit der Zeit der Monarchie. Damals galten nach Artikel XIX des Staatsgrundgesetzes alle »Volksstämme« als gleichberechtigt, jeder hatte ein unverletzliches Recht auf die Wahrung und Pflege seiner Sprache und Kultur, und sämtliche landesüblichen Sprachen waren in Schule, Amt und öffentlichem Leben als gleichberechtigt anerkannt. Im neuen Österreich kam ihnen nur noch den Status einer geduldeten Sprachminderheit zu.

Bereits bei den Friedensverhandlungen von Saint-Germain-en-Laye behauptete die österreichische Delegation eine Deckungsgleichheit von Staat und Sprachnation und spekulierte mit einem baldigen »natürlichen Untergang« der Minderheiten. Dementsprechend versuchte man, der Verpflichtung zum Minderheitenschutz zu entgehen. Dennoch musste Österreich im Staatsvertrag eine Reihe von Schutzmaßnahmen garantieren, die jedoch nicht mit dem Artikel XIX des Staatsgrundschutzgesetzes vergleichbar waren. An die Stelle eines Gruppenschutzes traten nun individualrechtliche Bestimmungen. Österreich legte seinerseits die Bestimmungen auf sehr restriktive Art und Weise aus.

Frühe Kärntner Entnationalisierungspolitik

Noch mehr als die junge Republik Österreich suchte das Land Kärnten, sich seinen Verpflichtungen gegenüber seines slowenischen Bevölkerungsteils zu entziehen. Bereits zu Beginn des 20. Jahrhunderts interpretierten intellektuelle Eliten in Kärnten die ökonomische, soziale und politische Vormachtstellung der deutschsprachigen Gruppe als »natürlich und unabänderlich« und sahen keinen Grund, sie in Frage zu stellen. In diesem Sinne wurde der slowenischsprachigen Bevölkerung das Recht auf Emanzipation und Gleichberechtigung abgesprochen. Vor dem Plebiszit vom 10. Oktober 1920 wurden zwar zahlreiche Versprechungen hinsichtlich des Schutzes von Sprache und Kultur gemacht, tatsächlich verfolgte die Provisorische Landesregierung jedoch andere Ziele. Bereits am 25. November 1920, also nur sechs Wochen nachdem ein beachtlicher Anteil der slowenischsprachigen Bevölkerung im Abstimmungsgebiet für den Verbleib bei Österreich gestimmt hatte, tat Landesverweser Arthur Lemisch kund, wie er die künftige Minderheitenpolitik plante: »Nur ein Menschenalter haben wir Zeit, diese Verführten zum Kärntnertum zurückzuführen: in der Lebensdauer einer Generation muß das Erziehungswerk vollendet sein.«[253]

Es folgte eine bisweilen aggressiv geführte Entnationalisierungspolitik. Die slowenischsprachige Bevölkerung wurde mit legalen Mitteln unterdrückt. Während der Monarchie war dies nur unter Umgehung der Gesetze möglich. Als sichtbare Zeichen der Germanisierungspolitik wurden beispielsweise in den amtlichen Ortsrepetitorien nur noch die deutschen Namensformen angeführt sowie die zweisprachigen Stationsnamen entlang der Südbahnstrecke durch deutsche ersetzt. Es galt, jeglichen sichtbaren Hinweis auf eine zweite Sprachgruppe im Land zu vernichten, die Sprachgruppe unsichtbar zu machen. Diese Strategie wurde bis in die jüngste Gegenwart – siehe Ortstafelfrage – beibehalten. Das überaus reiche slowenische Kulturleben wurde strengen Zensuren unterzogen. Die Behörden verstanden die Tätigkeit der Kulturvereine als »subversiven Widerstand«, den es zu unterbinden galt, denn ihre Aktivitäten zögerten den erwünschten Prozess des »natürlichen Verschwindens« der Sprachgruppe hinaus.

Zudem wurden die verbliebenen slowenischen Schulen geschlossen. Der überwiegende Teil der Elementarschulen im gemischtsprachigen Gebiet zählte zu den utraquistischen Schulen. In den ersten beiden Jahren sollte der Unterricht theoretisch in slowenischer Sprache erfolgen und die Kinder zur deutschen Sprache hinführen. Ab der dritten Klasse wäre Deutsch die Unterrichtssprache; Slowenisch wäre als eigenes Fach unterrichtet worden. Die Realität sah jedoch ganz anders aus. Unmittelbar nach dem Plebiszit entließ die Kärntner Schulverwaltung sämtliche als slowenisch-bewusst erachtete Lehrer und Lehrerinnen aus dem Schuldienst. Die Schule wurde rasch zu einer Domäne der Deutschnationalen. Sie stellten 1925 1.000 von 1.200 Lehrern und Lehrerinnen. Dies hatte gravierende Folgen für den Slowenischunterricht.

Der in Kärnten bis heute mystifizierte »Abwehrkampf« war ein Ergebnis der offenen Grenzen nach dem Zerfall der Monarchie und der unterschiedlichen Gebietsvorstellungen der Nachfolgestaaten. Der neu entstandene SHS-Staat (Königreich der Serben, Kroaten und Slowenen) wollte, ähnlich wie Deutschösterreich mit der deutschsprachigen Bevölkerung, alle Slowenen und Sloweninnen in einem Staat vereint wissen. Es folgten bewaffnete Auseinandersetzungen. 1919 wurden von der provisorischen Landesregierung über 200 Angehörige der slowenischen Elite als Geiseln interniert. Im Mai desselben Jahres fielen slowenische Pfarrhöfe der, wie es in einem Bericht an die Staatskanzlei hieß, »Volkswut zum Opfer«. Die Pfarrhöfe galten als Zentren des slowenischen Kulturlebens. In den Friedensverhandlungen wurde schließlich entschieden, dass das südliche Mießtal/Mežica, Unterdrauburg/Dravograd und das Seeland/Jezersko an den SHS-Staat, das Kanaltal an Italien abzutreten seien. Im noch strittigen Teil Kärntens sollte die Bevölkerung selbst im Rahmen eines Plebiszits über ihre künftige staatliche Zugehörigkeit abstimmen.

Das Plebiszit vom 10. Oktober 1920 ergab eine Mehrheit von 59 Prozent für den Verbleib bei Österreich. Dem Ergebnis lagen eher soziale und ökonomische Überlegungen zugrunde denn nationalpolitische. Auch wenn die Abstimmung als Entscheid über die künftigen Staatsgrenzen und die politische Zukunft erfolgte, wurde das Ergebnis in Kärnten bald schon als nationales Bekenntnis interpretiert. Unterstützt wurde diese Sicht durch

Studien der Kärntner Wissenschaft. Um die Tatsache erklärbar zu machen, dass ein erheblicher Teil der slowenischen Bevölkerung für Österreich gestimmt hatte, formulierte der Leiter des Landesarchivs Martin Wutte die sogenannte Windischentheorie. Darin wurde zwischen den »guten«, weil assimilierungswilligen Slowenen, die für Österreich gestimmt hatten, und den »Nationalslowenen« unterschieden. Eine slowenisch-bewusste Identität führte diesem Erklärungsmodell nach zu einer pro-jugoslawischen Gesinnung. Auf dieses Erklärungsmodell wurde bis zu den Ortstafeldiskussionen im frühen 21. Jahrhundert zurückgegriffen.

Trotz Gebietsabtretungen wurde nach dem Plebiszit von 1920 in Kärnten alljährlich der Erhalt Kärntens unter dem Motto »frei und ungeteilt« gefeiert. Es war nicht die Entscheidung für den Verbleib bei Österreich, die gefeiert wurde, sondern der Erhalt einer vorgestellten deutschen Identität Kärntens. Schon früh wurden diese Feiern mit der sogenannten Minderheitenfrage verknüpft. Die Forderungen nach einer Umsetzung der international verbrieften Minderheitenrechte wurden dabei als ungerechtfertigte Maßlosigkeit dargestellt, und die »Unversöhnlichkeit« der Slowenen wurde beklagt.[254] Dieses Muster war bis in das frühe 21. Jahrhundert zu beobachten.

Für die slowenischsprachige Bevölkerung war die Politik der Diskriminierung fatal. Viele hielten dem Druck nicht stand und assimilierten sich oder traten zumindest in der Öffentlichkeit nicht mehr für ihre Sprache und Kultur ein. Diese Entwicklung lässt sich sehr gut an den Volkszählungsergebnissen ablesen. 1923 gaben nur noch 34.650 Personen oder neun Prozent der Bevölkerung an, Slowenisch als »Denksprache« zu verwenden. Seit 1910 hatte sich damit ihr Anteil halbiert. Dieser Rückgang wurde von zeitgenössischen Beobachtern jedoch angezweifelt. Der sozialdemokratische Landeshauptmann Florian Gröger ging 1922 von 65.000 Personen aus, der ebenfalls sozialdemokratische Parteisekretär in Villach, Anton Falle, selbst ein Kärntner Slowene und später Opfer der NS-Verfolgung, ging 1926 gar von 80.000 Kärntnern aus, die sich der slowenischen Umgangssprache bedienten.

Verfolgung und Widerstand 1938–1945

Nach dem sogenannten »Anschluss« bemühte sich die politische Führung des slowenischen Bevölkerungsteils, die neuen Machthaber von ihrer Loyalität zu überzeugen. Dahinter stand die Hoffnung, solcherart ihr Überleben als sprachliche Volksgruppe zu sichern. Doch alle Hoffnungen waren freilich vergebens. Hauptziel der NS-Politik in Kärnten war es, das Slowenische endgültig zum Verschwinden zu bringen; zwar nicht durch die physische Vernichtung ihrer Sprecher, aber durch deren vollständige Assimilierung. Um dieses Ziel zu erreichen, konnten die neuen politischen Eliten auf ein dichtes Netz an Organisationen und Funktionären zurückgreifen. Eine Person, die die Kontinuität der Entnationalisierungspolitik eindrücklich veranschaulicht, war Major Alois Maier-Kaibitsch: »Abwehrkämpfer«, ab 1920 zunächst stellvertretender Geschäftsführer und dann Geschäftsführer des Kärntner Heimatdienstes, der 1924 in Kärntner Heimatbund umbenannt wurde. Am 13. März 1938 wurde er Landesrat. Innerhalb kürzester Zeit lagen sämtliche die Minderheit betreffenden Agenden in seiner Hand.

Trotz gegenteiliger Versprechungen kam es bereits 1938 zu zahlreichen Verhaftungen, Entlassungen und Versetzungen von Angehörigen der slowenischen Eliten, aber auch Vertretern der Arbeiterschaft. Das Slowenische wurde im Schulunterricht und in der Öffentlichkeit, später auch in der Kirche verboten. Ab 1939 war die offizielle slowenische Kulturarbeit de facto nicht mehr existent und die Geschäftsführung slowenischer Genossenschaften bis zu deren endgültiger »Abwicklung« behindert. Erb-, Übergabe- und Kaufverträge sowie Gewerbevergaben wurden nach »nationalen« Kriterien überprüft und gegebenenfalls nicht bewilligt.

Mit dem Überfall auf Jugoslawien am 6. April 1941 und der Zerschlagung Sloweniens setzte eine neuerliche Verhaftungswelle ein. Nahezu alle slowenischen Priester sowie noch verbliebene Funktionäre und Kulturschaffende wurden verhaftet. Unter ihnen befand sich Milka Hartman. Sie hatte nach dem Verbot weiter Haushaltungskurse für junge Frauen angeboten, in denen es nicht nur um Kochen und Kindererziehung, sondern auch um das Erlernen der slowenischen Schriftsprache und die Entwicklung eines nationalen Bewusstseins ging. Viele der jungen Frauen, die Hartmans Kurse besuchten, finden wir später im Umfeld des organisierten Widerstands.

Am 14. April 1942 begann die zwangsweise Aussiedlung von 227 slowenischen Familien aus Kärnten. 917 Personen, die Hälfte davon Kinder und Jugendliche, wurden in spezielle Lager im Raum Nürnberg und in Vorpommern überstellt. Als »Volks- und Staatsfeinde« wurden sie entschädigungslos enteignet und zu Arbeitsleistungen verpflichtet, den Jungen wurde eine qualifizierte Ausbildung untersagt, die Post wurde zensiert und Slowenisch verboten. Aus den Lagern wurden ungefähr 100 Männer in die Wehrmacht gezwungen. Insgesamt verloren mindestens 55 der zwangsweise Ausgesiedelten im Zuge der gegen sie gesetzten Maßnahmen ihr Leben.

Die Erfahrung, dass es jeden treffen konnte, der an seiner Sprache und Kultur festhielt, selbst wenn er sich abgesehen davon loyal zum Staat verhielt, verunsicherte die Zurückgebliebenen enorm. In dieser Phase kamen im Sommer 1942 erste organisierte Gruppen der 1941 in Ljubljana gegründeten politischen und militärischen Widerstandsbewegung Osvobodilna Fronta/Befreiungsfront (OF) nach Kärnten und warben um Unterstützung für den Widerstand. Unter ihnen waren einige jener jungen Burschen, die zwischen 1938 und 1941 desertiert oder sich dem Dienst in der Wehrmacht entzogen hatten und nach Jugoslawien geflohen waren. Die Staatsanwaltschaft Klagenfurt ging Anfang 1943 von ungefähr 200 aus dem gemischtsprachigen Raum stammenden Deserteuren aus. Über ihre persönlichen Netzwerke gelang es den Kärntner Burschen relativ rasch, ein dichtes Unterstützer- und Aktivistennetz aufzubauen. Frauen waren von Anfang an intensiv beteiligt. Ohne diese breite Unterstützung aus der Bevölkerung wäre es dem bewaffneten Widerstand nicht möglich gewesen, sich über beinahe drei Jahre zu halten und effektiven Widerstand zu leisten.

Bereits im Herbst 1942 wurde ein erstes Unterstützernetzwerk von der Gestapo zerschlagen. 200 Personen, die Hälfte von ihnen Frauen, wurden festgenommen. Gegen 135 wurde Anzeige bei der Staatsanwaltschaft eingebracht. Zwölf Männer und eine Frau wurden am 9. April 1943 zum Tode verurteilt und am 29. April in Wien hingerichtet. Insgesamt verloren aus dieser Gruppe 41 Männer und Frauen ihr Leben. Die brutale Verfolgung erreichte jedoch nicht das erwünschte Ziel der NS-Behörden. Die Bereitschaft, mit allen Konsequenzen den Widerstand zu unterstützen, wuchs beständig. Mehr als 550 Männer und Frauen sind bisher namentlich bekannt, die ihr widerständiges Verhalten mit dem Leben bezahlten. Eine Untersuchung von Frauen, die in das KZ Ravensbrück eingewiesen wurden, zeigte, dass 80 Prozent der aus politischen Gründen eingewiesenen Kärntnerinnen slowenischer Muttersprache waren.[255]

Unmittelbare Nachkriegszeit

Als von den Alliierten anerkannter ehemaliger Kombattant erhob das neue Jugoslawien zu Kriegsende Gebietsansprüche an Österreich. Die offene Grenzfrage und deren internationale Bewertung sollte die Politik Kärntens in den nächsten Jahren prägen. Im Juni 1945 erkannte der Konsultative Landesausschuss, unter dem Eindruck der jüngsten Ereignisse, die Opfer der slowenischen Bevölkerung ebenso an wie »die großen Verdienste, die sich der slowenische Volksteil Kärntens bei der Bekämpfung der nazistischen Herrschaft erworben hatte«.[256] Im August 1945 trat die sogenannte Hofbegehungskommission zusammen, die die faktische Rückgabe der enteigneten Höfe regelte. De jure erfolgte die Rückgabe erst mit dem Dritten Rückstellungsgesetz 1947. Bereits im Oktober 1945 trat ein von Joško Tischler, einem führenden Funktionär der Kärntner Slowenen und von Juli bis November 1945 Mitglied der Provisorischen Landesregierung, erarbeiteter Entwurf zur Neugestaltung der Volksschulen in Kraft. In einem genau umrissenen Gebiet wurde für die ersten drei Schulstufen ein verpflichtender zweisprachiger Unterricht für alle Kinder eingeführt. Als sich die internationale Lage und die damit verbundene offene Grenzfrage zugunsten Österreichs besserten, nahm die Verteidigung dieses innovativen Schulsystems durch die Landespolitik ab. Nach der Unterzeichnung des Staatsvertrags im Mai 1955 wurde die latent vorhandene Kritik auch in öffentlichen Kampagnen artikuliert. Nach Schulstreiks im Juni und Juli 1958 und der Ankündigung weiterer Protestaktionen erließ Landeshauptmann Ferdinand Wedenig im September den sogenannten Abmeldeerlass, im März 1959 wurde schließlich im Nationalrat trotz Protesten der Slowenenvertreter das Minderheitenschulgesetz beschlossen. Eltern mussten nun ihre Kinder zum zweisprachigen Unterricht extra anmelden. Aufgrund des sozialen Drucks wagten viele Eltern nicht mehr, ihre Kinder anzumelden. Die Zahl der Kinder, die den zweisprachigen Unterricht besuchten, ging rasant zurück.

Bald hatten sich in Kärnten wieder die alten Feindbilder verfestigt. Im Klima des Kalten Krieges schien die Übernahme der bereits von den Nazis eingeleiteten Transformation des innerhalb der deutschnationalen Bevölkerung manifesten Antislowenismus in einen Antikommunismus durchaus legitim. Dieser Prozess wurde von der britischen Militärregierung und ihren Maßnahmen unterstützt. Der *Volkszeitung*, dem Organ der Kärntner ÖVP und damals auch Sprachrohr der Kärntner Deutschnationalen, gelang es im Mai 1946 in einem Bericht über den Widerstand in Kärnten, mit keinem Wort den bewaffneten Widerstand der slowenischen Bevölkerung zu erwähnen. Rasch galten die Widerstandskämpfer in der Kärntner Öffentlichkeit wieder als illoyale, kriminelle Menschen.

»

Zu Kriegsende bin ich in Klagenfurt gewesen, da ist verhandelt worden mit die Engländer. Habens beschlossen, die jugoslawischen Truppen müssen abziehn, nach Jugoslawien. Die sind dann abzogen, da sind wir allein blieben, wir Österreichischen. Sehr enttäuscht war ich, weil die Engländer uns besetzt haben. Früher haben wir miteinander gekämpft, die Engländer haben genauso im Wald gekämpft wie wir, sie haben uns geholfen, sie warn die Alliierten. Und dann, wie der Krieg aus war, haben sie die Partisanen verworfen, verfolgt sogar. Die Tatjana haben sie am Platz da erschossen.[258] […] Naja was ist übrigblieben, wir haben wieder müssen nach Haus und alles von vorn anfangen. Wie ich nach Haus kommen bin, war alles abgebrannt, alles ausgeplündert, sind wir da drin in der Keusche im Heu geschlafen. […] Das macht einen auch bitter, man schaut uns jetzt so an, als wärn wir Verbrecher, wir, die wir wirklich

Ihr Widerstand wurde als Anhäufung von Verbrechen imaginiert. 1995 weigerte sich der damalige Landeshauptmann-Stellvertreter, an einer Ehrung von Widerständigen teilzunehmen. Sie seien, so begründete er seinen Schritt, »Feinde Kärntens«.[257]

Ortstafeln?

Im Artikel 7 des Staatsvertrags von 1955 werden Minderheitenrechte garantiert, darunter das Recht auf zweisprachige topografische Aufschriften und Slowenisch als zusätzliche Amtssprache. Weder von Landes- noch von Bundesseite wurde eine zügige Umsetzung einer Ortstafelregelung angestrebt.

Mit den Vorbereitungen zu den 50-Jahr-Feiern anlässlich der Abstimmung von 1920 wurde der ehemalige SS-Oberscharführer und Kreishauptamtsleiter der NSDAP, Franz Koschier, beauftragt. 1941 wurde Koschier unmittelbar nach der Besetzung Oberkrains durch die Nazis Referent im Stab des Chefs der Zivilverwaltung der besetzten Gebiete und war als solcher für die »Sicherung von Kulturgütern« verantwortlich, zugleich war er wesentlich am Aufbau der deutschen Lehrbildungsanstalt in Kranj/Krainburg beteiligt und fungierte als deren Leiter. Seit 1952 Kustos für Volkskunde am Kärntner Landesmuseum, wurde Koschier 1968 dessen Direktor. Zudem war er seit 1963 Obmann des Kärntner Heimatwerks und seit 1972 Obmann der Kärntner Landsmannschaft.

Heftige Kritik gegen die Beauftragung Koschiers formulierten der Verband sozialistischer Mittelschüler in Kärnten, in dem

was dazugetan haben, daß Österreich die Freiheit hat, das kränkt einen schon. Wissens, da wird man von einigen Bandit gerufen und verworfen, von den Leuten beim Heimatdienst, den deutschnationalen, o ja, es gibt manche noch, und immer mehr und mehr. Nach dem Krieg war ja alles so still, da haben sie sich geduckt, aber jetzt heben sie die Köpf wieder hoch und wollen wieder die Besten sein. Und ich weiß ganz bestimmt, sollt es wieder einmal kommen, sind sie gleich da und werden uns liquidieren. Weil was kannst machen, wir sind doch Antifaschisten, wir haben ja doch was für Österreich beigebracht, daß Österreich die Freiheit kriegt hat und unabhängig ist, die wollen das gar nit akzeptieren, kein einziges Mal hab ich ein Lob kriegt hier. Eher das Gegenteil.[259] «

Erinnerungen von Johanna Sadolschek-Zala (1923–2010) an die unmittelbare Nachkriegszeit in Kärnten

einige Schüler des 1957 gegründeten slowenischen Gymnasiums in Klagenfurt organisiert waren, der Klub slowenischer Studierender in Wien und die 1970 von Studierenden gegründete Zeitschrift *Kladivo*. Sie alle hatten sich, wohl auch inspiriert durch die internationale Studentenbewegung, intensiv mit der Situation ihrer Volksgruppe auseinandergesetzt. Sie erkannten, dass es ohne einen gewissen Aktionismus kein Ende der strukturellen Unterdrückung geben würde. Als Symbol dieser Unterdrückung galten ihnen die Ortstafeln. Am 26. Oktober 1970 begannen sie ihre Interventionen, die sie nicht als nationalistische, sondern als demokratische Aktion verstanden. Einerseits wurden zahlreiche Flugblätter verfasst und verbreitet, zum anderen aber Ortstafeln »vervollständigt«, indem die fehlenden slowenischen Bezeichnungen (mit abwaschbarer Farbe) angebracht wurden. Diese Beschriftungsaktionen erfolgten bis zum Sommer 1972. Die slowenischen politischen Organisationen standen dieser Intervention zunächst sehr kritisch gegenüber. Die deutschsprachige Presse in Kärnten verurteilte das Vorgehen als extremistische Aktion.

Sowohl Landeshauptmann Hans Sima (SPÖ) als auch die SPÖ-Alleinregierung unter Bundeskanzler Bruno Kreisky waren um eine Lösung bemüht und so beschloss der Nationalrat am 6. Juli 1972 – gegen die Stimmen von ÖVP und FPÖ – das sogenannte Ortstafelgesetz. Im September 1972 wurden die ersten zweisprachigen topografischen Aufschriften aufgestellt. Bereits in den nächsten Tagen kam es zu Demontagen und Beschmierungen der Tafeln, und im Laufe des Oktobers fiel dieser Lösungsversuch dem sogenannten Ortstafelsturm zum Opfer. Dabei handelte es sich um eine konzertierte Aktion. Gelegentlich erfolgte sie sogar in Anwesenheit der Gendarmerie. Die deutschnationalen Gruppen verstanden die Tafeln als Symbole für Gebietsforderungen, die slowenische Bevölkerung wiederum hatte in ihnen eine Anerkennung ihrer Existenz gesehen. Viele ehemals verfolgte Kärntner Slowenen sahen sich nun wieder attackiert und wurden neuerlich traumatisiert. Hans Sima verlor innerhalb seiner Partei jeglichen Rückhalt und musste zurücktreten.

Die zweisprachige Ortstafel von St. Michael ob Bleiburg/Šmihel pri Pliberku nach einer Schmieraktion in der Nacht zum 19. Oktober 2011

Bundeskanzler Kreisky berief eine Studienkommission und ein Kontaktkomitee zur Lösung der Problematik ein. Als Konsequenz wurde 1976 das Volksgruppengesetz beschlossen. Die ebenfalls angekündigte geheime Erhebung der Muttersprache wurde von den Slowenen, auch aufgrund der Verfolgungserfahrung während der NS-Zeit, zwar vehement abgelehnt, wurde aber ungeachtet dessen durchgeführt. In der 1977 beschlossenen Verordnung über die Anbringung deutscher und slowenischer topografischer Bezeichnungen wurden 91 Ortschaften genannt, jedoch nur 77 Tafeln aufgestellt. Das Gesetz von 1972 hatte noch 205 Ortschaften in 36 Gemeinden vorgesehen.

Am 13. Dezember 2001 hob der österreichische Verfassungsgerichtshof die bisher gültige Regelung auf. Das Erkenntnis wurde vom damaligen Landeshauptmann Jörg Haider (FPÖ/BZÖ) heftig kritisiert und ignoriert. Nicht nur der Landeshauptmann, sondern alle drei im Landtag vertretenen Parteien haben, in unterschiedlicher

Protestplakat anlässlich der Aufstellung zweisprachiger Ortsschilder in der Nähe von Ferlach, 12. Mai 2005

Vehemenz, zusammen mit den regionalen Medien und den sogenannten Heimatverbänden den Volkszorn gegen die Forderungen nach Umsetzung der verbrieften Rechte mobilisiert.

Nach dem Territorialprinzip hätten in dem durch die Schulverordnung von 1945 bereits eindeutig definierten zweisprachigen Gebiet ungefähr 800 zweisprachige Ortstafeln errichtet werden müssen. Doch das Territorialprinzip wurde bereits im März 1959 zugunsten der Idee einer Minderheitenfeststellung aufgegeben. In der Folge wurde um die für die Aufstellung zweisprachiger Tafeln notwendige Prozentzahl slowenischer Bevölkerung gefeilscht, wie die Diskussionen rund um die sogenannte Kompromisslösung von 2011 eindrücklich zeigten. Im Memorandum zur Ortstafellösung 2011 wurden schließlich 164 Orte in 24 Gemeinden festgeschrieben.

Die Verhandlungen um die neue Kärntner Landesverfassung 2017 und um die Art der Nennung der slowenischen Volksgruppe und ihrer Sprache in dieser Verfassung zeigten, dass der Umgang der Mehrheit in Kärnten mit seiner Minderheit noch immer nicht friktionsfrei ist. Aber auch Österreich tut sich schwer: 2016 wurde der Kärntner Schriftsteller Florjan Lipuš für den Großen Österreichischen Staatspreis für Literatur vorgeschlagen. Die Jury lehnte, wie die Medien berichteten, mit der Begründung ab, dass Lipuš nicht in deutscher Sprache schreibe.

Weiterführende Literatur

Brigitte Entner, »Wer war Klara aus Šentlipš/St. Philippen?« Kärntner Slowenen und Sloweninnen als Opfer der NS-Verfolgung. Ein Gedenkbuch, Klagenfurt/Celovec–Wien/Dunaj 2014.

Hanns Haas/Karl Stuhlpfarrer, Österreich und seine Slowenen, Wien 1977.

Stefan Karner (Hg.), Kärnten und die nationale Frage, 5 Bde., Klagenfurt/Celovec–Ljubljana/Laibach–Wien/Dunaj 2005.

Kärnten. Volksabstimmung 1920. Voraussetzungen – Verlauf – Folgen, Wien–München–Kleinenzersdorf 1981.

Andreas Moritsch (Hg.), Kärntner Slovenen/Koroški Slovenci 1900–2000. Bilanz des 20. Jahrhunderts, Klagenfurt/Celovec–Ljubljana–Wien 2000.

Anmerkungen

1 Das Verfassungsmanifest und die Parteien, in: Neue Freie Presse, 18. 10. 1918 (Morgenblatt), 2: »Von den deutschen Abgeordneten wird hiezu ausdrücklich bemerkt, dass diese Nationalversammlung unabhängig von dem kaiserlichen Manifest erfolgt. Die Deutschen konstituieren sich auf Grund ihres Selbstbestimmungsrechtes als Nation und warten alles übrige ab.« Für eine Gesamtdarstellung siehe: Hanns Haas, Historische Einleitung. Staatsbildung als Programm. Der österreichische Staatsrat im November 1918, in: Gertrude Enderle-Burcel/Hanns Haas/Peter Mähner (Hg.), Der österreichische Staatsrat. Protokolle des Vollzugsausschusses, des Staatsrates und des Geschäftsführenden Staatsdirektoriums 21. Oktober 1918 bis 14. März 1919, Bd. 1: 21. Oktober 1918 bis 14. November 1918, Wien 2008, XXI–LXVII.

2 Österreichisches Staatsarchiv/Archiv der Republik, Kabinettsprotokolle 1919–1920, Karton 1, Kabinettsprotokoll Nr. 1 vom 31. Oktober 1918.

3 Lothar Höbelt hat Renner richtigerweise als »Staatskanzler ohne rechte Exekutivgewalt« beschrieben. Dennoch war er eine Führungsfigur, die über ein fundiertes Wissen über Regierungsarbeit verfügte, die ihre Autorität argumentativ und rhetorisch unterfütterte und schwierige Entscheidungen rasch und glaubwürdig zu treffen vermochte. Zudem wirkte er auch von dem weiten administrativen Neuland, das sich 1918 auftat, niemals überfordert. Vgl. Lothar Höbelt, Deutschösterreich und die Sudetendeutschen 1918–1919, in: Hans Lemberg/Peter Heumos (Hg.), Das Jahr 1919 in der Tschechoslowakei und in Ostmitteleuropa, München 1993, 161, Fußnote 7.

4 Gesetz vom 12. November 1918 über die Staats- und Regierungsform von Deutschösterreich, in: Staatsgesetzblatt für den Staat Deutschösterreich, 1918, 4–5.

5 Robert Freissler, Vom Zerfall Österreichs bis zum tschechoslowakischen Staate, Zoppot–Berlin 1921, 71.

6 »[...] had to defend the Republic which had dropped into their mouths like a very over-ripe pear, against enemies within and without [...] they were not strong enough to do so unless in a coalition with the non-socialist parties, who were their bitterst opponents. To do so meant to recognize and support the capitalist State in a moment when many believed that without such support it could be overthrown; to refuse was to risk reaction.« Carlile Aylmer Macartney, The Social Revolution in Austria, Cambridge 1926, 123. Otto Bauer sagte am 24. 10. 1918 zu Friedrich

Adler: »Die größte Schwierigkeit aber ist die unglaubliche Dummheit und Feigheit der Bourgeoisie. Sie zwingt uns einfach dazu, vieles selbst zu machen, was wir lieber den Bürgerlichen allein überlassen möchten, Verantwortung zu übernehmen, die uns eigentlich gar nicht zukommt. Darin liegt für die nächste Zeit die größte Gefahr.« Otto Bauer, Werkausgabe, Wien 1975–1980, Bd. 9, 1046.

7 In seinen Memoiren berichtete Josef Redlich, dass in den Tagen darauf der kaiserliche Hof jede Hoffnung aufgab. Fritz Fellner/Doris Corradini (Hg.), Schicksalsjahre Österreichs. Die Erinnerungen und Tagebücher Josef Redlichs 1869–1936, Wien 2011, Bd. 2, 452–453.

8 Ende Oktober 1918 erhielt ein Erwachsener pro Woche 250 g Mehl, 250 g Kartoffeln, 20 g Margarine, 125 g Fleisch und monatlich 750 g Zucker. Hans Loewenfeld-Russ, Im Kampf gegen den Hunger. Aus den Erinnerungen des Staatssekretärs für Volksernährung 1918–1920, hg. v. Isabella Ackerl, Wien 1986, 110. Das bedeutete, dass einem Erwachsenen pro Tag Lebensmittel mit etwa 700 Kalorien zur Verfügung standen, die mit Lebensmittelkarten zu beziehen waren. Arnold Durig, Physiologie als Unterrichtsgegenstand. Erhebungen über die Ernährung der Wiener Bevölkerung, in: Wiener Medizinische Wochenschrift, 2. 11. 1918, 1939–1941.

9 »Die herrschende spanische Grippe-Epidemie wirkt unter der Bevölkerung sehr beunruhigend, da es fast kein Haus gibt, in dem nicht Erkrankungen vorkommen. Der Mangel an Ärzten macht sich fühlbar, besonders unter der ärmeren Bevölkerung. Die vorhandenen ärztlichen Kräfte reichen nicht aus, um ihrer Pflicht nachzukommen.« Archiv der Bundespolizeidirektion Wien, Karton »Stimmungsberichte Februar–Dezember 1918«, Bericht vom 17. 10. 1918. Zur medizinischen Lage vgl. Arbeiter-Zeitung, 20. 10. 1918, 6–7. Die grippebedingte Sterbeziffer stieg von 364 in der Woche vom 29. 9. bis zum 5. 10. auf 814 in der Woche vom 6. bis zum 12. 10.

10 Vgl. den Brief vom 20. 10. 1918, in: Loewenfeld-Russ, Kampf, 109.

11 Am 1. 11. 1918 kommandierte Mossig nur mehr vier Kompanien. Franz Brandl, Kaiser, Politiker und Menschen. Erinnerungen eines Wiener Polizeipräsidenten, Leipzig 1936, 255–258; Richard Plaschka/Horst Haselsteiner/Arnold Suppan, Innere Front. Militärassistenz, Widerstand und Umsturz in der Donaumonarchie 1918, München 1974, Bd. 2, 320–328.

12 Loewenfeld-Russ, Kampf, 120–121.

13 Ebd., Briefe vom 21. und 23. 10. 1918 und vom 5. 11. 1918, 110–112, 120–121. Zeitgenössische Polizeiberichte aus den letzten Oktoberwo-

chen 1918 betonen die Kriegsmüdigkeit und Verbitterung der Bevölkerung, den weit verbreiteten Wunsch nach Frieden sowie die grassierende Hungersnot. Ahnungsvoll wurde am 21. 11. aus dem Bezirk Neubau berichtet: »Die überwiegende Mehrheit der Bevölkerung ist für die republikanische Staatsform. Das dynastische Gefühl ist infolge des unglückl[ichen] Ausgangs des Krieges geschwunden.« ABPD, Karton »Stimmungsberichte Februar–Dezember 1918«. Neubau war ein bürgerlicher Bezirk und traditionell eine Hochburg der Christlichsozialen Partei.

14 Die Sozialgesetzgebung der neuen Republik von 1918 bis 1920 machte Österreich zum »führenden Land unter allen kapitalistischen Industriestaaten der Welt«. Hans Hautmann, Geschichte der Rätebewegung in Österreich 1918–1924, Wien 1987, 325.

15 Gesetz vom 22. 11. 1918 über Umfang, Grenzen und Beziehungen des Staatsgebietes von Deutschösterreich, in: Staatsgesetzblatt für den Staate Deutschösterreich, 1918, 51.

16 Fellner/Corradini, Schicksalsjahre, Bd. 2, 477.

17 Ganz passend und gewissermaßen als Beleg für die neue ost-westliche Doppelherrschaft, vereinbarten Sozialdemokraten und Christlichsoziale zusätzlich zu den 159 regulär gewählten Abgeordneten acht Ersatzabgeordnete aus Südtirol und drei aus der Steiermark nachzunominieren, verzichteten aber auf solche aus Südböhmen oder Südmähren.

18 Vgl. Simon Abrams diesbezügliche Argumente in: Stenographische Protokolle über die Sitzungen der Konstituierenden Nationalversammlung der Republik Österreich, 1919, 161.

19 Österreichisches Staatsarchiv/Allgemeines Verwaltungsarchiv, Ministerium des Inneren Präs., Karton 2078, Z. 15231, 4. 7. 1918; Archiv der Bundespolizeidirektion Wien, Präsidialakten, V, Karton 8, Dienstzettel, 22. 8. 1918.

20 Politisches Archiv des Auswärtigen Amtes, Berlin, Oest. 103/Bd. 9, A45541, 26. 10. 1918.

21 Die Frage, in welchem Ausmaß katholische Wähler die neue Republik befürworteten, ist – im Gegensatz zur Haltung von Sozialdemokraten und Deutschnationalen – unter Historikern umstritten. Vgl. dazu die Erläuterungen von Helmut Wohnout, Der tiefe Einschnitt am Beginn der Republik, in: Europäische Rundschau 45 (2017), 59–60. Wichtiger war möglicherweise aber die Bereitschaft und der Wille in allen Gesellschaftsschichten, die neue Republik 1919 effektiv und funktionsfähig zu gestalten. Wie Karl Bachinger kürzlich vorgebracht hat, stimmten sozialistische Gewerkschaftsinteressen und christlichsoziale, kleinbür-

gerliche Geschäftsinteressen in der »Bejahung der republikanischen Staatsform« überein. Vgl. Karl Bachinger, Für eine kurze Zeit im selben Boot. Österreichs Unternehmer und die Gewerkschaften nach dem Ersten Weltkrieg, in: Peter Eigner/Herbert Matis/Andreas Resch (Hg.), Entrepreneurship in schwierigen Zeiten. Unternehmertum, Karrieren und Umbrüche während der ersten Hälfte des 20. Jahrhunderts, Wien 2013, 67–116, 96.

22 Vgl. Thomas Olechowski, Der Beitrag Hans Kelsens zur österreichischen Bundesverfassung, in: ders./Werner Ogris/Robert Walter (Hg.), Hans Kelsen: Leben – Werk – Wirksamkeit, Wien 2009, 211–230, 212.

23 Gesetz vom 12. November 1918 über die Staats- und Regierungsform von Deutschösterreich, in: Staatsgesetzblatt für den Staat Deutschösterreich, 1918, 4.

24 Österreichisches Staatsarchiv (ÖStA)/Archiv der Republik (AdR), Bundeskanzleramt (BKA), Staatsratsprotokolle 1. Rep., K. 3, Protokoll Nr. 53, 3. 12. 1918, 18, Dr. Viktor Waldner.

25 Ebd., 8–9, 15.

26 Karl Renner, Der Staatsrat beschließt das Frauenstimmrecht (1918), in: Richard Klucsarits/Friedrich G. Kürbisch (Hg.), Arbeiterinnen kämpfen um ihr Recht. Autobiographische Texte zum Kampf rechtloser und entrechteter »Frauenspersonen« in Deutschland, Österreich und der Schweiz des 19. und 20. Jahrhunderts, Wuppertal o. J., 307–311, 307–308 (Renners Artikel erschien erstmals 1929).

27 ÖStA/AdR, BKA, Staatsratsprotokolle 1. Rep., K. 3, Protokoll Nr. 53, 12.

28 Ebd., 15–16, 18.

29 Wahlzwang für die Frauen, in: Arbeiter-Zeitung, 8. 12. 1918, 1.

30 ÖStA/AdR, BKA, Staatsratsprotokolle 1. Rep., K. 3, Protokoll Nr. 53, 19–20.

31 Ebd., 24.

32 Beilagen zu den Stenographischen Protokollen der Provisorischen Nationalversammlung für Deutsch-Österreich 1918 und 1919, Nr. 77, 5.

33 Stenographische Protokolle über die Sitzungen der Provisorischen Nationalversammlung für Deutsch-Österreich 1918–19, Bd. 1, Sitzung am 18. 12. 1918, 321.

34 Marianne Hainisch, An unsere Leser!, in: Der Bund 13 (1918) 10, 1–2.

35 Die Revolution befreit die Frauen, in: Arbeiterinnen-Zeitung, 19. 11. 1918, 2.

36 Zitiert nach: Gabriella Hauch, Welche Welt? Welche Politik? Zum Geschlecht in Revolte, Rätebewegung, Parteien und Parlament, in: Helmut Konrad/Wolfgang Maderthaner (Hg.), Das Werden der Ersten Republik, Bd. 1: … der Rest ist Österreich, Wien 2008, 317–338, 317.

37 Ernestine v. Fürth, Die Frau als Wählerin, in: Neue Freie Presse, 24. 11. 1918, 2.

38 Siehe dazu den Beitrag von John Boyer in diesem Band.

39 Siehe dazu den Beitrag von Birgitta Bader-Zaar in diesem Band.

40 Das Gutachten wurde später auch gedruckt veröffentlicht: Hans Kelsen, Die Stellung der Länder in der künftigen Verfassung Deutschösterreichs, in: Zeitschrift für öffentliches Recht 1 (1919/20) 98–122, 117.

41 Der Bindestrich war eine »Erfindung« von Kelsen, das Bundes-Verfassungsgesetz sollte damit von anderen, ergänzenden Bundesverfassungsgesetzen unterschieden werden können.

42 Siehe dazu den Beitrag von Gerhard Botz in diesem Band.

43 Mit Ausnahme vereinzelter Bestimmungen trat am 1. 7. 1934 die sogenannte Maiverfassung an die Stelle des Bundes-Verfassungsgesetzes. Siehe dazu den Beitrag von Kurt Bauer in diesem Band.

44 Siehe dazu den Beitrag von Ina Markova in diesem Band.

45 Siehe dazu den Beitrag von Christoph Grabenwarter in diesem Band.

46 Hans Kelsen, Österreichisches Staatsrecht, Tübingen 1923, 160.

47 Friedrich Forsthuber, Das Urteil von Schattendorf, Impulsreferat zum Dialogforum Sicherheitspolitik im Rahmen der Ausstellung »15. Juli 27: Ursachen – Ereignis – Folgen«, Bundesministerium für Inneres, Wien, 31. 8. 2017.

48 Sämtliche Angeklagte im Schattendorfer Mordprozeß – freigesprochen, in: Neue Freie Presse (Morgenblatt), 15. 7. 1927, 12.

49 Ein klares Urteil, in: Reichspost, 15. 7. 1927, 1–2.

50 Die Mörder von Schattendorf freigesprochen!, in: Arbeiter-Zeitung, 15. 7. 1927, 2.

51 Siegfried Mattl, Der Justizpalastbrand – ein traumatisierendes Ereignis. Zur Erzähl- und Erinnerungsproblematik des »Juli 1927«, in: ders./Bundesministerium für Justiz/Ludwig Boltzmann Institut (Hg.), 80 Jahre Justizpalastbrand. Recht und gesellschaftliche Konflikte, Innsbruck 2008, 137–144, 139.

52 Gerhard Botz, Ungerechtigkeit, die Demonstranten, Zufall und die Polizei. Der 15. Juli 1927. Bildanalysen zu einem Wendepunkt in der Geschichte Österreichs, in: ders., Zeitgeschichte zwischen Politik, Biografie und Methodik. Gewalt und Nationalsozialismus in Österreich im 20. Jahrhundert, Köln 2017, 160–190, besonders 162–164.

53 Zitiert nach: Protokolle des Ministerrates der Ersten Republik: 1918–1938, Abt. 5.1, Kabinett Dr. Ignaz Seipel: 21. Okt. 1926 bis 29. Juli 1927, Bearbeiterin Eszter Dorner-Brader, Wien 1983, 655.

54 Elias Canetti, Das erste Buch. Die Blendung, in: Jahresring zur deutschen Literatur und Kunst der Gegenwart 1974/75, 27–37, 29 (siehe auch Textauszug im Beitrag).

55 Vgl. Christopher R. Browning, Ganz normale Männer. Das Reserve-Polizeibataillon 101 und die »Endlösung« in Polen, Reinbek b. Hamburg 1996, 208–247; Jörg Baberowski, Räume der Gewalt, Frankfurt a. Main 2015, 13–43; Harald Welzer, Krieg, in: Christian Gudehus/Michael Christ (Hg.), Gewalt. Ein interdisziplinäres Handbuch, Stuttgart 2013, 32–40.

56 Elias Canetti, Masse und Macht, Frankfurt a. Main 1980, 87–92.

57 Gemäß dem ursprünglichen Wortlaut eines später geänderten Berichts von Karl Seitz. Archiv des Vereins für Geschichte der Arbeiterbewegung, »Notizen [Adolf Schärfs] über den 15. Juli 1927«, Protokolle über die Sitzungen des Parteivorstandes vom 16. bis 19. Juli 1927, 3.

58 Archiv des Instituts für Zeitgeschichte der Universität Wien, Tonbandaufzeichnung einer Befragung durch Ludwig Jedlicka am 24./25. 9. 1961.

59 Stenographische Protokolle über die Sitzungen des Nationalrates, III. Gesetzgebungsperiode der Republik Österreich, Bd. 1, Wien 1927, 133.

60 Heinz Fischer, Zur Geschichte und Demokratie-Entwicklung der Zweiten Republik, Innsbruck 2018, 39–40.

61 Norbert Leser, Zwischen Reformismus und Bolschewismus. Der Austromarxismus als Theorie und Praxis, Wien–Frankfurt a. Main–Zürich 1968, 399.

62 Canetti, Buch, 29.

63 Elias Canetti, Die Fackel im Ohr, Frankfurt a. Main 1982, 233–335.

64 Canetti, Buch, 29.

65 Walter Goldinger (Hg.), Protokolle des Klubvorstandes der Christlichsozialen Partei 1932–1934, Wien 1980, 133.

66 Ebd., 215.

67 Ebd., 242, 248.

68 Aufbruch zum neuen Österreich, in: Reichspost, 12. 9. 1933, 3.

69 Gudula Walterskirchen, Engelbert Dollfuß. Arbeitermörder oder Heldenkanzler, Wien 2004, 196. Die Autorin nennt keinen Quellenbeleg für diese Aussage.

70 Bundesgesetzblatt für den Bundesstaat Österreich 1. Mai 1934, 1. Stück.

71 Hilde Spiel, »Oh, Ekel!« Aus meinem Taschenkalender, in: Ulrich Weinzierl (Hg.), Österreichs Fall. Schriftsteller berichten vom »Anschluss«, Wien–München 1988, 20.

72 Zitiert nach Dokumentationsarchiv des österreichischen Widerstandes (Hg.), »Anschluss« 1938. Eine Dokumentation, Wien 1988, 166.

73 Hans Petschar, Anschluss. »Ich hole Euch heim«. Der »Anschluss« Österreichs an das Deutsche Reich. Fotografie und Wochenschau im Dienst der NS-Propaganda. Eine Bildchronologie, Wien 2008, 36.

74 Dokumentationsarchiv des österreichischen Widerstandes, »Anschluss« 1938, 195.

75 Vgl. Kurt Bauer, Die dunklen Jahre. Politik und Alltag im nationalsozialistischen Österreich 1938 bis 1945, Frankfurt a. Main 2017, 40.

76 Oliver Rathkolb, Erste Republik, Austrofaschismus, Nationalsozialismus (1918–1945), in: Thomas Winkelbauer (Hg.), Geschichte Österreichs, Stuttgart 2015, 477–524, 508.

77 Vgl. Erwin A. Schmidl, März 38. Der deutsche Einmarsch in Österreich, Wien 1987, 161–165.

78 G. E. R. Gedye, Als die Bastionen fielen. Die Errichtung der Dollfuß-Diktatur und Hitlers Einmarsch in Österreich und den Sudeten. Eine Reportage über die Jahre 1927 bis 1938. Nachdruck der deutschen Ausgabe von 1947, Wien 1981, 281–282.

79 Carl Zuckmayer, Als wär's ein Stück von mir. Horen der Freundschaft, Frankfurt a. Main 1966, 71–72.

80 Vgl. Dieter J. Hecht/Eleonore Lappin-Eppel/Michaela Raggam-Blesch, Topographie der Shoah. Gedächtnisorte des zerstörten jüdischen Wien, Wien 2017, 29.

81 Proklamation vom 27. April 1945, in: Staatsgesetzblatt für die Republik Österreich, 1. Mai 1945.

82 Rot-Weiß-Rot-Buch. Gerechtigkeit für Österreich! Darstellungen, Dokumente und Nachweise zur Vorgeschichte und Geschichte der Okkupation Österreichs. Nach amtlichen Quellen. Erster Teil, Wien 1946, 3. Ein geplanter zweiter Band wurde nicht publiziert.

83 Vgl. Ina Markova, Die NS-Zeit im Bildgedächtnis der Zweiten Republik. Bildstrategien, Geschichtspolitiken und der österreichische Bilderkanon 1945–2013, Diss., Wien 2016.

84 Vgl. Heidemarie Uhl, Zwischen Versöhnung und Verstörung. Eine Kontroverse um Österreichs historische Identität fünfzig Jahre nach dem »Anschluß«, Wien–Köln–Weimar 1992.

85 Vgl. Gerhard Jagschitz, Photographie und »Anschluß« im März 1938, in: Oliver Rathkolb/Wolfgang Duchkowitsch/Fritz Hausjell (Hg.), Die veruntreute Wahrheit. Hitlers Propagandisten in Österreich '38, Salzburg 1988, 52–87.

86 Vgl. Peter Stachel, Mythos Heldenplatz. Hauptplatz und Schauplatz der Republik, Wien–Graz–Klagenfurt 2018.

87 Erstmals in Bezug auf die NS-Zeit beziehungsweise mit dem neuen Terminus Gedächtnis: Meinrad Ziegler/Waltraud Kannonier-Finster, Österreichisches Gedächtnis. Über Erinnern und Vergessen der NS-Vergangenheit, Wien 1993.

88 Helmut Konrad, Der 12. März 1938 im Kontext der Geschichte des 20. Jahrhunderts, in: Franz Schausberger (Hg.), Geschichte und Identität. Festschrift für Robert Kriechbaumer zum 60. Geburtstag, Wien–Köln–Weimar 2008, 271–280, 275.

89 Vgl. Helmut Konrad, Die 68er Generation der österreichischen ZeithistorikerInnen – eine Perspektive auf generationsspezifische Sozialisationsmerkmale und Karriereverläufe, in: Zeitgeschichte(n) in Österreich. HistorikerInnen aus vier Generationen. Anlässlich »30 Jahre Zeitgeschichte«, Zeitgeschichte 30 (2003) 6, 315–319.

90 Der Begriff »Externalisierung« zum österreichischen Umgang mit der NS-Vergangenheit wurde vom deutschen Soziologen M. Rainer Lepsius geprägt. Vgl. M. Rainer Lepsius, Das Erbe des Nationalsozialismus und die politische Kultur der Nachfolgestaaten des »Großdeutschen Reiches«, in: Max Haller/Hans-Joachim Hoffmann-Nowotny/Wolfgang Zapf (Hg.), Kultur und Gesellschaft. Verhandlungen des 24. Deutschen Soziologentags, des 11. Österreichischen Soziologentags und des 8. Kongresses der Schweizerischen Gesellschaft für Soziologie in Zürich 1988, Frankfurt a. Main–New York 1989, 247–264.

91 Ernst Hanisch, Der lange Schatten des Staates. Österreichische Gesellschaftsgeschichte im 20. Jahrhundert, Wien 1994, 337.

92 Tony Judt, Die Vergangenheit ist ein anderes Land. Politische Mythen im Nachkriegseuropa, in: Transit 6 (1993), 87–120 [The Past is Another Country: Myth and Memory in Postwar Europe, in: Daedalus 4 (1992), 83–118].

93 Gerhard Botz, Österreich und die NS-Vergangenheit. Verdrängung, Pflichterfüllung, Geschichtsklitterung, in: Dan Diner (Hg.), Ist der Nationalsozialismus Geschichte? Zu Historisierung und Historikerstreit, Frankfurt a. Main 1987, 141–152, 276–279, 146.

94 Vgl. Heidemarie Uhl, Vom Opfermythos zur Mitverantwortungsthese. Transformationen des »österreichischen Gedächtnisses«, in: Monika Flacke (Hg.), Mythen der Nationen. 1945 – Arena der Erinnerungen, Mainz 2004, 481–508, 487.

95 Emmerich Tálos/Ernst Hanisch/Wolfgang Neugebauer (Hg.), Einleitung, in: dies., NS-Herrschaft in Österreich 1938–1945, Wien 1988, IX–X, IX.

96 Robert Menasse, Das Land ohne Eigenschaften. Essay zur österreichischen Identität, Wien 1993, 14–15.

97 Gerhard Botz, War der »Anschluß« erzwungen?, in: Felix Kreissler (Hg.), Fünfzig Jahre danach – der »Anschluß« von innen und außen gesehen, Wien–Zürich 1989, 97–120, 114. Zur Veränderung der wissenschaftlichen Sichtweise auf den »Anschluss« vgl. Paul Schneeberger, Der schwierige Umgang mit dem »Anschluss«. Die Rezeption in Geschichtsdarstellungen 1946–1995, Innsbruck–Wien–München 2000.

98 Botz, »Anschluß«, 111.

99 Ebd., 108–109.

100 Ebd., 107.

101 Ebd., 109.

102 Gerhard Botz, Nationalsozialismus in Wien. Machtübernahme, Herrschaftssicherung, Radikalisierung, Kriegsvorbereitung 1938/39, Wien 2018, 172.

103 Ebd., 168 (wortgleich in der Erstauflage »Wien vom ›Anschluss‹ zum Krieg«, Wien 1978, 107).

104 Vgl. Hans Safrian/Hans Witek, Und keiner war dabei. Dokumente des alltäglichen Antisemitismus in Wien 1938, Wien 1988.

105 Franz Vranitzky, Rede vor dem Nationalrat am 8. Juli 1991, zitiert nach: Gerhard Botz/Gerald Sprengnagel (Hg.), Kontroversen um Ös-

terreichs Zeitgeschichte. Verdrängte Vergangenheit, Österreich-Identität, Waldheim und die Historiker, Frankfurt a. Main–New York 2008, 575–576.

106 Unveröffentlichtes Tagebuch von Kitty Getreuer. Der Abdruck erfolgt mit freundlicher Genehmigung ihres Sohnes Ron Getreuer-Gilo.

107 Gedenkstätte Deutscher Widerstand, Akt: Sondergericht Berlin 4 J 506/44.

108 Margarete Schütte-Lihotzky, Erinnerungen aus dem Widerstand 1938–1945, hg. v. Chup Friemert, Hamburg 1985, 54–55.

109 Karl Renner zitiert nach: Wilhelm Czerny (Red.), Das österreichische Parlament, Wien 1984, 392.

110 Proklamation über die Selbstständigkeit Österreichs vom 27. April 1945, StGBl. 1/1945.

111 Zitiert nach: Robert H. Keyserlingk, Austria in World War II. An Anglo-American Dilemma, Kingston 1988, 207–208.

112 Thomas Albrich, Holocaust und Schuldabwehr. Vom Judenmord zum kollektiven Opferstatus, in: Rolf Steininger/Michael Gehler (Hg.), Österreich im 20. Jahrhundert. Ein Studienbuch in zwei Bänden. Bd. 2: Vom Zweiten Weltkrieg bis zur Gegenwart, Wien–Köln–Weimar 1997, 39–106, 57–58.

113 Hans Riemer, Ewiges Wien. Eine kommunalpolitische Skizze, Wien 1945, 58.

114 Heinrich Gassner zitiert nach: Heinz P. Wassermann, Verfälschte Geschichte im Unterricht. Nationalsozialismus und Österreich nach 1945, Innsbruck 2004, 21–22.

115 National Archives and Records Administration/RG 260/ISB/News Operations, Box 20, Folder 117, Weekly Activity Report, No. 45, o. D.

116 Arbeitsgemeinschaft von Geschichtslehrern, Aus alter und neuer Zeit. Ein Geschichtsbuch für Haupt- und Mittelschulen. 1. Band für die erste Klasse. Ausgabe A für Wien, Wien 1946, 15.

117 Österreichisches Staatsarchiv / Archiv der Republik, BMU/24 – Lehrbücher/Karton 2199, Zl. 2.30.955 – IV/15/50, Gegenstand: Österreichische Zeitung, 28. Juni 1950. »Faschistische Verseuchung der Schulbücher«.

118 Günter Bischof, »Opfer« Österreich? Zur moralischen Ökonomie des österreichischen historischen Gedächtnisses, in: Dieter Stiefel (Hg.), Die politische Ökonomie des Holocaust. Zur wirtschaftlichen Logik von Verfolgung und »Wiedergutmachung«, Wien 2001, 305–335, 324.

119 Christine Nöstlinger, Glück ist was für Augenblicke. Erinnerungen, Wien 2014, 82–83.

120 Der Text ist eine stark gekürzte und aktualisierte Neufassung von Wolfgang Mueller, 1955. Staatsvertrag und Neutralität, in: Martin Scheutz/Arno Strohmeyer (Hg.), Von Lier nach Brüssel. Schlüsseljahre österreichischer Geschichte (1496–1995), Innsbruck 2010, 305–325. Für Quellennachweise wird auf den ausführlichen Text verwiesen.

121 Zitiert nach: Gerald Stourzh, Um Einheit und Freiheit. Staatsvertrag, Neutralität und das Ende der Ost-West-Besetzung Österreichs 1945–1955, Wien 2005, 308.

122 Zitiert nach: Rostislav Sergeev/Ludwig Steiner, Die österreichisch-sowjetischen Beziehungen 1953–1955 und der Weg zum Staatsvertrag. Auszüge aus einem Gespräch mit Michael Gehler und Helmut Wohnout, in: Arnold Suppan/Gerald Stourzh/Wolfgang Mueller (Hg.), Der österreichische Staatsvertrag 1955. Internationale Strategie, rechtliche Relevanz, nationale Identität, Wien 2005, 205–213.

123 Ebd.

124 Der nachfolgende Beitrag stützt sich auf frühere Arbeiten des Autors, vor allem: Spätherbst 1956. Die Neutralität auf dem Prüfstand, Wien 1981; Österreich und Ungarn im Spätherbst 1956, in: Europäische Rundschau 9 (1981) 4, 69–78; Die Performance war perfekt, in: Erwin A. Schmidl (Hg.), Die Ungarnkrise 1956 und Österreich, Wien–Köln–Weimar 2003, 235–252.

125 Zu den Folgen von Flucht und Vertreibung vgl. die entsprechenden Abschnitte in: Manfried Rauchensteiner, Unter Beobachtung. Österreich seit 1918, Wien–Köln–Weimar 2017, v. a. 240–241, 272, 293, 320–323, 367, 415, 434, 455–456, 488, 507–508.

126 Maria Horvath, Die ungarische Revolution 1956. Überblick über ihre Ursachen, ihren Verlauf und ihre Folgen, Dipl.-Arb., Wien 1983, 25.

127 Rauchensteiner, Spätherbst, 29.

128 Der Befehl u. a. bei Rauchensteiner, Performance, 245–246.

129 Der Text der Note bei: Michael Gehler, Vom Tauwetter zum Ungarn-Aufstand 1953–1956, in: Ungarn 1956. Erzählt in Bildern von Erich Lessing und Texten von Michael Gehler, Innsbruck 2015, 7–25, 17.

130 Ebd.

131 Rauchensteiner, Spätherbst, 52–53.

132 Ebd., 54–55.

133 Alexander Kyrow/Béla Zselicky, Ungarnkrise 1956. Lagebeurteilung und Vorgehen der sowjetischen Führung und Armee, in: Wilfried Heinemann/Norbert Wiggershaus (Hg.), Das internationale Krisenjahr 1956. Polen, Ungarn, Suez, München 1999, 95–134, 123.

134 Manfried Rauchensteiner, Landesverteidigung und Außenpolitik. Feindliche Brüder?, in: ders./Wolfgang Etschmann (Hg.), Schild ohne Schwert. Das österreichische Bundesheer 1955–1970, Graz 1991, 129–172, 138.

135 Bruno Kreisky, Im Strom der Politik. Erfahrungen eines Europäers, Berlin 1988, 230.

136 Ibolya Murber, Ungarnflüchtlinge in Österreich 1956, in: dies./Zoltán Fónagy (Hg.), Die Ungarische Revolution und Österreich, Wien 2006, 335–386, 335.

137 Murber, Ungarnflüchtlinge, 339.

138 Ebd., 347.

139 Bundesministerium für Landesverteidigung, Generaltruppeninspektor, Zl. 403-strgeh/56, in: Das Bundesheer der Zweiten Republik. Eine Dokumentation, Wien 1980, 36–37 (Memorandum des Generaltruppeninspektors des Österreichischen Bundesheers, Oberst Erwin Fussenegger, 8. 11. 1956).

140 Manfried Rauchensteiner, Die Zwei. Die Große Koalition in Österreich 1945–1966, Wien 1987, 449.

141 Josef Klaus, »Ich ging den anderen Weg«. Zeitzeugengespräch mit Michael Gehler und Helmut Wohnout, in: Demokratie und Geschichte. Jahrbuch des Karl von Vogelsang-Instituts zur Erforschung der Geschichte der christlichen Demokratie in Österreich 3 (1999), 13–62, 44.

142 Wolfgang Mantl, Politikanalysen. Untersuchungen zur pluralistischen Demokratie, Wien–Köln–Graz 2007, 246.

143 Paul Lendvai, Mein Österreich. 30 Jahre hinter den Kulissen der Macht, Salzburg 2007, 121.

144 Josef Klaus, Macht und Ohnmacht in Österreich. Konfrontationen und Versuche, Wien–München–Zürich 1971, 140; Klaus, Zeitzeugengespräch, 48.

145 Klaus, Macht, 185.

146 Karl Pisa, 1945. Geburt der Zukunft, Wien 2005, 144.

147 Josef Klaus, »Wir sind Bürger Europas«. Rede, gehalten am 26. Jänner 1956 vor der Konsultativversammlung des Europarates in Straßburg, Wien 1965, 14.

148 Michael Gehler, Österreichs Außenpolitik der Zweiten Republik. Von der alliierten Besatzung bis zum Europa des 21. Jahrhunderts, Innsbruck–Wien–Bozen 2005, 338.

149 Ernst Hanisch, Der lange Schatten des Staates. Österreichische Gesellschaftsgeschichte im 20. Jahrhundert, Wien 1994, 461.

150 Heinrich Neisser, Erinnerungen an Bruno Kreisky, in: Margret Wenzel, Kreisky und kein Nachfolger, Wien 2017, 162–170, 164.

151 Hanisch, Schatten, 457.

152 Ernst Hanisch, Periodisierungsversuche der Zweiten Republik, in: Robert Kriechbaumer/Franz Schausberger/Hubert Weinberger (Hg.), Die Transformation der österreichischen Gesellschaft und die Alleinregierung von Bundeskanzler Dr. Josef Klaus, Salzburg 1995, 17–25, 21–22.

153 Klaus, Zeitzeugengespräch, 44.

154 Als Erster in Österreich publizierte Herbert Lackner im Nachrichtenmagazin Profil aus dem Geheimdienstakt über Zilk. Herbert Lackner, Helmut Zilk, Spion. Zilk war jahrelang Informant des ČSSR-Geheimdienstes, 23. 3. 2009, <https://www.profil.at/home/helmut-zilk-spion-zilk-informant-cssr-geheimdienstes-237065> (9. 1. 2018). Vgl. dazu auch meine quellenkritischen Anmerkungen: Oliver Rathkolb, Heiße Spuren im Kalten Kaffee, in: Der Standard, 27. 3. 2009, <http://derstandard.at/1237228576867/Medienschlacht-um-Zilk-Akte-Heisse-Spuren-im-Kalten-Kaffee> (9. 1. 2018). Die Story wurde übrigens elf Tage früher als im Profil im zweitgrößten tschechischen Boulevardblatt Mladá fronta Dnes publiziert. Zilk selbst wies Spionagevorwürfe immer zurück; 2014 wurde eine Dokumentation gedreht: »Deckname Holec«. Kinofilm über Zilk-Affäre, 20. 11. 2014, <http://wien.orf.at/news/stories/2680209> (9. 1. 2018).

155 Reiner Egger, Krisen an Österreichs Grenzen. Das Verhalten Österreichs während des Ungarnaufstandes 1956 und der tschechoslowakischen Krise 1968, Wien–München 1981, 104–114.

156 Stiftung Bruno Kreisky Archiv, Bestand Außenministerium, Box 38, Landesverteidigungsrat, Chiffrefernschreiben EB Zl. 24218, 13. 9. 1968, an Außenamt Wien, Streng Geheim.

157 Zitiert nach: Paul Ullmann, Eine schwierige Nachbarschaft. Die Geschichte der diplomatischen Beziehungen zwischen Österreich und der Tschechoslowakei von 1945–1968, Münster 2006, 140.

158 Vgl. dazu im Detail Stefan Karner/Natalja Georgievna Tomilina/Alexander Tschubarjan u. a. (Hg.), Prager Frühling. Das internationale Krisenjahr 1968, 2 Bde., Köln–Weimar–Wien 2008.

159 Stiftung Bruno Kreisky Archiv, Bestand Außenpolitik, Box 38, Violence and the Mass Media, Workshop Salzburg-Anif, August 1968, 6.

160 Herbert Lackner, Operation Urgestein. Sensationelle Akten über den Prager Frühling ausgegraben, in: Profil, 28. 6. 2008, <https://www.profil.at/home/operation-urgestein-sensationelle-akten-prager-fruehling-210767> (9. 1. 2018).

161 Österreichisches Staatsarchiv / Archiv der Republik, Ministerratsprotokoll der Sitzung vom 21. 8. 1968.

162 Karl Anton Glaubauf, August 1968. Prager Frühling ohne Sommer – Österreich und der Einmarsch der Warschauer-Pakt-Truppen in die ehemalige Tschechoslowakei, <https://austria-forum.org/af/Wissenssammlungen/Essays/Zeitgeschichte/August_1968_Prager_Frühling_ohne_Sommer> (9. 1. 2018).

163 Stiftung Bruno Kreisky Archiv, Bestand Außenpolitik, Box 38, Violence and the Mass Media, Workshop Salzburg-Anif, August 1968, 2.

164 Günter Bischof, »No Action«. Die USA und die Invasion in die Tschechoslowakei, in: Stefan Karner/Natalja Georgievna Tomilina/Alexander Tschubarjan u. a. (Hg.), Prager Frühling. Das internationale Krisenjahr, Bd. 1: Beiträge, 319–354, 339.

165 Vlasta Valeš, Die tschechoslowakischen Flüchtlinge 1968–1989, in: Gernot Heiss/Oliver Rathkolb (Hg.), Asylland wider Willen. Flüchtlinge in Österreich im europäischen Kontext seit 1914, Wien 1995, 172–181.

166 Vgl. <https://youtu.be/eyvxboWBcnE> (10. 12. 2017).

167 Vgl. dazu Karl Zemanek, Gutachten zu den von dem Volksbegehren zur Abschaffung des Bundesheeres (Bundesheervolksbegehren) aufgeworfenen neutralitätsrechtlichen und neutralitätspolitischen Fragen, Wien 1970.

168 Barbara Coudenhove-Kalergi, Volksbegehren gegen das Militär, in: Die Zeit, 6. 2. 1970.

169 Vgl. dazu die Begleitpublikation zur Ausstellung: Michael John/Wolfgang Reder (Hg.), Wegscheid. Von der Korrektionsbaracke zur sozialpädagogischen Institution, Linz 2006.

170 Vgl. zur Vorgeschichte und ersten »Auflehnung«: Brigitta Haselbacher, Die »Revolte« in der Bundesanstalt für Erziehungsbedürftige Kaiser-Ebersdorf im Jahre 1952, Dipl.-Arb., Wien 1991.

171 Zu Eggenburg gibt es überhaupt nur eine bis in die 1930er Jahre reichende historische Aufarbeitung: Philippa Brenner, Zur Anstaltsfürsorge von 1880 bis 1931 am Beispiel der Besserungsanstalt »Eggenburg«. Zur Entwicklung heilpädagogischer Reformen und Erziehungsmaßnahmen für verwahrloste Kinder und Jugendliche innerhalb der Anstaltserziehung, Dipl.-Arb., Wien 2004.

172 Vgl. Michael Genner, Wir Achtundsechziger, 20. 5. 2008, <http://akin.mediaweb.at/2008/14/14_1968.htm> (9. 1. 2018).

173 Universität: »Wie im Mittelalter!«, in: Arbeiter-Zeitung, 13. 1. 1968, 6.

174 Fritz Keller, Mailüfterl über Krähwinkel, in: Bärbel Danneberg/Fritz Keller/Aly Machalicky/Julius Mende (Hg.), Die 68er. Eine Generation und ihr Erbe, Wien 1998, 36–42.

175 Ebd., 62.

176 Wiener Zeitung, 21. 4. 1968, 2.

177 Ebd.

178 Wiener Zeitung, No. 137, 1968, 2.

179 Kreisky: Studenten verstehen, in: Arbeiter-Zeitung, 7. 4. 1968, 2.

180 Wiener Zeitung, 3. 4. 1968, 2.

181 Wiener Zeitung, 3. 5. 1968, 1.

182 VSStÖ-Appell: Objektiv über Studentenproteste berichten!, in: Arbeiter-Zeitung, 18. 4. 1968.

183 Kreisky: Keine Politik des Terrors!, in: Arbeiter-Zeitung, 20. 4. 1968, 2.

184 Arbeiterstudenten sind benachteiligt, in: Arbeiter-Zeitung, 19. 4. 1968, 4.

185 Heinz Fischer, Der Philosoph staubte die Bücher ab. Der Konservativismus der Hochschulen treibt unsere besten Geister ins Ausland, in: Arbeiter-Zeitung, 27. 6. 1962, 3.

186 Rede von J. Kyncl anlässlich der Installation des Denkmals »Familie« von Jan Koblasa. Das Denkmal wurde zum Dank an die Österreicher für ihre Hilfe im Jahr 1968 am Grenzübergang in Mikulov enthüllt, 28. 10. 2016.

187 Regierungserklärung I, Nationalrat, 27. April 1970, in: Bruno Kreisky, Reden, Bd. 2, Wien 1981, 1–23.

188 Bernd Lötsch, Kraftwerksprojekt Hainburg, Regierungsargumente, in: Günther Nenning/Andreas Huber (Hg.), Die Schlacht der Bäume. Hainburg 1984, Wien 1985, 72–81, 73.

189 Siehe auch den Beitrag von Maria Wirth und Elisabeth Röhrlich in diesem Band.

190 Freda Meissner-Blau, Hat Hainburg die Republik verändert?, in: Ingrid Monjencs/Herbert Rainer (Hg.), Hainburg. 5 Jahre danach, Wien 1989, 53–59, 59.

191 Freda Meissner-Blau, Die Frage bleibt. 88 Lern- & Wanderjahre. Im Gespräch mit Gert Dressel, Wien 2014, 199.

192 Ebd., 201.

193 Günther Nenning, Herz als Waffe. Kein Vorwort, in: ders./Huber (Hg.), Schlacht, 6–10, 6.

194 Ortrun Veichtlbauer, Unter Strom. Von Kaprun nach Hainburg, in: Wespennest (2007) 146, 46–51, 49.

195 Interview von Sophia Rut mit Annemarie Höferle in Stopfenreuth, 10. 12. 2016, Bänder in Besitz der Autorin.

196 Ludger Kühnhardt, Revolutionszeiten. Das Umbruchjahr 1989 im geschichtlichen Zusammenhang, München 1994, 243, 250.

197 Vgl. Ben Fowkes, Aufstieg und Niedergang des Kommunismus in Osteuropa, Mainz 1994, 183–190; Stefan Karner/Mark Kramer/Peter Ruggenthaler u. a. (Hg.), Der Kreml und die »Wende« 1989. Interne Analysen der sowjetischen Führung zum Fall der kommunistischen Regime, Innsbruck–Wien–Bozen 2014.

198 Kühnhardt, Revolutionszeiten, 213, 219.

199 Fowkes, Aufstieg, 204.

200 Kühnhart, Revolutionszeiten, 225.

201 Ebd., 260.

202 Hans-Hermann Hertle, Der Fall der Mauer. Die unbeabsichtigte Selbstauflösung des SED-Staates, Opladen–Wiesbaden 1999.

203 Fowkes, Aufstieg, 199–200.

204 Milan Otáhal, Die »samtene« Revolution – ohne Alternative, in: Uwe Thaysen/Hans Michael Kloth (Hg.), Wandel durch Repräsentation – Repräsentation durch Wandel. Entstehung und Ausformung der parlamentarischen Demokratie in Ungarn, Polen, der Tschechoslowakei und der ehemaligen DDR, Baden-Baden 1992, 125–130, 126–128.

205 Kühnhardt, Revolutionszeiten, 212, 262, 300.

206 Wolf Lepenies, Folgen einer unerhörten Begebenheit. Die Deutschen nach der Vereinigung, Berlin 1992.

207 Vgl. Timothy Garton Ash, Ein Jahrhundert wird abgewählt. Aus den Zentren Mitteleuropas 1980–1990, München–Wien 1990.

208 Mark Mazower, Der dunkle Kontinent. Europa im 20. Jahrhundert, Berlin 2000.

209 Ivan T. Berend, Central and Eastern Europe, 1944–1993. Detour from the periphery to the periphery, Cambridge 1996, 341–342.

210 Kühnhardt, Revolutionszeiten, 237–238.

211 Philipp Ther, Die neue Ordnung auf dem alten Kontinent. Eine Geschichte des neoliberalen Europa, Berlin 2014, 156–173, 169, 173.

212 Ebd., 159.

213 Hannes Hofbauer, EU-Osterweiterung. Historische Basis – ökonomische Triebkräfte – soziale Folgen, Wien 2007, 254–289.

214 Jakub Forst-Battaglia, »Zur Tschechoslowakei waren die Beziehungen immer besonders heikel und kompliziert«, in: Michael Gehler/Andrea Brait (Hg.), Amt des Geschehens in Zeiten des Umbruchs. Lebensgeschichtliche Erinnerungen aus Politik und Ballhausplatzdiplomatie vor und nach 1989, Hildesheim–Zürich–New York 2018, 266.

215 Franz Wunderbaldinger, »ich habe nichts davon gehalten, dass es zu einem Zusammenbruch der DDR kommt«, in: Gehler, Erinnerungen, 568.

216 Beilagen zu den Stenographischen Protokollen des Nationalrates, XVII. Gesetzgebungsperiode, Nr. 1025, Bericht des Außenpolitischen Ausschusses betreffend den Bericht der Bundesregierung über die zukünftige Gestaltung der Beziehungen Österreichs zu den Europäischen Gemeinschaften samt Anlagen und Studien, 5.

217 Stenographisches Protokoll der 155. Sitzung des Nationalrates der Republik Österreich, XVIII. Gesetzgebungsperiode, 2. 3. 1994, 38.

218 Damit war das Vermögen jener Personen gemeint, die während des NS-Regimes ermordet worden waren und wozu es keine Erben gab, da oft ganze Familien zu den Opfern zählten.

219 Dokumentationsarchiv des österreichischen Widerstandes (Hg.), Jüdische Schicksale. Berichte von Verfolgten, Wien 1992, 634.

220 Andreas Maislinger, Andere religiöse Gruppen, in: Dokumentationsarchiv des österreichischen Widerstandes (Hg.), Widerstand und Verfolgung in Salzburg, 1934–1945, Bd. 2, Wien 1983, 323–351, 323.

221 Alois Nussbaumer, »Fremdarbeiter« im Pinzgau. Zwangsarbeit. Lebensgeschichten, Salzburg 2011, 121–122.

222 Mali Fritz, Essig gegen den Durst, Wien 1986, 136.

223 Helga Embacher, Neubeginn ohne Illusionen. Juden in Österreich nach 1945, Wien 1995, 146–147.

224 Mit dem Verbotsgesetz von 1945 waren die über 500.000 Mitglieder der NSDAP registrierungspflichtig. Das Bundesgesetz vom 6. 2. 1947 über die Behandlung von Nationalsozialisten (Nationalsozialistengesetz) teilte die registrierungspflichtigen Personen in »Belastete« (aktive Nationalsozialisten und Funktionäre des Regimes) und »Minderbelastete«. Letztere erhielten mit dem Nationalsozialistengesetz das aktive Wahlrecht zurück; vom passiven Wahlrecht blieben sie noch bis 1948 ausgeschlossen.

225 Wien war als letzte westliche Stadt vor dem Eisernen Vorhang für Israels Diplomatie von großer Bedeutung, zumal mit der BRD erst 1965 offizielle diplomatische Beziehungen aufgenommen werden konnten. Österreich spielte vor allem eine große Rolle als Durchzugsland von Juden aus Osteuropa. Österreich hatte zudem Israel 1952 einen Kredit von 100 Millionen Schilling gewährt. Vgl. Helga Embacher/Margit Reiter, Gratwanderungen. Die Beziehungen zwischen Österreich und Israel im Schatten der Vergangenheit, Wien 1998.

226 Robert Knight, »Ich bin dafür die Sache in die Länge zu ziehen.« Die Wortprotokolle der österreichischen Bundesregierung von 1945 bis 1952 über die Entschädigung von Juden, Frankfurt a. Main 1988, 58.

227 Nahum Goldmann, Das jüdische Paradox. Zionismus und Judentum nach Hitler, Frankfurt a. Main 1983, 186.

228 Im Detail vgl. dazu den Beitrag von Hannah M. Lessing und Maria Luise Lanzrath.

229 Stenographisches Protokoll der 35. Sitzung des Nationalrates der Republik Österreich, XVIII. Gesetzgebungsperiode, 8. 7. 1991, 3282–3283.

230 Vgl. dazu den Beitrag von Hannah M. Lessing und Maria Luise Lanzrath.

231 Embacher/Reiter, Gratwanderungen, 267.

232 Kurt R. Grossmann, Naziopfer aus Österreich. Die Stiefkinder der Wiedergutmachung, in: Aufbau, 28. 1. 1966, 1–2. Aufbau ist eine in New York (1934–2004) herausgegebene deutsch-jüdische Exilzeitschrift.

233 Paragraf 1 Abs. 2 des Bundesgesetzes über den Nationalfonds der Republik Österreich für Opfer des Nationalsozialismus, StF: BGBl. Nr. 432/1995.

234 Zitiert nach: Die vergessene Schuld, in: Aufbau, 21. 7. 1995.

235 Siehe dazu Helga Embacher in diesem Band.

236 David Vyssoki, Die Bedeutung des Nationalfonds der Republik Österreich für Opfer des Nationalsozialismus aus therapeutischer Sicht, in:

Nationalfonds (Hg.), In die Tiefe geblickt. Lebensgeschichten, Wien 2000, 9.

237 Paragraf 2 Abs. 1 des Bundesgesetzes über den Nationalfonds der Republik Österreich für Opfer des Nationalsozialismus, StF: BGBl. Nr. 432/1995.

238 Martin Sabrow, »Erinnerung« als Pathosformel der Gegenwart, in: ders. (Hg.), Der Streit um die Erinnerung, Leipzig 2008, 9–24.

239 Dieses ist unter der URL <www.findbuch.at> abrufbar.

240 Stockholmer Erklärung des Internationalen Forums über den Holocaust, 28. 1. 2000.

241 Vgl. <www.kunstrestitution.at> bzw. <www.artrestitution.at>.

242 Jede/r Berechtigte erhielt eine Pauschalsumme von je 7.000 US-Dollar bzw. 7.630 Euro sowie eine Nachzahlung von jeweils 1.000 Euro.

243 BGBl. I Nr. 12/2001.

244 Zahlen per Oktober 2017.

245 Mit der Kuratierung und wissenschaftlichen Leitung wurde 2014 nach einer europaweiten Ausschreibung das Team um Hannes Sulzenbacher und Albert Lichtblau beauftragt. Die gestalterische Umsetzung erfolgt durch Martin Kohlbauer.

246 Wortlaut von Paragraf 2 Abs. 3 des Bundesgesetzes über den Nationalfonds der Republik Österreich für Opfer des Nationalsozialismus BGBl. Nr. 432/1995.

247 Stand Oktober 2017.

248 Aleida Assmann, Das neue Unbehagen an der Erinnerungskultur. Eine Intervention, München 2013, 78.

249 Ruth Klüger in ihrer Rede vor der zum Gedenken an die Befreiung des Lagers Mauthausen am 5. 5. 1945 zusammengetretenen österreichischen Bundesversammlung im historischen Reichsratssaal des Parlaments, 5. 5. 2011.

250 Renate S. Meissner im Auftrag des Nationalfonds (Hg.), Erinnerungen. Lebensgeschichten von Opfern des Nationalsozialismus, Bd. 1, Wien 2010, 213–214.

251 Zitiert nach: Ferdinand Karlhofer, Wahlkampf im Schatten des Skandals, in: Fritz Plasser/Peter A. Ulram (Hg.), Wechselwahlen. Analysen zur Nationalratswahl 2006, 81–102, 93.

252 Elmar Pichl, Vom Wähler als erste Kraft gefühlt, heißt noch lange nicht gewählt, in: Thomas Hofer/Barbara Tóth (Hg.), Wahl 2006. Kanzler,

Kampagnen, Kapriolen. Analysen zur Nationalratswahl, Wien 2007, 50–51, zitiert nach: Karlhofer, Wahlkampf, 97.

253 Eine historische Rede. Gehalten von Landesverweser Dr. Arthur Lemisch in der Festsitzung der Kärntner Landesversammlung am 25. November 1920, in: Kärntner Landsmannschaft, 15. 12. 1920, 2.

254 Nach fünf Jahren, in: Freie Stimmen, 10. 10. 1925, 6.

255 Brigitte Entner, »Wer war Klara aus Šentlipš/St. Philippen?« Kärntner Slowenen und Sloweninnen als Opfer der NS-Verfolgung. Ein Gedenkbuch, Klagenfurt/Celovec–Wien/Dunaj 2014, 48–49.

256 Kärntner Landesarchiv, Amt der Kärntner Landesregierung, Landesamtsdirektion 1, 3. Sitzung des Konsultativen Landesausschuß, 13. 6. 1945.

257 Beispielloser Skandal. Nazi-Opfer als Feinde Kärntens bezeichnet, in: Kärntner Tageszeitung, 9. 5. 1995, 2–3.

258 Malka Oraže-Tatjana, Partisanin und Jugendaktivistin, wurde am 9. August 1946 von einem britischen Soldaten angeschossen und verstarb tags darauf.

259 Johanna Sadolschek-Zala, Die letzte Kugel war immer für mich, in: Der Himmel ist blau. Kann sein. Frauen im Widerstand. Österreich 1938–1945, Wien 1985, 122–141, 139–140.

Personenregister

R

S

T

U

V

W

Z

Abkürzungsverzeichnis

AdR	Archiv der Republik
ABPD	Archiv der Bundespolizeidirektion Wien
AFÖ	Antifaschistische Freiheitsbewegung Österreichs
AHS	Allgemeinbildende Höhere Schule
AKH	Allgemeines Krankenhaus
AVA	Allgemeines Verwaltungsarchiv
BAWAG	Bank für Arbeit und Wirtschaft
BBC	British Broadcasting Corporation
BMI	Bundesministerium für Inneres
BMWFW	Bundesministerium für Wissenschaft, Forschung und Wirtschaft
BRD	Bundesrepublik Deutschland
B-VG	Bundes-Verfassungsgesetz 1920
BVG	Bundesverfassungsgesetz
CA	Creditanstalt
ČSFR	Tschechische und Slowakische Föderative Republik
CSP	Christlichsoziale Partei
DDR	Deutsche Demokratische Republik
DDSG	Donau-Dampfschifffahrtsgesellschaft
DÖW	Dokumentationsarchiv des österreichischen Widerstandes
DOKW	Donaukraftwerke AG
EFTA	Europäische Freihandelsassoziation
EGKS	Europäische Gemeinschaft für Kohle und Stahl (Montanunion)
EK	Europäische Kommission
EP	Europäisches Parlament
EU	Europäische Union
EuGH	Europäischer Gerichtshof
ERBD	European Bank for Reconstruction and Development
ERP	European Recovery Program (Marshallplan)
EVP	Europäische Volkspartei

EWG	Europäische Wirtschaftsgemeinschaft
EWR	Europäischer Wirtschaftsraum
FKV	Frontkämpfervereinigung
FFF	Forschungsförderungsfonds der gewerblichen Wirtschaft
FWF	Fonds zur Förderung der wissenschaftlichen Forschung
GASP	Gemeinsame Außen- und Sicherheitspolitik
Gestapo	Geheime Staatspolizei
GUS	Gemeinschaft Unabhängiger Staaten
GVP	Großdeutsche Volkspartei
HW	Heimwehr
IAEA	International Atomic Energy Agency (Internationale Atomenergiebehörde)
IAK	Internationales Auschwitzkomitee
IFF	Fakultät für Interdisziplinäre Forschung und Fortbildung
IHRA	International Holocaust Remembrance Alliance
IKG	Israelitische Kultusgemeinde
KSZE	Konferenz für Sicherheit und Zusammenarbeit in Europa
KWEG	Kriegswirtschaftliches Ermächtigungsgesetz
KPdSU	Kommunistische Partei der Sowjetunion
KSČ/KPTsch	Komunistická strana Československa/Kommunistische Partei der Tschechoslowakei
KZ	Konzentrationslager
MSZMP	Magyar Szocialista Munkáspárt (Ungarische Sozialistische Arbeiterpartei, USAP)
NATO	North Atlantic Treaty Organization (Nordatlantisches Verteidigungsbündnis)
NS	Nationalsozialismus/nationalsozialistisch
NSDAP	Nationalsozialistische Deutsche Arbeiterpartei
ÖAW	Österreichische Akademie der Wissenschaften
ÖFF	Österreichische Freiheitsfront
ÖGB	Österreichischer Gewerkschaftsbund
ÖIAG	Österreichische Industrieholding Aktiengesellschaft
ÖIG	Österreichische Industrieverwaltungs-GmbH
ÖStA	Österreichisches Staatsarchiv

OF	Občanské fórum (Bürgerforum)
OF	Osvobodilna Fronta (Befreiungsfront)
OFG	Opferfürsorgegesetz
OECD	Organisation für wirtschaftliche Zusammenarbeit und Entwicklung
OEEC	Ausschuss für europäische wirtschaftliche Zusammenarbeit
ORF	Österreichischer Rundfunk
OPEC	Organization of the Petroleum Exporting Countries (Organisation erdölexportierender Länder)
PLO	Palestine Liberation Organization (Palästinensische Befreiungsorganisation)
PHARE	Poland and Hungary: Aid for Restructuring of the Economies
PZRP/PVAP	Polska Zjednoczona Partia Robotnicza/Polnische Vereinigte Arbeiterpartei
ReSch	Republikanischer Schutzbund
RGW	Rat für gegenseitige Wirtschaftshilfe
RStG	Rückstellungsgesetz
SA	Sturmabteilung der NSDAP
SDAP	Sozialdemokratische Arbeiterpartei
SED	Sozialistische Einheitspartei Deutschlands
SÖS	Sozialistischer Österreichischer Studentenbund
SPÖ	Sozialistische Partei Österreichs (bis 1991)/ Sozialdemokratische Partei Österreichs
SS	Schutzstaffel der NSDAP
StGB	Strafgesetzbuch
StGBl.	Staatsgesetzblatt
UDF	Ungarisches Demokratisches Forum (Magyar Demokrata Fórum, MDF)
UdSSR	Union der Sozialistischen Sowjetrepubliken
ULV	Umfassende Landesverteidigung
UNIDO	Organisation für industrielle Entwicklung
UNO	United Nations (Vereinte Nationen)
VfGH	Verfassungsgerichtshof

VIC	Vienna International Centre
VPN	Verejnosť proti násiliu (Öffentlichkeit gegen Gewalt)
WdU	Wahlverband der Unabhängigen
WJC	World Jewish Congress
WTO	World Trade Organization (Welthandelsorganisation)
WWF	World Wildlife Fund/World Wide Fund for Nature
ZK	Zentralkomitee

Bildnachweis

APA/PictureDesk: 149, 171, 206, 209, 213, 221, 222, 245, 261, 279, 281, 288, 303, 304

APA/Votava: 194, 198

BKA: 242

Centropa: 252

DÖW: 113, 105, 107, 110

Maria Luise Lanzrath: 272

Nationalfonds: 271

ÖNB/Wien: 19, 25, 21, 33, 41,42, 45, 48/49, 51, 66, 69, 76, 81, 83, 90, 94, 97, 119, 123, 125, 131, 132, 138, 155, 157, 164, 177, 178, 179, 237

Polizeiarchiv/Wien: 63, 65

Schenk, Georg: 265

Sozialistischer Österreichischer Studentenbund: 187

VGA: 191

Vogelsang-Institut: 163

Wien Museum: 68

Autorinnen und Autoren, Herausgeber

Birgitta Bader-Zaar, Dr., ist Assistenzprofessorin am Institut für Geschichte der Universität Wien; Studium der Geschichte und Ethnologie an der Universität Wien sowie, als Fulbright-Stipendiatin, an der University of Minnesota (USA), u. a. an der Österreichischen Akademie der Wissenschaften (ÖAW) tätig, Universität Wien ab 1993, Forschungsinteressen: Geschichte des (Frauen-)Wahlrechts sowie der Grund- und Menschenrechte im Allgemeinen.

Kurt Bauer, Dr., ist Mitarbeiter des Ludwig-Boltzmann-Instituts für Geschichte und Gesellschaft (seit 2017); Studium der Geschichte an der Universität Wien ab 1991, Promotion 2002, beruflich viele Jahre als Buchhersteller und Verlagslektor tätig, Mitarbeiter des Ludwig-Boltzmann-Instituts für Historische Sozialwissenschaft 2007–2017 und des Ludwig-Boltzmann-Instituts für Geschichte und Gesellschaft ab 2017, Forschungsschwerpunkte: Zwischenkriegszeit, NS-Geschichte, Sozialstrukturanalyse, politische Gewalt, Alltags- und Mentalitätsgeschichte.

Gerhard Baumgartner, Dr., ist wissenschaftlicher Leiter des Dokumentationsarchivs des österreichischen Widerstandes (seit 2014), Historiker und Journalist; u. a. wissenschaftlicher Projektleiter des Forschungsvereins Kanzlei in Wien, Lehrbeauftragter der FH-Joanneum in Graz, der CEU-Central European University in Budapest und der Donauuniversität Krems, Mitarbeiter der Österreichischen Historikerkommission, sendungsverantwortlicher Redakteur für Fernsehsendungen des ORF Burgenland 1990–2010; Forschungsschwerpunkte: Nationalitätenprobleme der Habsburgermonarchie, Österreichische Minderheitenpolitik nach 1945, Nationalismustheorie, burgenländische und westungarische Regionalgeschichte.

Gerhard Botz, Dr., promovierte 1967 an der Universität Wien und war danach als Assistent an der Universität Linz tätig (1968–1980), ordentlicher Professor für Österreichische Geschichte an der Universität Salzburg 1980–1997, für Zeitgeschichte an der Universität Wien 1997–2009, seither Emeritus, Gastprofessuren u. a. in Stanford und Paris, Direktor des Ludwig-Boltzmann-Instituts für Historische Sozialwissenschaft (Salzburg–Wien) 1982–2017.

John Boyer, Dr., ist Professor und Dekan an der University of Chicago; korrespondierendes Mitglied der Österreichischen Akademie der Wissenschaften, Ehrendoktorat der Universität Wien, Mitherausgeber des Journal of Modern History, Monografien u. a. zu Karl Lueger, zur christlichsozialen Bewegung und zur University of Chicago, schreibt derzeit an einer Politik- und Sozialgeschichte Österreichs von 1867 bis 1983.

Helga Embacher, Dr., ist außerordentliche Universitätsprofessorin im Fachbereich Geschichte an der Universität Salzburg und derzeit Leiterin des vom Jubiläumsfonds der Österreichischen Nationalbank geförderten Forschungsprojekts »Diskurse zum Holocaustgedenken, Juden und Israel unter Muslimen im Kontext von Islamfeindlichkeit«; Gastprofessorin an der University of Minnesota in Minneapolis und der PEN University in Philadelphia; Forschungsschwerpunkte: Nationalsozialismus, Jüdische Geschichte, Emigration, Israel und Antisemitismus.

Brigitte Entner, Mag., ist wissenschaftliche Mitarbeiterin am Slovenski znanstveni inštitut v Celovcu/Slowenischen wissenschaftlichen Institut in Klagenfurt sowie Ausstellungskuratorin und Lehrbeauftragte an der Alpen-Adria-Universität Klagenfurt; Studium der Geschichte, Wissenschaftstheorie und Politikwissenschaften in Wien, Mitarbeiterin der Österreichischen Historikerkommission, Forschungsschwerpunkte: Erinnerungskultur(en) und Geschichtspolitik(en), Widerstand und NS-Verfolgung, regionale Zeitgeschichte sowie Tourismusgeschichte.

Heinz Fischer, Dr., Bundespräsident der Republik Österreich 2004–2016, wurde im Vorjahr von der österreichischen Bundesregierung mit der Koordination des Gedenk- und Erinnerungsjahres 2018 beauftragt. Davor übte er zahlreiche öffentliche Funktionen aus, u. a. als Nationalratsabgeordneter, als Wissenschaftsminister und Präsident des österreichischen Nationalrates. Neben seiner politischen Tätigkeit verfolgt der promovierte Jurist Fischer auch eine akademische Laufbahn. Er wurde 1978 an der Universität Innsbruck habilitiert und 1994 zum Professor für Politikwissenschaft ernannt. Er ist derzeit auch als Gastprofessor an der Universität Innsbruck tätig. Heinz Fischer ist Autor zahlreicher Bücher.

Michael Gehler, Dr., ist Professor am Institut für Geschichte an der Universität Hildesheim (seit 2006) und Jean Monnet ad personam Chair für vergleichende europäische Zeitgeschichte und Integrationsgeschichte; Research Fellow des FWF in Wien 1992–1996, Professor am Institut für Zeitgeschichte an der Universität Innsbruck 1999–2006, Senior Fellow am Zentrum für Europäische Integrationsforschung in Bonn seit 2000 und Alexander-von-Humboldt-Fellow (2001/02) dortselbst, Gründungsdirektor des Instituts für Neuzeit- und Zeitgeschichtsforschung der Österreichischen Akademie der Wissenschaften in Wien (2013–2017) und korrespondierendes Mitglied derselben.

Christoph Grabenwarter, DDr., ist Universitätsprofessor an der Wirtschaftsuniversität Wien (seit 2008), Mitglied des Verfassungsgerichtshofes (seit 2005) und Mitglied der Venedig-Kommission des Europarates (seit 2006); Studium der Rechtswissenschaften und der Handelswissenschaft in Wien, Promotion 1991 und 1994, Gastforscher am Max-Planck-Institut für ausländisches öffentliches Recht und Völkerrecht in Heidelberg 1994/95, Assistent und Habilitation an der Universität Wien 1988–1997, Professuren an den Universitäten Linz, Bonn und Graz 1997–2008; Forschungsschwerpunkte: Europäischer Menschenrechtsschutz, Verfassungsgerichtsbarkeit, Medienrecht.

Andreas Huber, MMag., ist Historiker und Soziologe, derzeit Mitarbeiter des Forschungsprojekts »Der Deutsche Klub als Wegbereiter des Nationalsozialismus im Wiener Bürgertum«; 2010–2011 wissenschaftlicher Mitarbeiter bzw. 2013–2017 Universitätsassistent am Institut für Zeitgeschichte und Mitarbeiter im »Forum ›Zeitgeschichte der Universität Wien‹«; Forschungen v. a. zur Wissenschafts- und Universitätsgeschichte, Dissertationsprojekt zu Diskriminierung und Protektion im Lehrkörper der Universität Wien 1918–1950.

Maria Luise Lanzrath, Mag., ist Juristin beim Nationalfonds der Republik Österreich für Opfer des Nationalsozialismus (seit 2001) sowie stellvertretende Leiterin (seit 2002); als Leiterin der Sach- und Fallbearbeitung verantwortlich für die Abwicklung von Anträgen auf Anerkennung als Opfer des Nationalsozialismus sowie die Betreuung der Antragstellenden.

Hannah M. Lessing, Mag., ist Generalsekretärin des Nationalfonds der Republik Österreich für Opfer des Nationalsozialismus, des Allgemeinen Entschädigungsfonds für Opfer des Nationalsozialismus sowie des Fonds zur Instandsetzung der jüdischen Friedhöfe in Österreich; weitere Funktionen in der International Holocaust Remembrance Alliance, im Präsidium des Internationalen Auschwitz Komitees, im Internationalen Komitee der Auschwitz-Stiftung, im DÖW, in der Lagergemeinschaft Auschwitz sowie im Beirat für das Gedenk- und Erinnerungsjahr 2018.

Ina Markova, Dr., studierte Geschichte in Wien, Paris und in New Orleans. Sie erhielt das DOC-Stipendium und später ein post-DOC-Track-Stipendium der ÖAW sowie ein Stipendium des BMWFW. Ihre Dissertation über fotografische Repräsentationen der NS-Zeit in Österreich nach 1945 wurde mit dem Herbert-Steiner-Preis des DÖW sowie mit dem Grete-Mostny-Dissertationspreis der Historisch-Kulturwissenschaftlichen Fakultät der Universität Wien ausgezeichnet. Ihre Forschungsschwerpunkte umfassen Visual History und Geschichtspolitik.

Wolfgang Mueller, Dr., ist Universitätsprofessor am Institut für Osteuropäische Geschichte der Universität Wien; Gastdozent bzw. -professor in Bern, Wien, Rostock, Thorn und Nizza, Gastforscher an der Russischen Akademie der Wissenschaften und der Stanford University, ausgezeichnet mit dem Richard-Georg-Plaschka-Preis und dem Leopold-Kunschak-Preis, korrespondierendes Mitglied der Österreichischen Akademie der Wissenschaften, stv. Direktor des Instituts für Neuzeit- und Zeitgeschichte ebenda 2013–2017, Forschungen über Russland, internationale Beziehungen, Österreich und Zeitgeschichte.

Stephan Neuhäuser, Mag., studierte Geschichte und Politikwissenschaft mit Schwerpunkt auf die österreichische Zeitgeschichte an der Universität Wien. Anschließend arbeitete er im Bundesministerium für Wissenschaft und Forschung und war dort u. a. für internationale kulturelle Angelegenheiten, internationale Forschungskooperation und Wissenschaftsdiplomatie zuständig. Seit Oktober 2016 ist er stellvertretender Leiter der Geschäftsstelle des Beirats für das Gedenk- und Erinnerungsjahr 2018 im Bundeskanzleramt (Büro des Bundespräsidenten a. D. Dr. Heinz Fischer). Stephan Neuhäuser ist zertifizierter Kulturvermittler.

Thomas Olechowski, Dr., habilitierte sich 2003 für das Fach Rechtsgeschichte und lehrt seitdem als außerordentlicher Universitätsprofessor an der Universität Wien. Seit 2013 ist er wirkliches Mitglied der Österreichischen Akademie der Wissenschaften und leitet deren Kommission für Rechtsgeschichte Österreichs. Seit 2011 ist er Geschäftsführer des Hans-Kelsen-Instituts. Forschungsschwerpunkte: Neuere Verfassungsgeschichte, bes. Geschichte der Verwaltungsgerichtsbarkeit, Geschichte des Medienrechts, Leben und Werk von Hans Kelsen.

Anton Pelinka, Dr., ist Professor of Nationalism Studies and Political Science an der Central European University in Budapest (seit 2006); Promotion zum Dr. iur. an der Universität Wien 1964, Universitätsdozent für Politikwissenschaft an der Universität Salzburg 1972, ordentlicher Professor an der Universität Innsbruck 1975–2006.

Oliver Rathkolb, DDr., ist Universitätsprofessor am Institut für Zeitgeschichte der Universität Wien und Institutsvorstand; ausgezeichnet mit dem Donauland-Sachbuchpreis Danubius 2005 und dem Bruno-Kreisky-Preis für das politische Buch 2005 (Die paradoxe Republik. Österreich 1945–2005, Zsolnay Verlag), Vorsitzender der Jury des Theodor-Körner-Preises für Wissenschaft und Kunst; Mitglied des internationalen wissenschaftlichen Beirats des Hauses der Europäischen Geschichte, Europäisches Parlament/Brüssel und des Jüdischen Museums Wien, Vorsitzender des wissenschaftlichen Beirats des Hauses der Geschichte Österreich; Forschungsschwerpunkte: Europäische Geschichte im 20. Jahrhundert, Österreichische und internationale Zeit- und Gegenwartsgeschichte im Bereich der politischen Geschichte.

Manfried Rauchensteiner, Dr., studierte Geschichte, Germanistik und Historische Hilfswissenschaften an der Universität Wien, wissenschaftlicher Beamter im Heeresgeschichtlichen Museum ab 1966 sowie dessen Direktor 1992–2005, außerordentlicher Universitätsprofessor an der Universität Wien sowie Professor an der Diplomatischen Akademie Wien, Koordinator und Berater beim Aufbau des deutschen Militärhistorischen Museums in Dresden 2005–2011, Autor zahlreicher Publikationen.

Elisabeth Röhrlich, Dr., ist Assistenzprofessorin am Institut für Geschichte der Universität Wien und Global Fellow am Woodrow Wilson International Center for Scholars in Washington D. C.; zuvor u. a. Elise-Richter-Stelleninhaberin am Institut für Zeitgeschichte, Promotion an der Universität Tübingen 2009; Forschungsschwerpunkte: Außenpolitik- und Diplomatiegeschichte, internationale Organisationen und Global Governance, Kalter Krieg.

Sophia Rut, Mag., studierte am Projekt Internationale Entwicklung der Universität Wien sowie am Institut für Soziale Ökologie der Alpen-Adria-Universität Klagenfurt, Wien und Graz mit Schwerpunkt auf Umweltgeschichte und Gender. Sie arbeitet als Umweltpädagogin und Workshopleiterin zu Themen der Nachhaltigkeit und forscht wissenschaftlich und künstlerisch zur Beziehung von Menschen, Gesellschaft, Natur und Geschlecht.

Heidemarie Uhl, Dr., ist Historikerin am Institut für Kulturwissenschaften und Theatergeschichte der Österreichischen Akademie der Wissenschaften; Lehrbeauftragte an den Universitäten Wien und Graz, Gastprofessuren u. a. an der Stanford University CA und der Hebrew University Jerusalem, stv. Vorsitzende des Internationalen Wissenschaftlichen Beirats für das Haus der Geschichte Österreich und stv. Vorsitzende der Militärhistorischen Denkmalkommission im Verteidigungsministerium, wissenschaftliche Konsulentin des Hauses der Geschichte Österreich.

Verena Winiwarter, Dr., ist Professorin für Umweltgeschichte am Institut für Soziale Ökologie der Fakultät für Interdisziplinäre Forschung und Fortbildung (IFF, Alpen Adria-Universität Klagenfurt, Wien und Graz); Ingenieurin in technischer Chemie, Studium der Geschichte und Publizistik, Dekanin der IFF 2010–2015, Leiterin des Zentrums für Umweltgeschichte, wirkliches Mitglied der ÖAW, Mitglied des Kuratoriums des Technischen Museums Wien und des Deutschen Museums München, Präsidentin des International Consortium of Environmental History Organizations; Arbeitsschwerpunkte: Agrargesellschaften, Wissen über Böden, Umweltgeschichte Österreichs.

Maria Wirth, Dr., ist derzeit Gastforscherin am Institut für Zeitgeschichte der Universität Wien; Studium der Geschichte, Politikwissenschaft und Soziologie an der Universität Wien, seit 1998 als Zeithistorikerin tätig; Arbeitsschwerpunkte: Österreichische Zeitgeschichte im internationalen Kontext, Wissenschafts-, Demokratie- und Rechtsgeschichte, Umgang mit der NS-Vergangenheit, Biografieforschung.

Helmut Wohnout, Dr., ist Abteilungsleiter im Bundeskanzleramt/Bundespressedienst, Dozent für das Fach Österreichische Geschichte an der Karl-Franzens-Universität Graz, Geschäftsführer des Karl von Vogelsang-Instituts, Mitglied des Beirats für das Gedenk- und Erinnerungsjahr 2018 und des Internationalen Beirats des Hauses der Geschichte Österreich.